O pequeno x
Da biografia à história

Coleção
HISTÓRIA & HISTORIOGRAFIA

Coordenação
Eliana de Freitas Dutra

Sabina Loriga

O pequeno x
Da biografia à história

Tradução
Fernando Scheibe

autêntica

Copyright © Editions du Seuil, 2010.
Collection *La Librairie du XXIe siècle*, sous la direction de Maurice Olender.
Copyright © 2011 Autêntica Editora

TÍTULO ORIGINAL
Le petit x – De la biographie à l'histoire

PROJETO GRÁFICO DE CAPA
Teco de Souza
(Sobre imagem A cor do invisível, Wassily Kandinsky)

EDITORAÇÃO ELETRÔNICA
Conrado Esteves
Christiane Morais de Oliveira

REVISÃO TÉCNICA
Vera Chacham

REVISÃO
Vera Lúcia De Simoni Castro
Lira Córdova

EDITORA RESPONSÁVEL
Rejane Dias

Revisado conforme o Novo Acordo Ortográfico.

Todos os direitos reservados pela Autêntica Editora. Nenhuma parte desta publicação poderá ser reproduzida, seja por meios mecânicos, eletrônicos, seja via cópia xerográfica, sem a autorização prévia da Editora.

AUTÊNTICA EDITORA LTDA.

Belo Horizonte
Rua Aimorés, 981, 8° andar . Funcionários
30140-071 . Belo Horizonte . MG
Tel.: (55 31) 3222 6819
Televendas: 0800 283 13 22
www.autenticaeditora.com.br

São Paulo
Av. Paulista, 2073 . Conjunto Nacional
Horsa I . 11° andar . Conj. 1101 . Cerqueira César
01311-940 . São Paulo . SP
Tel.: (55 11) 3034 4468

Dados Internacionais de Catalogação na Publicação (CIP)
(Câmara Brasileira do Livro, SP, Brasil)

Loriga, Sabina
  O pequeno x : da biografia à história / Sabina Loriga; tradução Fernando Scheibe. – Belo Horizonte : Autêntica Editora, 2011. – (Coleção História e Historiografia / coordenação Eliana de Freitas Dutra, 6)

  Título original: Le petit x : de la biographie à l'histoire.
  ISBN 978-85-7526-565-9

  1. Biografia (Gênero literário). 2. História - Filosofia 3. Historiografia - História - Século 19 I. Dutra, Eliana de Freitas. II. Título. III. Série.

11-08584   CDD-907.2

Índices para catálogo sistemático:
1. Biografia e história 907.2

para M. M. U.
no cruzamento das genealogias

AGRADECIMENTOS

Jacques Revel discutiu comigo o conjunto deste livro em seus mínimos detalhes. Pude contar, além disso, com as observações e as críticas de Giovanni Levi, Jean-Frédéric Schaub, François Hartog e Fernando Devoto. Dominique Berbigier me ajudou, com grande paciência, a preparar a versão francesa do livro.

Esta viagem pelo passado historiográfico foi também a ocasião de intensas trocas de pontos de vista com Olivier Abel, Michèle Leclerc-Olive, Isabelle Ullern-Weité, David Schreiber, Françoise Davoine, Maurizio Gribauldi e Stefano Bary.

Partilhei com Andrea Jacchia as interrogações, as paixões e as hesitações que, dia após dia, acompanharam a redação deste livro.

Enfim, desejo agradecer a todos aqueles que participaram de meu seminário "Histoire et biographie" na École des Hautes Études en Sciences Sociales de Paris.

SUMÁRIO

Prefácio 11

Capítulo I – O limiar biográfico 17

Capítulo II – A vertigem da história 49

Capítulo III – O drama da liberdade 81

Capítulo IV – A pluralidade do passado 121

Capítulo V – O homem patológico 157

Capítulo VI – A história infinita 181

Capítulo VII – Sobre os ombros dos gigantes 211

Prefácio

> *Entretanto acontece com isso o mesmo que com a caça às borboletas; o pobre animal treme na rede, perde suas mais belas cores; e quando se o apanha de supetão, está finalmente duro e sem vida; o cadáver não faz todo o animal, há alguma coisa a mais, uma parte essencial e nesse caso, como em todo outro, uma parte essencialmente essencial: a vida.*
>
> Johann Wolfgang Goethe[1]

I

Desde o fim do século XVIII, os historiadores se desviaram das ações e dos sofrimentos dos indivíduos para se dedicarem a descobrir o processo invisível da história universal. Múltiplas razões os conduziram a abandonar os seres humanos para passar de uma história plural (*die Geschicten*) a uma história única (*die Geschichte*).[2]

---

[1] Carta de Goethe a Hetzler de 14 de julho de 1770, in *Goethes Briefe und Briefe an Goethe. Kommentare und Register*, Ed. por Karl Robert Mandelkow, Munich, C.H. Beck, 1976 citado por Jean Lacoste, *Goethe. Science et philosophie*, Paris, PUF, 1997, p. 90.

[2] Em seu texto sobre o conceito de história, Reinhart Koselleck coloca em evidência que o termo *Geschichte* nasce após dois acontecimentos convergentes: por um lado, a constituição de um coletivo singular que religa o conjunto das histórias especiais (*Einzelgeschichten*); por outro, uma contaminação mútua do conceito de *Geschichte* enquanto complexo de eventos e aquele de *Historie* enquanto conhecimento, relato e ciência histórica. Reinhart Koselleck, "Le concept d'histoire", in *L'Expérience de l'histoire* (1975), traduzido do alemão por Alexandre Escudier, Paris, Éditions de l'EHESS, 1997, p. 15-19. Cf. também Reinhart Koselleck, *Le futur passé. Contribution à la sémantique des temps historiques* (1979), traduzido do alemão por Jochen Hoock, Paris, Gallimard-Éditions du Seuil, 1990, capítulo IV. [Tradução brasileira de Wilma Patrícia Mass e Carlos Almeida Pereira. *O futuro passado: contribuição à sâmantica dos tempos históricos*. Rio de janeiro: Contraponto/PUC, 1996.]

É provável que duas revelações dolorosas da modernidade tenham contribuído para isso: por um lado, a descoberta de que mesmo a natureza é mortal e, por outro, a perda progressiva de confiança na capacidade de nossos sentidos de apreender a verdade (desde a época de Copérnico, a ciência, no fundo, não para de nos revelar os limites da observação direta).[3] Mas, para além dessas profundas transformações, que ultrapassam nossos comportamentos conscientes e, sob certos aspectos, nos escapam, diversas vicissitudes intelectuais menos trágicas, e mesmo mais banais, tiveram, sem dúvida, um papel nada negligenciável. Em primeiro lugar, a vontade de trazer às ciências humanas bases científicas estáveis e objetivas. Tratou-se de um imenso esforço de conhecimento que conduziu as disciplinas mais heterogêneas – da demografia à psicologia, passando pela história e pela sociologia – a uniformizar os fenômenos, eliminando muitas vezes as diferenças, os desvios, as idiossincrasias.

O vício de encarar tudo sob o signo da similaridade e da equivalência teve graves repercussões. Hannah Arendt as evoca numa carta a Karl Jaspers de 4 de março de 1951. Voltando, uma vez ainda, às tragédias políticas e sociais que afligiram o século XX, observa-se que o pensamento moderno perdeu o gosto pela diversidade: "Não sei o que é o mal absoluto, mas parece-me que tem a ver com o seguinte fenômeno: declarar os seres humanos supérfluos enquanto seres humanos". E, mais adiante, acrescenta: "Suspeito que a filosofia não seja tão inocente quanto ao que nos é dado aí. Naturalmente, não no sentido de que Hitler poderia ser aproximado de Platão. [...] Mas, sem dúvida, no sentido de que essa filosofia ocidental jamais teve uma concepção do político e não podia ter porque [...] tratava acessoriamente a pluralidade efetiva".[4]

Além da filosofia, essa perda da pluralidade afetou igualmente a história. Os dois últimos séculos viram nossos livros de história abundar em relatos sem sujeito: eles tratam de potências, de nações,

---

[3] Sobre a tomada de consciência da vulnerabilidade da natureza, cf. Hannah Arendt, *Le Concept d'histoire* (1958) in *La crise de la culture,* Paris, Gallimard, 1972. Cf. igualmente Hans Jonas, *Philosophical Essays. From Ancient Creed to Technological Man,* Chicago, The University Chicago Press, 1974.

[4] Hannah Arendt, *Correspondance, 1926-1969* (1985), traduzido do alemão por Eliane Kaufhol-Messmer, Paris, Payot, 1996, p. 243-244.

de povos, de alianças, de grupos de interesses, mas bem raramente de seres humanos.[5] Como pressentiu um escritor particularmente atento ao passado, Hans Magnus Enzensberger, a língua da história começou, então, a ocultar os indivíduos atrás de categorias impessoais: "A história é exibida sem sujeito, as pessoas de que ela é a história aparecem somente como tela de fundo, enquanto figuras acessórias, massa obscura relegada ao segundo plano do quadro: 'os desempregados', 'os empresários', diz-se [...]". Mesmo os pretensos *makers of history* parecem desprovidos de vida: "A sorte dos outros – aqueles cujo destino é calado – se vinga sobre a deles: ficam congelados como manequins e se parecem com as figuras de madeira que substituem os homens nos quadros de De Chirico".[6]

O preço ético e político dessa desertificação do passado é muito alto. A partir do momento em que deixamos de lado as motivações pessoais, "podemos admirar ou temer, abençoar ou maldizer Alexandre, César, Átila, Maomé, Cromwell, Hitler, como admiramos, tememos, abençoamos ou maldizemos as inundações, os tremores de terra, os pores do sol, os oceanos e as montanhas. Mas denunciar seus atos ou exaltá-los é tão despropositado quanto fazer sermões a uma árvore".[7] Essas palavras de Isaiah Berlin, escritas em 1953, permanecem atuais. Ao longo dos últimos anos, reprovou-se muitas vezes à historiografia dita pós-moderna, de inspiração nietzschiana, ter minado a ideia de verdade histórica e afastado, assim, toda possibilidade de avaliar o passado.[8] Parece-me importante sublinhar o quanto o perigo do relativismo, que corrói o princípio de responsabilidade individual, é igualmente inerente a uma leitura impessoal da história que pretende descrever a realidade pelo viés de anônimas relações de poder. Isaiah Berlin nos lembra que a esperança de *fazer falar as próprias coisas* nos leva a produzir uma imagem abusivamente necessária dessa realidade. Por vezes, mesmo a celebrar um pouco

---

[5] Cf. Philip Pomper, "Historians and Individual Agency", *History and Theory*, 1996, 35, 3, p. 281-308.
[6] Hans Magnus Enzensberger, "Letteratura come storiografia", *Il Menabò*, 1966, IX, p. 8.
[7] Isaiah Berlin, "De la nécessité historique" (1953), in *Éloge de la liberté,* Paris, Calmann-Lévy, 1988, p. 118.
[8] Cf. Carlo Ginzburg, "Just one Witness", in Saul Friedlander (dir.), *Probing the Limits of Representation. Nazism and the "Final Solution"*, Cambridge (MASS.), Harvard University Press, 1992, p. 82-96; Richard J. Evans, *In Defence of History*, Londres, Granta Books, 1997, cap. VIII.

demais os feitos realizados: "Tudo o que se encontra no campo da razão vitoriosa é justo e sábio; por outro lado, tudo o que está do lado do mundo fadado à destruição pelo trabalho das forças da razão é efetivamente estúpido, ignorante, subjetivo, arbitrário, cego".[9]

II

Por essa razão, penso que é essencial voltar àqueles autores que, através do século XIX, se esforçaram por salvaguardar a dimensão individual da história. Foi uma época que deu lugar a uma reflexão extremamente interessante e complexa sobre o "pequeno x". Do que se trata? A expressão é de Johann Gustav Droysen, que, em 1863, escreve que, se chamamos A o gênio individual, a saber, tudo o que um homem é, possui e faz, então este A é formado por $a + x$, em que a contém tudo o que lhe vem das circunstâncias externas, de seu país, de seu povo, de sua época, etc., e em que x representa sua contribuição pessoal, a obra de sua livre vontade.[10] Antes de Droysen e depois dele, outros pensadores exploraram o "pequeno x". Como se forma? É inato? Todos os seres humanos o têm? Deve ser integrado à história? Neste caso, como apreender a relação entre o caso individual singular e o movimento geral da história? Inicialmente, a abordagem está estreitamente ligada a uma reflexão sobre a nação: como veremos, a propósito de Johann Gottfried Herder, as particularidades dos povos envolvem as características pessoais. Depois ela se anima, na segunda metade do século XIX, no curso de uma discussão complexa sobre o estatuto epistemológico das ciências humanas. Não se trata de um debate estruturado, bem definido, com uma data inicial e uma final, mas antes de um diálogo difícil, indireto, incessantemente interrompido, que atravessa as fronteiras nacionais e que injustamente caiu no esquecimento. Em parte por ser pontuado por certos termos obsoletos e perigosos

---

[9] Isaiah Berlin, "De la nécessité historique", *op. cit.*, p.116. Cf. igualmente Hugh Trevor-Roper, "History and Imagination", in *History and Imagination. Essays in Honour of H.R. Trevor Roper*, Londres, Gerald Duckworth, 1981, p. 356-369.

[10] Johann Gustav Droysen, "Die Erhebung der Geschichte zum Rang einer Wissenschaft", *Historische Zeitschrift*, Ed. Von Sybel, Munich, Literarisch-artistiche Anstalt, 1863, vol. IX, p. 13-14. Droysen se apoia num exemplo do filósofo Rudolf Hermann Lotze.

como "herói" ou "grande homem". Em parte porque, entre os historiadores, reina ainda a estranha e arrogante convicção de que o presente historiográfico é preferível e superior – em suma, mais científico – ao passado.

Sob vários aspectos, este livro se propõe a fazer uma incursão pela tradição. Aí está uma expressão que merece alguns esclarecimentos. Em primeiro lugar, não se trata de uma chamada à ordem.[11] Não atribuo a nossos predecessores uma autoridade indiscutível e não pretendo negligenciar a importância das inovações ou das experiências historiográficas realizadas nos últimos decênios. Parece-me, entretanto, que uma relação mais profunda com a tradição só pode enriquecer nossas possibilidades de experimentar. Com demasiada frequência, sobretudo no debate em torno ao pós-moderno, o passado historiográfico é descrito como uma experiência monolítica, imbuída de certezas sobre a verdade e a objetividade. Meu desígnio aqui é colocar em evidência pensamentos que desmentem essa imagem tão convencional da tradição.

Além do mais, o *salto* na tradição não concerne à biografia enquanto tal: nem seu método, nem sua evolução narrativa. E nada tem de filológico: não proponho uma leitura exaustiva de cada autor e, muitas vezes, limitei-me a evocar as motivações políticas e sociais de suas reflexões – como o impacto do bonapartismo ou a afirmação política das massas. É uma verdadeira lacuna que será, espero, preenchida em breve por outras pesquisas. Mas, aqui, debruço-me principalmente sobre a história biográfica: se tivesse que resumir em algumas palavras o que fiz nesses últimos anos, talvez dissesse que recolhi pensamentos para povoar o passado. Com essa finalidade, privilegiei uma perspectiva ampla, indo além das fronteiras geográficas, linguísticas e de gênero.

Os autores que frequentei longamente são historiadores (fora Thomas Carlyle, principalmente autores alemães, de Wilhelm Von

---

[11] No curso dos últimos anos, especialmente nos meios anglo-saxões, numerosos historiadores propuseram uma oposição discutível entre a antiga e a nova história: cf. Theodore S. Hamerow, *Reflections on History and Historians*, Madison, University of Wiscoisin Press, 1987, cap. V; Elizabeth Fox-Genovese, Elisabeth Lasch-Quinn (dir.), *Reconstructing History: The Emergence of a New Historical Society*, New York-Londres, Routledge, 1999, p. XIII-XXII.

Humboldt a Friedrich Meinecke), um historiador da arte (Jacob Burckhardt), um filósofo (Wilhelm Dilthey) e um escritor (Leon Tolstoi). De fato, a definição disciplinar se mostra bem pobre, pois se trata na maioria dos casos de *peças únicas* que não provêm nem de uma escola nem de uma corrente. Não há entre eles continuidade ou coerência, mas partilham ao menos duas convicções. Creem, antes de tudo, que o mundo histórico é criativo, produtivo, e que essa qualidade não repousa sobre um princípio absoluto, mas procede da ação recíproca dos indivíduos. Por conseguinte, não apresentam a sociedade como uma totalidade social independente (um "sistema" ou uma "estrutura" impessoal superior aos indivíduos e que os domina), mas como uma obra comum. Têm, além disso, um sentido agudo do que poderíamos chamar "a vitalidade periférica da história": visam antes a desvelar a natureza multiforme do passado do que a unificar os fenômenos. É claro, não são os únicos a abraçar tal abordagem. A diversidade da experiência histórica foi defendida nesses mesmos decênios por William James e Max Weber e, mais tarde, por Walter Benjamin, Siegfried Kracauer e outros autores que cruzaremos nos meandros das páginas deste livro.

Mas antes de seguir essas grandes figuras no fio de seus pensamentos, é importante explorar a fronteira, fluida e instável, que separa a biografia da literatura e da história.

CAPÍTULO I

O limiar biográfico

I

Tácito, Suetônio e Plutarco. Antes deles, Critias, Isócrates, Xenofonte, Teofrasto, Aristóxenes, Varrão, Cornélio Nepos. Mais tarde, Eginhard, o abade Suger, Jean de Joinville, Philippe de Commynes, Fernán Pérez de Guzmán, Filippo Villani, Giorgio Vasari, Thomas More. A Antiguidade grega e romana contou com importantes biógrafos, assim como a Idade Média e a Renascença. Mas ainda não se chamavam assim. O termo "biografia" só aparece ao longo do século XVII, para designar uma obra verídica, fundada numa descrição realista, por oposição a outras formas antigas de escritura de si que idealizavam o personagem e as circunstâncias de sua vida (tais como o panegírico, o elogio, a oração fúnebre e a hagiografia).[1] Os primeiros verdadeiros biógrafos foram ingleses: Izaak Walton, autor de uma vida do poeta John Donne em 1640, e o eclético John Aubrey, que, entre 1670 e 1690, escreveu uma série de notícias biográficas sobre diversas personalidades de Oxford (o texto só seria publicado no século XIX), seguidos por Samuel

---

[1] Sobre a evolução da biografia, cf. Wilbur L. Cross, *An Outline of Biography from Plutarch to Strachey*, New York, H. Holt & Co., 1924; Harold Nicolson, *The Development of English Biography*, New York, Harcourt, Brace, 1928; Edmond Gosse, "Biography" in *Encyclopedia Britannica*, 11ª ed.; Donald A. Stauffer, *English Biography before 1700*, Oxford, Oxford University Press, 1930; John A. Garraty, *The Nature of Biography*, Oxford, Knopf, 1957; Daniel Madelénat, *La Biographie*, Paris, PUF, 1984; Scott Casper, *Constructing American Lives: Biography and Culture in Nineteenth-Century America*, Chapel Hill, University of North Carolina Press, 1999; Margaretta Jolly (dir.) *Life Writing. Autobiographical and Biographical Forms*, Londres-Chicago, Fitzroy Dearborn Publishers, 2001.

Johnson com suas *Lives of the Poets* (1779-1781) e por James Boswell, autor de uma *Life of Samuel Johnson* (1791).

Atestada desde a Antiguidade, a biografia é, desde a origem, um gênero híbrido e compósito.[2] Equilibrando-se sempre entre verdade histórica e verdade literária, sofreu profundas transformações ao longo do tempo – quanto à escolha e à elaboração dos fatos e do estilo narrativo. É portanto difícil estabelecer regras gerais.[3] Sem dúvida, numerosos biógrafos privilegiaram uma narração cronológica seguindo as escansões biológicas da existência: o nascimento, a formação, a carreira, a maturidade, o declínio e a morte. Mas isso não implica que a biografia deva necessariamente repousar sobre uma trama cronológica. Basta pensar em Plutarco, que coloca toda ênfase no caráter e nas qualidades morais do personagem, e não em sua vida. Ou em Lytton Strachey, que prefere uma narração sintomática, apoiando-se essencialmente nos momentos-chave (as conversões, os traumatismos, as crises econômicas, as separações afetivas). Não existe nenhuma regra formal nesse domínio, nem mesmo a respeito das características individuais. John Aubrey e Marcel Schwob cultivam-nas e mesmo as exaltam em revide ao geral e ao impessoal: "A ciência histórica nos deixa na incerteza sobre os indivíduos. Ela só nos revela os pontos por onde eles foram atrelados às ações gerais. [...] A arte é o contrário das ideias gerais, só descreve o individual, só deseja o único. Não classifica; desclassifica".[4] Mas outros biógrafos minoram esses traços individuais em proveito das semelhanças, na esperança de representar um tipo médio, ordinário (no domínio da biografia literária, tal é o caso de Giuseppe Pontiggia, que corrige as individualidades e as coloca mesmo em séries[5]). Sob certos aspectos, essa oposição está igualmente presente na biografia

---

[2] Cf. Daniel Aaron (dir.), *Studies in Biography*, Cambridge (Mass.), Harvard University Press, 1978; Italo Gallo e Luciano Nicastri (dir.), *Biografia e autobiografia degli antichi e dei moderni*, Nápoles, Edizioni Scientifiche Italiane, 1995; Lucia Boldrini, *Biografie fittizie e personaggi storici. (Auto)biografia, soggettività, teoria nel romanzo inglese contemporaneo*, Pisa, ETS, 1998.

[3] Cf. Allan Nevins, "How Shall One Write of a Man's Life", *The New York Times Book Review*, 15 de julho de 1951, p. 20.

[4] Marcel Schwob, *Vies imaginaires* (1896), Paris, Flammarion, 2004, p. 53. [Tradução brasileira de Duda Machado. *Vidas imaginárias*. Rio de janeiro, Editora 34, 1997.]

[5] Giuseppe Pontiggia, *Vie des hommes non illustres* (1993), traduzido do italiano por François Bouchard, Paris, Albin Michel, 1995.

intelectual. Sainte-Beuve, Hippolyte Taine e Otto Weininger visam a instaurar uma biografia abstrata, suscetível de transformar o individual em tipo,[6] enquanto outros, mais sensíveis à dimensão ética da existência, sublinham seu caráter singular: como escreve Giovanni Amendola, "a biografia, que não pode se erigir em ciência filosófica, [...] pode nos fornecer um conhecimento mais rico e mais preciso da vida moral do que a própria Ética".[7]

Por isso, em vez de formular regras gerais sobre um gênero de escritura particularmente volúvel, parece-me mais fecundo meditar sobre essa fronteira fluida que separa a biografia da história e da literatura, e analisar as proibições, os abalos, as incursões recíprocas que a transpõem...

II

Ao longo do século XVIII, a reflexão biográfica se desenvolveu sobre dois eixos essenciais: além da vida dos santos e dos reis, interessou-se cada vez mais pela de poetas, soldados ou criminosos; e adota um tom mais intimista. Em 1750, Johnson invoca abertamente o valor da existência qualquer: "Disse-me muitas vezes que não havia vida que, fielmente relatada, não oferecesse uma narrativa útil". Após ter refutado a asserção segundo a qual a vida de um pesquisador, de um negociante ou de um padre dedicando-se a seus ofícios seria desprovida de interesse, parte para a guerra contra a noção de grandeza: "Aos olhos da razão, o que é mais difundido tem mais valor". Preocupado com o homem ordinário, Johnson ataca a prerrogativa que é muitas vezes atribuída às questões públicas, sustentando que um bom biógrafo deve guiar o leitor na intimidade doméstica para mostrar os pequenos detalhes da vida cotidiana.[8] A concepção do

---

[6] Otto Weininger, *Sexe et caractère* (1903), traduzido do alemão por Daniel Renaud, Lausanne, L'Âge d'homme, 1989, 2ª parte, cap. 5.

[7] Giovanni Amendola, *Etica e biografia* (1915), Milan-Naples, Ricciardi, 1953, p. 17. Sobre a dimensão ética da biografia, cf. Robert Partin, "Biography as an Instrument of Moral Instruction", *American Quarterly*, 1956, 8, 4, p. 303-315; Frédéric Regard, "L'éthique du biographique. Réflexions sur une tradition britannique", *Littérature*, 2002, 128, p. 80-92.

[8] Samuel Johnson, "Biography", *Rambler*, 13 de outubro de 1750, n. 60, p. 357. Cf. igualmente Samuel Johnson, "Biography how Best Performed", *Idler*, n° 84, 24 de novembro de 1759, in *The Idler and the Adventurer*, Ed. Por W. J. Bate, New Haven, The Yale Edition, 1958.

biógrafo preocupado em mergulhar na intimidade doméstica a fim de captar o indivíduo privado de sua máscara social é partilhada por James Boswell, que, em 25 de fevereiro de 1788, escreve a William Temple: "Estou absolutamente certo de que o método biográfico como o entendo – dar não apenas uma *história* da trajetória *visível* de Johnson no mundo, mas uma *vista* de seu espírito em suas cartas e conversações – é o mais perfeito que se possa conceber, e será *mais* uma *Vida* que qualquer obra já publicada".[9]

É durante o século XIX que a biografia se impõe como ofício de pleno direito – graças a John Forster, John Morley, James Parton, Charles-Augustin Sainte-Beuve. Em 1862, este último, em geral bastante reticente no que tange às afirmações teóricas, decide explicar de uma vez por todas os princípios metodológicos de sua crítica literária: "Aqueles que me tratam da maneira mais benévola admitiram que eu era um juiz bastante bom, mas que não tinha Código. Tenho um método no entanto, [...] ele se formou em mim pela própria prática".[10] A premissa é muito simples: "A literatura [...] não é para mim distinta ou sequer separável do resto do homem e da organização; posso saborear uma obra, mas é-me difícil julgá-la independentemente do conhecimento do próprio homem; diria mesmo de bom grado: *tal árvore, tal fruto*. O estudo literário me conduz naturalmente ao estudo moral".[11] O resultado também é simples: "Para julgar o autor de um livro e o próprio livro, se esse livro não é um tratado de geometria pura", é preciso colocar-se certas questões sobre a personalidade do artista: qual é sua posição religiosa? Sua percepção da natureza? Quais suas relações com as mulheres? Com o dinheiro? E com a comida? Mas também: quais seus vícios? Quem são seus amigos? E seus inimigos? O conjunto dessas questões deve ser levantado a cada etapa de toda vida: no nascimento, quando da formação e da deformação. A abordagem só pode ser cronológica:

---

[9] Citado por Daniel Madelénat, *La Biographie*, op. cit., p. 56. Sobre o processo de democratização da biografia, cf. Jean Starobinski, *Jean-Jacques Rousseau, la transparence et l'obstacle*, Paris, Plon, 1957; Andrea Battistini, *Lo specchio di Dedalo. Autobiografia e biografia*, Bolonha, Il Mulino, 1990.

[10] Charles-Augustin Sainte-Beuve, *Nouveaux lundis*, Paris, Calmann-Lévy, 1891, t. III, p.13, 21 e 22 de julho de 1862.

[11] *Ibid.*, p. 15.

"É muito útil, em primeiro lugar, começar pelo começo e, quando se dispõe dos meios, tomar o escritor superior ou distinguido em seu país natal, em sua raça".[12] O artista deve ser buscado no seio de seu ambiente familiar: com seus pais, com sua mãe sobretudo, com suas irmãs (é o caso de Chateaubriand, Lamartine, Balzac, Beaumarchais), com seus irmãos (como Boileau-Despréaux) e com seus filhos (como Madame Sévigné). "Encontram-se aí lineamentos essenciais que são muitas vezes mascarados por estarem demasiado condensados ou unidos no grande indivíduo; o fundo se encontra, nos outros de seu sangue, mais despido e em estado simples". Após o nascimento, vem o tempo da formação: a época dos estudos, da juventude, do primeiro círculo artístico (a *Muse française*, o *Globe*, ou o *Cénacle*). "Nenhum dos talentos, então jovens, que viveram em um destes grupos, o fez impunemente":[13] sob certos aspectos, é a verdadeira data original do artista. No termo da formação, aborda-se o triste tempo da deformação: "É o momento em que [o artista] se estraga, se corrompe, decai, desvia. Escolham as palavras menos chocantes, as mais doces que vocês quiserem, a coisa acontece com quase todos".[14]

Essa perspectiva analítica, que visa a *buscar o homem na obra*, funda-se na esperança de que o caso singular possa assumir um valor tipológico. Assim, o retrato de Guy Patin, célebre médico do século XVII, deveria restituir o quadro de uma burguesia incoerente e de uma época indolente: "Embora pareça um grande original, [Patin] não é o único de sua espécie; não é mais do que um exemplo mais saliente e mais em relevo de uma inconsequência burguesa e de classe média, que é curioso estudar nele".[15] Como escreve Sainte-Beuve em 1865, com certa dose de autoironia: "*Tipo* é uma palavra bem vil, bem seca e bem dura, mas é uma bela coisa [...]. Tipo, em nossa mitologia abstrata, em nosso novo panteão estético, é como quem dissesse outrora semideus, *Divus*. Tendes altares".[16] Se essa *démarche* tipológica der resultado, a crítica literária poderá deixar o anedótico

---

[12] *Ibid.*, p. 18.
[13] *Ibid.*, p. 22-23.
[14] *Ibid.*, p. 26.
[15] Sainte-Beuve, *Causeries du lundi*, Paris, Garnier, s.d., t. VIII, 25 de abril e 2 de maio de 1853, p. 88-133.
[16] Sainte-Beuve, *Nouveaux lundis, op. cit.*, t. IX, p. 246, 2 de janeiro de 1865.

para estabelecer uma base científica, digna das ciências naturais: "Entrevejo ligações, relações, e um espírito mais estendido, mais luminoso, capaz de permanecer fino nos detalhes, poderá descobrir um dia as grandes divisões naturais que respondem às famílias de espíritos".[17]

O mesmo se aplica a Hippolyte Taine, para quem a crítica literária deve ser biográfica: como afirma no início de sua célebre obra sobre Balzac,

> As obras de espírito não têm apenas o espírito por pai. O homem inteiro contribui para produzi-las; seu caráter, sua educação e sua vida, seu passado e seu presente, suas paixões e suas faculdades, suas virtudes e seus vícios, todas as partes de sua alma e de sua ação deixam seu traço no que ele pensa e no que escreve.[18]

Donde o valor conceitual dos "pequenos fatos, anedotas, citações, exemplos expressivos e significativos, [...] fragmentos autênticos e vivos, intactos, colhidos na realidade concreta".[19] Em certo sentido, o processo de compreensão biográfica se aparenta à dissecção dos corpos. Assim, ao eu sublime e infinito, evocado pelos românticos, Taine opõe uma partícula, um produto, uma extremidade, uma emergência do Paleoceno:

> Acabo de reler Hugo, Vigny, Lamartine, Musset, Gautier, Sainte-Beuve, como tipos da plêiade poética de 1830. Como todos esses senhores se enganaram! Que ideia falsa têm do homem e da vida! [...] Quanto a educação científica e histórica muda o ponto de vista! Materialmente e moralmente sou um átomo num infinito de extensão e de tempo, um botão num baobá, uma pontinha florida num polipeiro prodigioso que ocupa o oceano inteiro e, de geração em geração, emerge, deixando seus inumeráveis suportes e ramificações sob a água; o que sou chegou e chega a mim pelo tronco, pelo galho grosso, o ramo, o talo de que sou a extremidade; sou por um momento a culminação, o afloramento de um mundo

---

[17] *Ibid.*, t. III, p. 17.
[18] Hippolyte Taine, *Nouveaux essais de critique et d'histoire*, Paris, Hachette, 1866, p. 67.
[19] H. Taine: *sa vie et sa correspondance*, Paris, Hachette, 1902-1907, t. IV, carta de 13 de março de 1891 a Franz Brentano.

paleontológico desaparecido, da humanidade inferior fóssil, de todas as sociedades superpostas que serviram de suporte à sociedade moderna, da França de todos os séculos, do século XIX, de meu grupo, de minha família.[20]

E é nessa ótica que uma definição científica da biografia é relançada: "Teremos ultrapassado, daqui a meio século, o período descritivo [...] para entrar em breve no período das classificações naturais e definitivas".[21]

Ao longo da segunda metade do século XIX, multiplicam-se os dicionários biográficos, tais como a *Biographie universelle ancienne et moderne*, a *Nouvelle Biographie générale depuis les temps plus anciens jusqu'à nos jours*, o *Dictionary of National Biography*, o *Dictionary of American Biography* e a *Allgemeine Deutsche Biographie*. Mas a realidade biográfica permanece geralmente bem longe das expectativas científicas de Taine. Uma vez tornados biógrafos profissionais, muitos se põem a escrever vidas oficiais, obsequiosas e moralizantes. O resultado é dos mais decepcionantes. Enojado pela carolice deferente que impregna muitas biografias, preocupadas em não macular a imagem de respeitabilidade social de seus mandantes, Thomas Carlyle declara: "Como é delicada e respeitável a biografia inglesa! Agradeçamos à sua hipocrisia"; depois decide confiar toda documentação concernindo a sua vida a James Anthony Froude, em troca da promessa de dizer toda a verdade.[22] A despeito dessas desaprovações, a comemoração recatada predomina. Como estigmatiza o doutor Havelock Ellis, numa carta aberta de tom bastante picante, os biógrafos continuam a apresentar uma silhueta elegante, digna, convencional, *bem penteada* e sobretudo "estritamente depurada de tudo o que está abaixo da cintura, uma figura tal qual aquela que

---

[20] Hippolyte Taine, *Pages choisies*, com uma introdução, notícias e notas de Victor Giraud, Paris, Hachette, 1909, p. 34-36.
[21] Citado por Wolf Lapenies, *Sainte-Beuve. Au seuil de la modernité* (1997), traduzido do alemão por Bernard Lortholary, Paris, Gallimard, 2002, p. 216.
[22] O *Carlyle*, que conta, sem medir suas palavras, o egoísmo conjugal do escritor, suscita uma importante discussão sobre a ética biográfica, no curso da qual George Tyrrel, um jesuíta irlandês (excomungado pouco tempo depois por modernismo), condena a excessiva curiosidade dos biógrafos e sustenta o *dever de calar certos fatos*, enquanto Edmund S Purcell e Paul Leicester Ford defendem o *direito de dizer a verdade*.

podemos observar sem corar na vitrine dos cabelereiros".[23] Mas é ao grande biógrafo iconoclasta Lytton Strachey que se devem as críticas mais virulentas:

> Esses dois grossos volumes, com os quais temos o costume de honrar os mortos, quem não os viu com sua massa de documentos mal digeridos, seu estilo descomposto, seu tom de panegírico entediante, sua lamentável falta de seletividade, de distanciamento, de orientação? São-nos tão familiares quanto o cortejo das pompas fúnebres e têm o mesmo ar de lenta e lúgubre barbárie.[24]

Bem entendido, Strachey não ataca a biografia enquanto tal. Bem pelo contrário: convencido de que "os seres humanos são importantes demais para serem encarados como sintomas do passado", quer utilizá-la como uma ferramenta para desmascarar a história.[25] O que trata de fazer na coletânea *Vitorianos eminentes,* em que escolhe quatro pessoas passavelmente antipáticas (o cardeal Manning, Florence Nightingale, o doutor Arnold e o general Gordon) para fustigar as principais instituições vitorianas: o evangelismo, o humanitarismo, o sistema educacional e a política colonial britânica. Com esse desígnio, abala duas regras usuais da tradição biográfica. Em primeiro lugar, a ideia de uma homenagem necessária: em suas poucas obras (só escreveu quatro), nenhuma alusão à virtude, à grandeza, à virilidade. Em segundo, a primazia do público: Strachey atribui mais importância à personalidade do que às ações e às obras (em seu texto, Vitória é mais mulher do que rainha). Esta é uma ruptura notável que concerne igualmente ao domínio psicológico: o

---

[23] Havelock Ellis, "An Open Letter to Biographers" (1896), in *View and Reviews. A Selection of Uncollected Articles, 1884-1932,* Londres, Desmond Harmsworth, 1932, p. 98.

[24] Lytton Strachey, *Victoriens éminents* (1918), traduzido do inglês por Jacques Dombasle, Paris, Gallimard, 1933, p. 18-19. Edmund Gosse formula as mesmas críticas em "The Custom of Biography", *Anglo Saxon Review,* 1901.

[25] Lytton Strachey, *ibid.*, p. 18. Essa ideia de jogar a biografia contra a história fora já formulada por Friedrich Nietzsche. Em *Considérations inactuelles* (1873-1876), traduzido do alemão por Pierre Rusch, in *Oeuvres philosophiques completes,* Paris, Gallimard, 1990, p. 135, escreve: "E se vocês precisam de biografias, que não sejam aquelas que têm por refrão: 'Senhor fulano e seu tempo', mas aquelas que deveriam ter por título: 'Um lutador contra seu tempo'." [Tradução brasileira de Rubens Rodrigues Torres "Considerações extemporâneas". In: *Obras incompletas.* Seleção de textos Gerard Lebrun. São Paulo: Abril, 1983. (Coleção Os Pensadores)]

que importa verdadeiramente não é mais o momento da ação, mas aquele que o precede. Como precisa Lewis Mumford, a biografia se povoa assim de personagens menos sagazes e menos densos, talvez mesmo menos fiéis a um único objetivo existencial: "O indivíduo tal como se o concebia outrora, ser razoável, rigoroso e refletido, era como o universo newtoniano, mas é difícil conceber e explicar o novo indivíduo sob a ótica da física moderna. Por comodidade, o biógrafo tende incessantemente a limitar sua investigação ao movimento euclidiano newtoniano; mas, para tanto, é obrigado a ignorar que o sujeito se comporta, em certas relações, como um corpúsculo em movimento e, em outras, como uma onda".[26] Essas convicções, que traçam a via para a *new biography* e para a *debunking life*, são partilhadas pelos maiores biógrafos da primeira metade do século XX: Harold Nicolson, Philp Guedalla, Gamaliel Bradford, Giovanni Papini, Emil Ludwig, André Maurois, Friedrich Gundolf, Stefan Zweig. Como este último precisa, a biografia se reveste de acentos anti-heroicos: "Não tomo nunca o partido dos pretensos 'heróis', mas vejo sempre o trágico no vencido. Em minhas novelas, é sempre aquele que sucumbe ao destino que me atrai, em minhas biografias, o personagem que sobressai não no espaço real do sucesso, mas unicamente no sentido moral. Erasmo e não Lutero, Maria Stuart e não Elizabete, Castelion e não Calvino. É assim que não tomei por figura heroica central Aquiles, mas o mais obscuro de seus adversários, Tersita: o homem que sofre ao invés daquele que, por sua força e a segurança com que persegue seus fins, faz os outros sofrerem".[27]

É precisamente nesse período que certos biógrafos renunciam ao imperativo da verdade fatual, tão caro a Samuel Johnson, e reivindicam o direito, e até a obrigação, de imaginar o passado: "A ignorância – lê-se no prefácio de *Eminent Victorians* – é a primeira necessidade do historiador, ela simplifica e clarifica,

---

[26] Lewis Mumford, "The Task of Modern Biography", *English Journal*, 1934, XXIII, p. 4-5.
[27] Stefan Zweig, *Le Monde d'hier. Souvenirs d'un Européen* (1944), traduzido do alemão por Serge Niémetz, Paris, Belfond, 1993, p. 213-214. O termo *new biography* procede de um artigo de Virginia Woolf sobre *Some People* (1927) d'Harold Nicolson, enquanto o termo *debunker* foi forjado por William E. Woodward, na novela *Bunk* (1923), em que um dos personagens, Michel Webb, estuda uma família de magnatas do automóvel desembaraçando-se da imagem oficial (*to take the bunk out of that family by showing it up on its true relations*). Sobre a nova biografia, cf. Lionel M. Gelber, "History and the New Biography", *Queen's Quarterly*, 1930, XXXVII, p. 127-144.

escolhe e omite".[28] A biografia romanceada não afasta apenas os historiadores,[29] mas também os romancistas: paradoxalmente, quanto mais a biografia busca uma legitimidade literária, mais a literatura parece recusar-lhe tal legitimidade.

É inegável que, apesar da fluidez de seu estatuto e de sua ambivalência em relação a outros gêneros de escrita (ou talvez mesmo por causa disso), a biografia suscitou múltiplas hostilidades nos meios literários. Charles Dickens protestava já que as biografias pareciam todas escritas "por alguém que conviveu com as pessoas como vizinho e não em seu foro interior". Mesma reprovação da parte de Walt Whitman: "Detestei a maioria das biografias literárias, pois são tão mentirosas".[30] Mas, no início do século XX, as reações se fazem cada vez mais severas. Assim, Paul Valéry se queixa do tratamento anedótico reservado aos artistas:

> Espreita-os o biógrafo, que se consagra a tirar a grandeza, que os assinalou a seu olhar, dessa quantidade de pequenezas comuns e de misérias inevitáveis e universais. Ele conta as meias, as amantes, as tolices de seu sujeito.[31] Faz, em suma, precisamente o inverso do que quis fazer toda a vitalidade deste, que se gastou contra aquilo que a vida impõe de vis ou monótonas semelhanças a todos os organismos, e de diversões ou acidentes improdutivos a todos os espíritos. Sua ilusão consiste em crer que o que busca pode engendrar ou pode explicar o que o outro encontrou ou produziu.[32]

As acusações são esmagadoras e recorrentes: superficialidade, excesso de coerência, aborrecimento, falsidade, voyeurismo, (como

---

[28] Lytton Strachey, *Victoriens éminents, op. cit.*, p. 17. A opção literária é partilhada por André Maurois, *Aspects de la biographie*, Paris, Au sens pareil, 1930, e será confirmada por Leon Edel, *Literary Biography*, Londres, Hart-Davis, 1957. Ela será criticada por Paul Murray Kendall, *The Art of Biography*, New York, Norton, 1965.

[29] Cf. Godfrey Davies, "Biography and History", *Modern Language Quarterly*, 1940, I, p. 79-94; Dumas Malone, "Biography and History", *in* Joseph R. Strayer (dir.), *The Interpretation of History*, Princeton, Princeton University Press, 1943, p. 121-148; Jean Romein, *Die Biographie. Einführung in ihre Geschichte und ihre Problematik*, Berna, A. Francke, 1948, p. 87-93.

[30] John A Garraty, *The Nature of Biography, op. cit.*, p. 91 e 94.

[31] *Sujet*, que, em francês, pode significar, além de sujeito, tema, assunto, objeto (como o inglês *subject*), ou, ainda, súdito (N.T.).

[32] Paul Valéry, *Mauvaises pensées et autres*, in *Oeuvres*, Paris, Gallimard, 1942, p. 93-94.

lembra, muitos anos mais tarde, o crítico inglês Terry Eagleton, as biografias excitam em seus leitores o desejo de espiar os hábitos sexuais do artista[33]). Uma perplexidade semelhante é expressa pela psicanálise. Mesmo Sigmund Freud, que funda, no entanto, o essencial de sua reflexão sobre o estudo de casos individuais (Leonardo da Vinci, Michelangelo, Dostoievski, Thomas Woodrow Wilson, o presidente Schreber e sobretudo o pequeno Hans, O Homem dos ratos, Anna O., Dora, o Homem dos lobos...), proíbe Arnold Zweig de escrever um livro sobre sua vida, alegando que "[...] aquele que se torna biógrafo se obriga à mentira, aos segredos, à hipocrisia, à idealização e mesmo à dissimulação de sua incompreensão, pois é impossível obter a verdade biográfica e, mesmo se a tivéssemos, ela não seria utilizável. A verdade não é praticável, os homens não a merecem".[34]

Desse coro compósito de vozes agastadas, duas questões se elevam. Concernem, por um lado, à ligação entre a biografia e a obra artística e, por outro, à capacidade da biografia de dar conta das relações humanas próprias à modernidade. Em 1908, Marcel Proust se exprime sobre o primeiro ponto quando reprova a Sainte-Beuve não ter compreendido a grandeza artística de Balzac, de Stendhal e de Baudelaire. Sob certos aspectos, nada há aí de muito novo: é por essa mesma razão que os irmãos Goncourt, Zola, Nietzsche e Henry James acusavam a crítica de ter uma alma "feminina" (*sic*). Entretanto, desta vez, não é apenas a sensibilidade de Sainte Beuve que é posta em questão. O que está no banco dos réus é seu método, que faz do autor (digamos antes: daquilo que se sabe de sua vida) um princípio de inteligibilidade da obra: "É absurdo julgar o poeta pelo homem ou pelo que dizem seus amigos. Quanto ao próprio homem, não é mais do que um homem e pode perfeitamente ignorar o que quer o poeta que vive nele". Proust recusa a ideia de "pedir à biografia do homem, à história de sua família, a todas

---

[33] Terry Eagleton, "The Tale of a Tub Thumper", *The Guardian Weekly,* 13 de setembro de 1998.
[34] Sigmund Freud e Arnold Zweig, *Correspondance, 1927-1939* (1968), traduzido do alemão por Luc Weibel, Paris, Gallimard, 1973, p. 167. Sobre a atitude de Freud em relação à biografia, cf. Mario Lavagetto, *Freud, la letteratura e altro*, Turin, Einaudi, 1985, p. 272-275; e a introdução de Ilse Barande à *Revue Française de Psychanalyse*, 1988, 1, número especial "Des biographies".

suas particularidades, o entendimento de suas obras e a natureza de seu gênio".[35] Não basta catalogar os hábitos e as frequentações de um artista para captar o sentido de sua obra, pois "nossa pessoa moral se compõe de várias pessoas superpostas. Isso é talvez mais sensível ainda no caso dos poetas que têm um céu a mais, um céu intermediário entre o céu de seu gênio e aquele de sua inteligência, de sua bondade, de sua *finesse* diárias: sua prosa".[36] Isso significa que o *eu* íntimo do artista escapa ao *eu* cotidiano: "Só se o encontra fazendo abstração dos outros e do eu que conhece os outros, o eu que esperou enquanto se estava com os outros, que a gente sente bem ser o único real, e para o qual apenas os artistas acabam vivendo, como um deus que eles deixam cada vez menos".[37] Destacada da personalidade do autor, a obra artística exige ser avaliada em si mesma, para além de toda referência biográfica imediata: "Um livro é o produto de um outro *eu* que não aquele que manifestamos em nossos hábitos, na sociedade, em nossos vícios".[38]

Infelizmente, ao longo do século XX, o eu mais profundo de que fala Proust torna-se frequentemente um eu impessoal, abstrato, incorporal – como se uma obra de arte pudesse nascer espontaneamente do nada. A sedução da impessoalidade convence uma parte da crítica literária a banir toda leitura biográfica: para o assim chamado *New Criticism*, a personalidade e as emoções do artista contam tanto quanto a cor de seus cabelos; o que importa é a obra.[39] William K. Wimsat e Monroe C. Beardsley afirmam-no sem desvios em 1946: as questões concernentes ao desígnio do autor são falaciosas. Donde a acusação de *intentional fallacy*: "Avaliar um poema é a mesma coisa que julgar um pudim ou um aparelho". A obra de arte só funciona e só é compreensível quando despojada de todo traço de subjetividade – do autor e do crítico. Como se faz com os grumos de um pudim: "O poema não pertence nem

---

[35] Marcel Proust, *Contre Sainte-Beuve* (1908), Paris, Gallimard, 1954, p. 122.
[36] *Ibid.*, p. 168-169.
[37] *Ibid.*, p. 131.
[38] *Ibid.*, p. 127.
[39] O termo *New Criticism* retoma o título de um livro de John Ransom, *The New Criticism* (1939), Westport (Conn.), Greenwood Press, 1979. Cf. Jacques Barzun, "Biography and Criticism – a Misalliance Disputed", *Critical Inquiry*, 1975, 1, 3, p. 479-496.

ao crítico nem ao autor (destacou-se do autor ao ser escrito e vai pelo mundo independentemente de sua faculdade de decidir sobre ele ou controlá-lo). O poema pertence ao público. Manifesta-se na linguagem [e] é um objeto de conhecimento público".[40] Nos anos 1960, é a vez de Roland Barthes que, em diversas ocasiões, declara que a história literária deve renunciar à noção de indivíduo. Em seu ensaio sobre a morte do autor, enuncia que não existe nenhuma matriz de sentido: a escritura é uma atividade contrateleológica que dissolve toda identidade, inclusive aquela do corpo que escreve. A figura do autor é abolida; em seu lugar, há o escritor que nasce no livro. Quanto ao leitor, ele também é concebido como instância impessoal, "um homem sem história, sem biografia, sem psicologia" (e, por essa razão, livre para gerir à vontade os sentidos do texto).[41] Embora exaltando nos anos subsequentes as características individuais (os célebres biografemas), Barthes não cessa de reiterar suas convicções antibiográficas até em sua autobiografia: a infância não é contável, e o "tempo do relato (da imagética) acaba com a juventude do sujeito: só há biografia da vida improdutiva. A partir do momento em que produzo, em que escrevo, é o próprio texto que me despossui (felizmente) de minha duração narrativa".[42]

O segundo ponto, concernente à capacidade da biografia de restituir as relações humanas próprias à modernidade, é formulado em termos particularmente claros por Virginia Woolf. Filha de Leslie Stephen, o editor do *Dictionary of National Biography*, amiga de Strachey e de Harold Nicolson, ela sublinha, em diversas ocasiões, que a psicologia humana mudou:

> Não quero dizer aqui que saímos um belo dia, como se sai num jardim para ver que uma rosa floriu ou que uma galinha pôs

---

[40] Monroe C. Beardsley, "The Intentional Fallacy", in William Kurtz Wimsat and M.C. Beardsley, *The Verbal Icon. Studies in the Meaning of Poetry* (1946), Lexington, University of Kentucky Press, 1954, p. 4-5.

[41] Roland Barthes, "La mort de l'auteur" (1968), in *Le Bruissement de la langue*, Paris, Éditions du Seuil, 1984. A ideia de amputar a literatura do indivíduo é igualmente elaborada por Roland Barthes in "Histoire ou littérature?", *Sur Racine*, Paris, Éditions Du Seuil, 1965. Cf, na mesma ordem de ideias, Paul de Man, "Autobiography as De-facement" (1979), *The Rhetoric of Romanticism*, New York, Columbia University Press, 1984, que define a escritura biográfica como uma operação de travestismo.

[42] *Roland Barthes par Roland Barthes*, Paris, Éditions du Seuil, 1975, p. 6. Cf. Françoise Gaillard, "Roland Barthes: le biographique sans la biographie", *Revue des sciences humaines*, 1991, 224, p. 85-103.

um ovo. Não, a mudança não foi tão súbita, tão nítida. Não obstante, houve uma mudança e, já que não podemos precisar melhor, datemo-la do ano de 1910. [...] Todas as relações humanas se alteraram: entre mestres e servidores, entre marido e mulher, entre pais e filhos. E quando as relações humanas mudam, há ao mesmo tempo uma mudança na religião, na conduta, na política e na literatura.[43]

Ora, a biografia está em condições de encarar tal mudança? Pode dar lugar a uma nova forma de narração capaz de exprimir as contradições da vida? A questão está longe de ser simples e é abordada inicialmente em termos literários.

Flush escora o projeto irreverente da *new biography*: o herói não é nem um homem célebre nem um homem qualquer, mas um Cocker ruivo, o cão da "mais célebre poetisa da Inglaterra, Elizabeth Barret, a adorada em pessoa"; e suas peregrinações são um pretexto para denunciar o profundo fosso (higiênico, arquitetural, econômico e cultural) que separa o mundo respeitável de Wimpole Street do bairro miserável de Whitechapel, formado "de espécies de estrebarias em ruína onde rebanhos de seres humanos viviam sobre rebanhos de vacas à razão de dois metros quadrados para cada duas pessoas".[44] *Orlando*, escrito dois anos antes, é um livro bem mais ambicioso. Ele toma a figura do biógrafo, dedicado a reconstruir a vida de um indivíduo de seu nascimento até a morte. Como se faz para contar a vida de uma pessoa que muda de sexo e de condição social, que um dia traja um costume cor de tabaco, à maneira dos juízes, e no dia seguinte um *peignoir* chinês equívoco ou ainda um vestido florido de seda? E que vive, como se nada de especial houvesse nisso, durante quatro bons séculos, da época elisabetana a 11 de outubro de 1928, passando pela Restauração e pelo úmido século XIX? O que quer que diga o *Dicionary of*

---

[43] Virginia Woolf, *Mr. Bennet and Mrs. Brown* (1924), in *L'Art du roman*, traduzido do inglês por Rose Celli, Paris, Éditions du Seuil, 1991, p. 44-45.
[44] Virginia Woolf, *Flush, biographie* (1930), traduzido do inglês por Charles Mauron, Germanie Delamain e Colette-Marie Huet in *L'Oeuvre romanesque*, Paris, Stock, 1979, p. 29-62. Dez anos depois, Robert Musil considera a possibilidade de escrever a biografia de um corvo: cf. *Tagebücher, Aphorismen, Essays und Reden*, editado por Adolf Frisé, Hamburgo, Rowohlt Verlag, 1955, Heft 35, p. 523-541.

National Biography, a duração da vida humana não é talvez tão evidente quanto parece e nem sempre coincide com a escansão nascimento e morte biológica... Sem dúvida, as possibilidades mentais (inclusive aquelas que concernem ao tempo e ao espaço) são bem mais vastas e profundas do que os fatos venerados pelos biógrafos: "Uma biografia é vista como completa quando dá conta simplesmente de cinco ou seis eus, quando um ser humano pode ter milhares deles"...[45] Com mais forte razão, quando a pessoa em questão passa seu tempo a pensar em lugar de agir.

> Mas que pode fazer o biógrafo quando seu herói o colocou na situação em que nos coloca agora Orlando? A vida – todos aqueles cuja opinião tem algum peso estão de acordo quanto a isto – a vida é o único tema que convém ao romancista ou ao biógrafo; viver, decidiram as mesmas autoridades, não tem nada em comum com se sentar numa poltrona e pensar. [...] Se portanto o herói de uma biografia não consente nem em amar nem em matar, e se obstina em querer apenas pensar e imaginar, devemos concluir que ele, ou antes que ela não vale mais do que um cadáver, e abandoná-la.[46]

As considerações sobre os limites da verdade biográfica são ainda o objeto de vários ensaios: *The Lives of the Obscure, The New Biography, The Art of Biography*. Este último coloca a questão em termos precisos: a biografia é uma arte? Por que produziu tão poucas obras primas imperecíveis? Como pode ser que mesmo o doutor Johnson de Boswel tenha uma duração de vida menor que a do Falstaff de William Shakespeare? Por certo, a biografia é uma arte ainda jovem: "O eu que escreve um livro de prosa se manifestou numerosos séculos após o eu que escreve um poema". Mas não se trata unicamente de inexperiência. De fato, "a arte da biografia é a mais restrita de todas as artes". Os livros de Strachey são prova disso. Enquanto sua obra sobre a rainha Vitória é particularmente

---

[45] Virginia Woolf, *Orlando* (1928), traduzido do inglês por Charles Mauron, Paris, Stock, 1992, p. 284.
[46] *Ibid.*, p. 263. Cf. Floriane Reviron, "*Orlando*" de Virginia Woolf (1928): une réponse à Eminent Victorians?, in Frédéric Regard (dir.), *La Biographie littéraire en Angleterre (XVIIe-XXe)*. *Configurations, reconfigurations du soi artistique*, Saint-Étienne, Publications de l'université de Saint Étienne, 1999, p. 117-140.

brilhante, aquela que consagra a rainha Elizabete é um verdadeiro fracasso, mas "parece que o fiasco é imputável não a Lytton Strachey, mas à arte da biografia. Em *Victoria* ele tratara a biografia como uma técnica: submetera-se a seus limites. Em *Elizabeth,* tratou a biografia como uma arte: desdenhou seus limites". Virginia Woolf atrai assim a atenção para um ponto extremamente delicado: a impossibilidade estética de conciliar os fatos e a ficção.

> A biografia impõe certas condições, e estas implicam que ela deve se fundar nos fatos. E, por fatos, entendemos fatos que podem ser controlados por outras pessoas além do artista. Se o biógrafo inventa fatos como os inventa um artista – fatos que nenhuma outra pessoa pode controlar – e tenta combiná-los com fatos de outro tipo, eles se destroem reciprocamente.

Existe um limite necessário que deve ser respeitado:

> Uma vez que o personagem inventado vive num mundo livre onde os fatos são controlados por uma única pessoa – o próprio artista –, sua autenticidade reside na verdade de sua visão. O mundo criado por essa visão é mais raro, mais intenso, inteiriço em relação ao mundo que é em grande parte feito de informações autênticas fornecidas por outros. Por causa dessa diferença, os dois tipos de fatos não se misturam; se eles se tocam, se destroem. Ninguém, parece ser a conclusão, pode obter o melhor dos dois mundos.

A vida da biografia é, por conseguinte, diferente da vida da poesia e do romance, "é uma vida vivida num grau de tensão inferior".[47]

Ao longo do século XX, essas reflexões vão angariar o sufrágio de numerosos romancistas. Max Frisch recordou a inevitável pobreza estrutural do gênero biográfico. Fiel aos fatos, a biografia achata a vida: compreendemos bem melhor um indivíduo "contando enormidades de toda espécie". Em segundo lugar, ela dá uma imagem demasiado necessária da realidade, como se o fato ocorrido fosse

---

[47] Virginia Woolf, "The Art of Biography", *Atlantic Monthly*, 1939, CLXIII, p. 506-510. Cf. igualmente Virginia Woolf, "The Lives of the Obscure", *The Dial*, 1925, LXXVIII, p. 381-390; Virginia Woolf, "The New Biography", *New Herald Tribune*, 30 de outubro de 1927, retomado em *Granite and Rainbow*, Londres, Hogarth Press, 1958, p. 149-155.

inelutável: "É uma sujeição falaciosa a que nos dobramos". Enfim, ela reduz a vida a uma série de ações:

> Outro lugar comum absurdo quer que o indivíduo seja aquilo que faz. Tudo aquilo de que temos medo, todos nossos desejos mais loucos, todas nossas angústias: é esse conjunto de coisas, que nossa biografia não reflete, que faz a pessoa. Provavelmente um indivíduo jamais fez isto ou aquilo por jamais ter ousado se arriscar. Mas mesmo se jamais teve a coragem, o que não fez é talvez tão importante quanto aquilo que fez. Quero dizer que a diferença entre as coisas feitas e as coisas não feitas não significa que aquelas são verdadeiras e estas não. [...] Um sonha em ser Nero e reduzir a cinzas toda a cidade de Zurique, o outro queria apenas ser campeão de boxe e isso também faz parte dele, mas nem um é Nero pondo fogo em Zurique nem o outro jamais ganhará uma luta de boxe.[48]

III

A fronteira que separa a história da biografia também se mostrou incerta e conflituosa. As razões são diferentes daquelas alegadas pelos romancistas. Concernem essencialmente à qualidade científica da verdade. Tucídides manifestava um desprezo absoluto pela biografia: em seu programa de uma historiografia exata, impessoal e universal, deixava bem pouco lugar para um gênero narrativo que buscava agradar um público popular. Dois séculos mais tarde, Políbio escreve que a história biográfica, fundada sobre os meios do teatro trágico, confunde poesia e história. Suas considerações provêm de uma discussão mais ampla, aberta no seio da historiografia grega, que via o ideal do *verdadeiro* como oposto àquele do *verossímil* procurado pelo sofista Gorgias: à diferença do que haviam sustentado certos historiadores dos séculos IV e III a.C (tais como Filarco ou Duris de Samos), preocupados em dramatizar o relato, Políbio pretende estabelecer e transmitir uma verdade objetiva.[49] A distinção entre a história e a biografia é por vezes também reivindicada pelos próprios biógrafos. Na época imperial, Plutarco demonstra bem pouco

---

[48] Max Frixch, "L'io rifiutato", *Linea d'ombra*, 1996, 119, p. 20-29.
[49] Arnaldo Momigliano, *La Naissance de la biographie en Grèce ancienne* (1971), traduzido do inglês por Estelle Oudot, Strasbourg, Circé, 1991.

interesse pelos fatores estruturais e reivindica o primado dos signos da alma sobre a etiologia política:

> Não escrevemos *Histórias,* mas *Vidas,* e não é sempre pelas ações mais ilustres que se pode trazer à luz uma virtude ou um vício; muitas vezes, um pequeno fato, uma palavra, uma bagatela, revelam melhor um caráter do que os combates mortíferos, os confrontos mais importantes e os cercos das cidades. Os pintores, para captar as semelhanças, fundam-se no rosto e nos traços da fisionomia e quase não se preocupam com as outras partes do corpo; que nos permitam também, da mesma maneira, agarrarmo-nos sobretudo aos signos que provêm da alma e nos apoiarmos neles para retraçar a vida de cada um destes homens, abandonando a outros os acontecimentos grandiosos e os combates.[50]

As proposições dos pensadores da Antiguidade conheceram fortunas diversas junto aos historiadores modernos. A desconfiança em relação à biografia é assim reiterada em 1599 por John Hayward, apelidado de o "tácito inglês", que, em seu livro *Life and Reigne of King Henrie III,* exorta a não confundir "o governo das grandes nações" com "a vida e os feitos de homens célebres".[51] Um século mais tarde, Thomas Burnet, capelão de Guilherme III, atribui um lugar importante à história, mas reconhece apenas um valor secundário, ornamental, à biografia:

> As vidas dos filósofos, os nascimentos, as mortes, os elogios, as viagens, as ações boas ou más e outras coisas do mesmo gênero completam e embelezam a matéria, mas são de pouco peso, pois trata-se aqui de buscar os germes e os progressos do conhecimento humano e o governo da Providência.[52]

No entanto, a separação proclamada por Políbio entre biografia e história nem sempre é aceita. No século VIII, Beda, o Venerável, escreve que a biografia nada mais é do que a história observada de mais perto; e na época moderna, os principais trabalhos de paleografia, de diplomática e de historiografia (de Jean Bodin a Agostino Mascardi e a Mably) tomam a biografia por uma forma perfeitamente

---

[50] Plutarque, *Vies parallèles*, Paris, Gallimard, 2001, p. 1227.
[51] Cf. John Garraty, *The Nature of Biography, op. cit.*, p. 70.
[52] Cf. Mario Longo, *Historia philosophiae philosophica: teorie e metodi della storia della filosofia tra Seicento e Settecento*, Milan, IPL, 1986, p. 39.

legítima de escritura histórica. No século XVII, Thomas Stanley, filólogo inglês conhecido por sua edição crítica das tragédias de Ésquilo, chega ao ponto de definir a biografia dos legisladores, dos *condottieri* e dos eruditos como a forma mais elevada de história.[53] Que o destino individual dos homens ilustres permite compreender as escolhas de uma nação é um ponto de vista a que adere também a maior parte dos pensadores do século seguinte. David Hume sustenta, assim, que a espiritualidade pessoal de Carlos I arruinou a causa absolutista na Inglaterra. Alguns decênios mais tarde, é a vez de Voltaire. Ainda que não celebre nenhum culto dos heróis, estima, todavia, que as grandes almas permitem reconhecer as surpresas da história, esses acontecimentos imprevisíveis, tão determinantes num domínio em que o que é verossímil nem sempre advém.[54]

Assim, durante séculos, sucedem-se os mesmos conflitos de confins. Depois, quando o pensamento histórico atinge seu apogeu, a fronteira entre biografia e história se incendeia sob o impulso de três forças dessemelhantes que fazem da totalidade a categoria explicativa do devir histórico.[55]

A primeira dessas forças é de caráter político. Após a afirmação do *povo* como sujeito social, a história biográfica se reveste de uma tonalidade elitista que se choca contra o desejo de fraternidade e igualdade. Na "Introduction à *La Philosophie de l'histoire de l'humanité* de Herder", Edgar Quinet o exprime claramente: "O despotismo reduzira a história a uma forma degradada de biografia".[56] Contra a versão monárquica da história, Jules Michelet prega o heroísmo coletivo: as massas são o verdadeiro sujeito da história, enquanto "que os grandes nomes fazem poucas coisas, que os pretensos deuses, os gigantes, os titãs (quase sempre anões) só enganam quanto a

---

[53] Sobre a historiografia da Idade Média e da Renascença, cf. Donal R. Kelley, *Foundations of Modern Historical Scholarship. Language, Law and History in the French Renaissance*, New York-Londres, Columbia University Press, 1970, XIL-370; Denis Hay, *Annalists and Historians. Western Historiography from the Eight to the Eighteenth Centuries*, Londres, Methuen & Co., 1977.

[54] Sobre a historiografia das Luzes, cf. Friedrich Meinecke, *Die Entstehung des Historismus* (1936), Munique, R. Oldenbourg, 1965, cap. II, IV e V.

[55] Cf. Judith Schlanger, *Les Métaphores de l'organisme*, Paris, Vrin, 1971.

[56] Edgar Quinet, "Introduction à *La Philosophie de l'histoire de l'humanité* de Herder", in *Oeuvres complètes*, Paris, Pagnerre Éditeur, 1857, p. 348.

seu tamanho içando-se por fraude sobre os ombros dóceis do bom gigante, o Povo".[57] Ainda que em seu *Diário* se mostre bem mais nuançado, a ponto de escrever, em 30 de março de 1842: "Errei ao ligar demais este princípio (a humanidade é sua própria obra) ao aniquilamento das grandes individualidades históricas",[58] ele persiste, nas suas obras históricas maiores, reivindicando a natureza coletiva, frequentemente impessoal, do povo:

> Está aí a primeira missão da história: encontrar, através de pesquisas conscienciosas, os grandes fatos da tradição nacional. Esta, nos fatos dominantes, é muito grave, muito segura, de uma autoridade superior a todas as outras. [...] Quem poderia dar o mesmo peso a essas vozes individuais, parciais, interessadas, que à voz da França? [...] Sem negar a influência possante do gênio individual, não há dúvida de que, na ação destes homens, a parte principal se deve entretanto à ação geral do povo, do tempo, do país. [...] Todo estudo individual é acessório e secundário diante desse profundo olhar da França sobre a França, dessa *consciência interior* que ela tem do que fez.[59]

Michelet não está isolado. Durante a Restauração, a intimação de Anacharsis Cloots, "França, tu serás feliz quando estiveres curada dos indivíduos", colocada em epígrafe ao *Tyran*, é retomada por outros historiadores como Auguste Mignet ou Augustin Thierry.[60]

A segunda força procede da filosofia. Em seu curto ensaio sobre a finalidade da história, escrito em 1784, Kant descreve o homem como um meio pelo qual a natureza realiza seus fins, e afirma que a história deve se elevar acima do indivíduo e pensar em grandes proporções, pois o que se revela confuso e irregular

---

[57] Jules Michelet, *Histoire romaine* (1833), in *Oeuvres Complètes*, sob a direção de Paul Viallaneix e Robert Casanova, Paris, Flammarion, 1972, t. II, p. 335.
[58] Jules Michelet, *Journal*, sob a direção de Paul Viallaneix e Claude Digeon, Paris, Gallimard, 1959, p. 540. No prefácio a sua tradução das obras escolhidas de Vico, Michelet escrevia: "A palavra da *Scienza nuova* é: a humanidade é sua própria obra... A ciência social data do dia em que essa grande ideia foi expressa pela primeira vez. Até então a humanidade acreditava dever seus progressos aos acasos do gênio individual": Cf. Giambattista Vico, *Principes de la philosophie de l'histoire*, Paris, J. Renouard, 1827.
[59] Jules Michelet, *Histoire de la Révolution Française* (1847), Paris, Gallimard, 1952, p. 286-288.
[60] Jules Michelet, *Le Tyran*, préface de 1869, in *Histoire de la Révolution Française*, *op. cit.*, p. 1004. Cf. Alice Gérard, "Le grand homme et la conception de l'histoire au XIXe siècle", *Romantisme. Revue du dix-neuvième siècle*, numéro special "Le grand homme", 1998, n. 100, p. 31-48.

entre os indivíduos constitui uma sequência unitária e homogênea de acontecimentos na totalidade da espécie: "Os homens, tomados individualmente, e mesmo povos inteiros, nem imaginam que perseguindo seus fins particulares em conformidade com seus desejos pessoais, e muitas vezes em prejuízo de outrem, conspiram, à sua revelia, com o desígnio da natureza".[61]

A preponderância de uma visão teleológica da história contribui ainda mais para reduzir o alcance do aspecto biográfico. Após ter confirmado a unidade *a priori* da história, Fichte nega o valor autônomo do singular em face do universal: somente o progresso da espécie conta, não a vida dos indivíduos. Acontece o mesmo com Hegel para quem a materialidade da existência deve ser sacrificada em benefício do *Weltplan*: os indivíduos formam uma massa supérflua e não devem eclipsar os objetos dignos de história. Quando os acontecimentos do mundo, até os mais distantes ou aberrantes, são dialeticamente integrados numa perspectiva teleológica (o desenvolvimento infinito e necessário do gênero humano), os indivíduos (mesmo os grandes personagens históricos, que coincidem com o universal superior, como Cesar ou Napoleão imortalizado no campo de batalha de Iena) podem ser compreendidos como instrumentos da razão que cumprem seus desígnios mesmo sem compreendê-los:

> Aquilo a que os indivíduos que marcam a história tendem inconscientemente não é o que querem conscientemente, mas alguma coisa que é-lhes *necessário* querer sob o efeito de uma pressão que parece ser cega e que, no entanto, vê mais longe que os interesses pessoais conscientes. É a razão pela qual tais homens realizam aquilo que é almejado através deles, dando provas de uma compreensão instintiva. Agem de maneira histórica, empurrados pela potência e pela "astúcia da razão" (*List der Vernunft*), que é o conceito racional da providência.[62]

---

[61] Immanuel Kant, *Idée d'une histoire universelle au point de vue cosmopolitique* (1784), in *La Philosophie de l'histoire*, traduzido do alemão por Stephan Piobetta, Paris, Denoël-Gonthier, 1947, p. 26-27. Sobre a particularidade do finalismo kantiano, cf. Ludwig Landgrebe, *Phänomenologie und Geschichte*, Gütersloh, Güterslocher Verlagshaus Gerd Mohn, 1968, cap. III.

[62] Karl Löwith, *Histoire et salut. Les présupposés théologiques de la philosophie de l'histoire* (1949), traduzido do alemão por Marie-Christine Challiol-Gillet, Sylvie Horstel e Jean-François Kervégan, Paris, Gallimard, 2002, p. 83-84.

Como observou Karl Löwith, o marxismo não constitui uma ruptura em relação à filosofia clássica alemã quanto a esse ponto: "O princípio mais geral de Marx é o mesmo de Hegel: a unidade da razão e da realidade, da essência universal e da existência particular".[63]

Nessa concepção teleológica do devir como trabalho gradual através do qual a humanidade realiza seus fins superiores, o indivíduo é inteiramente submetido à lei. Uma lei dramática e implacável, pois que isenta de elementos acidentais. A omissão da pessoa coincide quase sempre com a negação do acaso ou, pelo menos, com sua marginalização tendencial: o resultado da batalha de Waterloo foi certamente condicionado pelas chuvas torrenciais que caíram na noite de 17 para 18 de junho de 1815, mas essas gotas de água foram enviadas pelo deus da História... Victor Hugo exprimiu de maneira poética esse tipo de expectativa fundada no papel da Providência. Após ter contado que Oliver Cromwell queria ter partido para a Jamaica, e Mirabeau, para a Holanda, mas que um veto régio os obrigara a renunciar, comenta:

> Ora, tirai Cromwell da revolução da Inglaterra, tirai Mirabeau da revolução da França, tirais talvez, das duas revoluções, dois cadafalsos. Quem sabe se a Jamaica não teria salvo Charles I, e a Batávia Luís XVI? Mas não, é o rei da Inglaterra que quer guardar Cromwell; é o rei da França que quer guardar Mirabeau. Quando um rei está condenado à morte, a providência venda seus olhos.

Em suma, por trás do acaso, há sempre a mão de Deus:

> Ê! Quem não sente que nesse tumulto e nessa tempestade, no meio desse combate de todos os sistemas e de todas as ambições que faz tanta fumaça e tanta poeira, sob esse véu que esconde ainda dos olhos a estátua social e providencial apenas esboçada, atrás dessa nuvem de teorias, de paixões, de quimeras que se cruzam, se chocam e se entredevoram na espécie de luz brumosa que rasgam com seus clarões, através desse barulho da palavra humana que fala ao mesmo tempo todas as línguas por todas as bocas, sob esse violento turbilhão de coisas, de homens e de ideias que chamamos o século dezenove, alguma coisa de grande se cumpre! Deus permanece calmo e executa sua obra.[64]

---

[63] *Ibid.*, p. 77.
[64] Victor Hugo, *Sur Mirabeau* (1834), *in* Victor Hugo, *Littérature et philosophie mêlées*, édition critique établie par Anthony R. W. James, t. II, Paris, Klincksieck, 1976, p. 285, 331.

A última força é aquela da ciência. Como pressente Johann Gustav Droysen, "nossa disciplina mal se liberou do enlace filosófico-teológico e eis que as ciências da natureza já querem se apropriar dela".[65] Na realidade, mais do que da ciência, o perigo provém, sobretudo, de certas disciplinas sociais nascentes, como a demografia ou a sociologia, desejosas de adquirir um estatuto científico incontestável.

Nos anos 1830, Adolphe Quételet forja a noção de homem médio, na esperança de elaborar uma *mecânica social* que estivesse em condições de definir as leis que regem a física, intelectual e moral: "O homem que considero aqui é, na sociedade, o análogo do centro de gravidade no corpo; é a média ao redor da qual oscilam os elementos sociais: será, se assim quiserem, um ser fictício para quem todas as coisas se passarão em conformidade com os resultados médios obtidos pela sociedade.[66] Essa noção de homem médio acarreta o sacrifício oficial de tudo o que é demasiado particular ou anômalo:

> Devemos, antes de tudo, perder de vista o homem tomado isoladamente, e considerá-lo unicamente como uma fração da espécie. Despojando-o de sua individualidade, eliminaremos tudo o que é apenas acidental; e as particularidades individuais que têm pouca ou nenhuma ação sobre a massa se apagarão por si mesmas e permitirão apreender os resultados gerais.[67]

Ao longo dos decênios seguintes, a ideia de homem médio angaria numerosos sufrágios. Convencidos de que os seres humanos não se esquivam à lei universal de causalidade, Henry Thomas Buckle, Grant Allen, Paul Mougeolle, Louis Bourdeau, Paul Lacombe se debruçam sobre a força das pressões exteriores, especialmente de ordem geográfica, e apresentam os seres humanos como formigas que tecem anonimamente a trama da vida social (a exemplo das células que reconstituem

---

[65] Johann Gustav Droysen, *Historik. Die Vorlesungen von 1857*, ed. Por P. Leyh, Stuttgart-Bad Constatt, 1977; *Texte sur Geschichtstheorie. Mit ungedruckten Materialen zur "Historik"*, ed. Por G. Birtsch e J. Rüsen, Göttingen, 1972, p. 16.

[66] Adolphe Quételet, *Sur l'homme et le développement de ses facultés ou Essai de physique sociale*, Paris, Bachelier, 1835, p. 21.

[67] *Ibid.*, p. 4. Sobre a noção de homem médio, cf. Maurice Halbwachs, *La Théorie de l'homme moyen. Essai sur Quételet et la statistique morale*, Paris, F. Alcan, 1913; Guillaume Le Blanc, *L'Esprit des sciences humaines*, Paris, Vrin, 2005, p. 164-174.

os tecidos orgânicos).[68] Segundo Herbert Spencer, o mesmo se dá em relação aos grandes homens: "No mesmo grau que toda a geração de que forma uma pequena parte – no mesmo grau que as instituições, a língua, a ciência e os costumes – no mesmo grau que a multidão das artes e que suas aplicações, [o gênio] não é mais do que uma resultante de um enorme agregado de forças que já agiram juntas durante séculos".[69] Em tal perspectiva, a ciência deve explicar o homem médio de cada raça, renunciando às variações morfológicas e às diferenças individuais: por mais importante que seja uma pessoa, seus pensamentos e suas ações não apresentam nenhum interesse histórico. Por um deslizamento linguístico significativo, os "signos que provêm da alma" de Plutarco, já rebaixados à categoria de anedotas por Hegel, tornam-se idiossincrasias pessoais a nivelar, e mesmo a eliminar. Como escreve John Fiske, autor de numerosos livros de história dos Estados Unidos, será possível assim realizar uma grande revolução historiográfica:

> A partir da metade do século XIX, a revolução desencadeada no estudo do passado foi tão grande e tão total que se assemelha à revolução realizada na biologia, sob o comando do Sr. Darwin. O intervalo no conhecimento que separa o trabalho de Edward Freeman [o historiador dos Normandos] em 1880 daquele de Thomas Babington Macaulay em 1850 é tão profundo quanto o intervalo que separa John Dalton e Humphry Davy dos iniciadores do flogístico. Nos trabalhos mais importantes oriundos dessa imensa mudança – como aqueles de Sir Henry Maine e de William Stubbs, de Fustel de Coulanges e de Maurer – a biografia ocupa um lugar subordinado ou não desempenha papel algum.[70]

No seio desse debate, dois elementos merecem ser evocados. Em primeiro lugar, o peso da reflexão sobre a raça. O caso mais interessante é sem dúvida alguma aquele de Spencer que, durante a guerra anglo-boer, acusa o governo inglês de *re-barbarization*. No segundo

---

[68] Henry Thomas Buckle, *History of Civilization in England*, Londres, John W. Parker & Son, 1858, cap. 1; Grant Allen, "Nation Making", *Gentleman's Magazine*, 1878 (retomado em *Popular Science Monthly Supplement*, 1878, p. 121-126); Grant Allen, "The Genesis of Genius", *Atlantic Monthly*, 1881, XLVI, p. 371-381; Paul Mougeolle, *Les Problèmes de l'histoire*, Paris, C. Reinwald, 1886; Louis Bourdeau, *L'Histoire et les historiens. Essai critique sur l'histoire considérée comme science positive*, Paris, F. Alcan, 1888; Paul Lacombe, *De l'histoire considérée comme science*, Paris, Hachette, 1894.

[69] Herbert Spencer, *Introduction à la science sociale* (1853), Paris, Baillière, 1877, p. 36.

[70] John Fiske, "Sociology and Hero-worship", *Atlantic Monthly*, janeiro 1881, p. 81.

capítulo de *The Study of Sociology*, Spencer constata que Newton não poderia ter nascido numa família de Hotentotes, Milton entre os insulares de Andaman, um Howard ou um Clarckson nas ilhas Fiji. Até aí, o raciocínio nada tem de surpreendente: como acabo de assinalar, as considerações relativas ao meio estão longe de ser novas. Mas, algumas linhas adiante, o meio se reveste das marcas da raça física: "É impossível que um Aristóteles provenha de um pai e de uma mãe cujo ângulo facial meça cinquenta graus, e não há a menor chance de ver surgir um Beethoven numa tribo de canibais cujos coros, em face de um festim de carne humana, se assemelham a um grunhido rítmico".[71] E não é tudo. A curiosidade biográfica é descrita como um fenômeno tribal, típico das primeiras raças históricas: os afrescos dos egípcios, a pintura mural dos assírios ou a epopeia grega nos ensinam "incidentalmente que havia cidades, barcos de guerra, carruagens de guerra, marinheiros, soldados a comandar e a massacrar; entretanto, a finalidade direta é pôr em evidência os triunfos de Aquiles, as proezas de Ajax, a sabedoria de Ulisses e outras coisas análogas".[72] Pouco a pouco, a ideia de que o pensamento abstrato, impessoal seria um dos caracteres salientes das civilizações superiores, torna-se uma convicção coletiva.[73]

O segundo elemento digno de interesse remete à dupla leitura de Darwin. Fiske a mobiliza com fins antibiográficos: tudo o que é individual se reveste, para ele, de um aspecto superficial e apressado. Outros autores, entretanto, remetem-se à teoria da evolução para reduzir o alcance do determinismo geográfico. É o caso de William James em dois breves ensaios escritos nos anos 1880 em que sublinha que, a exemplo justamente da variação espontânea, o gênio é a única e verdadeira causa da mudança social. Sustenta, por outro lado, que, longe de desempenhar papel determinante na produção das qualidades humanas, as condições ambientes têm apenas uma função de seleção: "Afirmo que, de maneira geral, o meio ambiente é exatamente, em relação ao homem de gênio, o que ele é em relação às 'variações' da filosofia darwinista. O meio

---

[71] Herbert Spencer, *Introduction à la science sociale*, op. cit., p. 36.
[72] *Ibid.*, p. 32.
[73] Encontramos esta ideia igualmente em Edward H. Carr in *Qu'est-ce que l'histoire? Conférences prononcés à l'Université de Cambridge* (1961) traduzido do inglês por Maud Sissung, Paris, La Découverte, 1988. Sobre a pretensa superioridade do pensamento abstrato, cf. George L. Mosse, *Toward the Final Solution. A History of European Racism*, Londres, Dent, 1978.

tem por principal resultado o de adotar ou rejeitar, de preservar ou destruir, em uma palavra, de *escolher* o grande homem".[74]

Embora não apreciando muito o determinismo extremo de Buckle, de Spencer ou de Bourdeau, certos sociólogos se alinham com a ideia de afirmar, de uma vez por todas, a impessoalidade como critério fundamental de cientificidade. Na França, Émile Durkheim reconhece aos grandes homens uma função política importante: "Uma sociedade em que o gênio fosse sacrificado à massa e a não sei que amor cego por uma igualdade estéril, condenaria a si mesma a uma imobilidade que não difere muito da morte".[75] Mas os considera como elementos perturbadores para as ciências sociais, que devem estudar as maneiras de pensar, de sentir e de agir independentemente dos indivíduos. Dessa convicção procede a famosa confrontação entre fato social e estatístico: "Como cada uma dessas cifras compreende todos os casos particulares indistintamente, as circunstâncias individuais que podem ter alguma parte na produção do fenômeno se neutralizam mutuamente e, por conseguinte, não contribuem a determiná-lo".[76] Esse ponto de vista é retomado, alguns anos mais tarde, por François Simiand, portador de um projeto de unificação das ciências sociais. Embora reconheça a componente interpretativa da história, Simiand sustenta que o historiador deve estudar o que é objetivo, destacado da espontaneidade individual:

> Uma regra de direito, um dogma religioso, uma superstição, um costume, a forma da propriedade, a organização social, certa visão do trabalho, certo procedimento de troca, certa maneira de morar ou de se vestir, um preceito moral, etc. tudo isso me é dado, me é fornecido inteiramente constituído, tudo isso existe na minha vida independentemente de minhas espontaneidades próprias e algumas vezes a despeito delas.[77]

---

[74] William James, "Great Men and their Environment", *Atlantic Monthly*, 1880, p. 295. Cf. também William James, "The importance of individuals", *Open Court*, 1890. Os dois textos foram reeditados in *La volonté de croire* (1897), traduzido do inglês por Loÿs Moulin, Paris, Flammarion, 1918, p. 239-240. Posição análoga é adotada por Henri Berr, "La méthode statistique et la question des grands hommes", *Nouvelle Revue,* 1º de junho 1890, p. 516-527, e 15 de junho de 1890, p. 724-746.

[75] Émile Durkheim, *Le Rôle des grands hommes dans l'histoire* (1883), in *Textes 1. Élements d'une théorie sociale*, Paris, Éditions de Minuit, 1975, p. 409-417.

[76] Émile Durkheim, *Les Règles de la méthode scientifique* (1895), Paris, PUF, 1963, p. 10.

[77] François Simiand, "Méthode historique et science sociale", *Revue de synthèse histoirque*, 1903. O artigo foi retomado nos *Annales ESC*, 1967, 1, p. 87.

O político, o individual e o cronológico (denunciados como os três "ídolos da tribo dos historiadores") devem ser substituídos pelos fatos de repetição, as regularidades, os fatos típicos: "A regra é aqui, como nas outras ciências positivas, seguir as *abstrações felizes*, isto é, aquelas que levam a estabelecer, aquelas que servem para colocar em evidência, regularidades".[78] Para ele também, a causalidade histórica não provém mais da motivação, e sim da lei: "O estabelecimento de uma ligação causal se faz não entre um agente e um ato, não entre um poder e um resultado, mas entre dois fenômenos exatamente de mesma ordem; ele implica uma relação estável, uma regularidade, uma lei".[79] Só existe então relação causal se há regularidade de ligação: "O caso único *não tem causa*, não é cientificamente explicável".[80]

A ideia de edificar uma história impessoal seduz igualmente certos historiadores alemães. Em 1896, Karl Lamprecht, fundador do *Institut für die Kultur und Universalgeschichte* da Universidade de Leipzig, abstrai das ciências naturais um conceito normativo e absoluto de ciência e o estende a todas as disciplinas sociais. A fim de assegurar à história um estatuto científico irrefutável, almeja introduzir nela de maneira sistemática o princípio de causalidade. Uma vez que a ciência tem por tarefa conhecer o encadeamento necessário das causas e dos efeitos, presente uniformemente em todos os processos particulares, a história também deve se debruçar principalmente sobre aquilo que é comparável e típico. Essa é uma perspectiva que implica, para Lamprecht também, o sacrifício das diferenças: podemos, ou antes devemos, renunciar a apreender no seio das coisas o que as separa, para identificar o que as une. Por conseguinte, os indivíduos não devem ser considerados como seres particulares, dotados de um caráter preciso, único, insubstituível, e menos ainda como seres capazes de agir sobre o curso da história, mas antes como amostras genéricas equivalentes entre si, exclusivamente dominadas pelas ideias, pelos impulsos, pelos sentimentos comuns ao grupo de pertencimento. À diferença dos historiadores marxistas que privilegiam a noção de classe, a unidade social determinante, capaz de explicar todo o resto, é para Lamprecht a nação, não em seu sentido jurídico e estatal, mas

---

[78] *Ibid.*, p. 91.
[79] *Ibid.*, p. 95.
[80] *Ibid.*, p. 105.

na acepção romântica de organismo que evolui de acordo com as próprias leis. Trata-se de um ponto de divergência interessante: o conceito de nação não constitui mais uma individualidade, como para muitos historiadores dos primeiros decênios do século XIX; ele representa aqui uma dimensão regular da vida histórica.[81]

Por certo, ao longo desse período, tampouco faltam diferendos e alguns sentem repugnância em sacrificar o caráter concreto da existência em nome da ciência. Mas muitos daqueles que defendem a natureza singular da história continuam a cultivar a retórica da grandeza pessoal. Definitivamente, às forças sociais anônimas, tão exaltadas – em sentidos diferentes – por Simiand e por Lamprecht, revida-se com os grandes homens políticos capazes de modelar os acontecimentos. Mesmo aqueles que não cedem à ideologia heroica sonham com indivíduos improváveis, plenamente intencionais e livres. O primado do grande homem é tanto mais alarmante na medida em que vai de par com a predominância do político: só o Estado e, portanto, um pouco de história da civilização parecem dignos de consideração histórica.[82] Como escreve ironicamente o historiador alemão Eberhard Gothein, o *leitmotiv* dominante incita a reservar aos historiadores políticos as ações de envergadura, os feitos do Estado, e aos historiadores da cultura a lixeira e o descarte (*das Kehrichtfass und die Rumpelkammer*).[83] Numa época marcada por forte crescimento do poder do Estado e pela ascensão das massas à condição de sujeito político, os artigos do *Historische Zeitschrift* ignoram os problemas sociais (nenhuma alusão à ralé, às fábricas, às famílias, aos subúrbios...) e rebaixam o político, identificando-o à ideologia manifesta e formal das instituições do Estado.[84] Os perigos inerentes a uma definição tão idealizada e tão

---

[81] Karl Lamprecht, "Was ist Kulturgeschichte? Beitrag zu einer historischen Empirik", in *Deutsche Zeitschrift für Geschichtswissenschaft*, 1896-1897, I, p. 75-150. Sobre a relação entre a história social e o nacionalismo étnico ao longo dos decênios seguintes, cf. Jürgen Kocka, "Ideological Repression and Methodological Innovation: Historiography and the Social Sciences in the 1930s and 1940s", *History and Memory*, 1990, 2, p. 130-138.

[82] Existem, é claro, algumas exceções importantes que escapam a essa concepção bem polida da biografia política: basta mencionar, ao longo dos decênios seguintes, o livro de Ernst H. Kantorowicz, *L'Empereur Frédéric II* (1927), Paris, Gallimard, 1987.

[83] Eberhard Gothein, *Die Aufgaben der Kulturgeschichte*, Leipzig, Dunker & Humblot, 1889.

[84] Encontramos esta mesma orientação em *History and Biography. Essays in Honour of Derek Beales*, sob a direção de Timothy C. W. Blanning e David Canadine, Cambridge, Cambridge University Press, 1996.

neutralizada da política se manifestam no curso dos anos seguintes, durante e após a Primeira Guerra Mundial, quando numerosos historiadores da política se mostrarão incapazes de interpretar as graves tensões sociais que abalam a Alemanha e, mais geralmente, a Europa. É disso que se apercebe Eduard Spranger, um dos inspiradores da morfologia histórica: após o fracasso da conspiração contra Hitler de 20 de julho de 1944, ele confia a Meinecke que "as ideias de Goethe não bastam para compreender o inferno que é o nosso hoje em dia".[85]

Ao longo do século XX, o antagonismo, todavia nada evidente, entre a história social e a história política se endurece e se banaliza: a primeira continua a cultivar sua vocação impessoal, a segunda a propor personagens convencionais e monolíticos.[86]

É provavelmente na França que a biografia foi mais vituperada.[87] A batalha contra a *história historicizante*, travada nas páginas da *Revue de synthèse historique*, foi vencida pelos historiadores dos *Annales*, que se dedicam a apreender, para além dos acontecimentos particulares, o substrato profundo da história: as estruturas sociais, as representações mentais, os fenômenos de longa duração. Assim, em pouco tempo a biografia se torna um dos símbolos da história tradicional, da crônica de acontecimentos, mais preocupada com a cronologia do que com as estruturas, com os grandes homens do que com as massas. Para Marc Bloch e Lucien Febvre, o objeto da história é o homem, ou antes, "digamos melhor: os homens. Mais do que o singular, favorável à abstração, o plural, que é o modo gramatical da relatividade, convém a uma ciência do diverso".[88] Mas os historiadores da segunda e da terceira geração dos *Annales* absorvem as tensões individuais no seio das estruturas coletivas de

---

[85] Klaus Epstein, "Friedrich Meinecke, Ausgewählter Briefwechsel", *History and Theory*, 1965, p. 85.

[86] Esquecendo a advertência de Bismarck de 16 de abril de 1869 ao *Reichstag* da Alemanha do Norte: "Em geral, exageram muito minha influência [...], mas, apesar de tudo, ninguém tem na cabeça exigir que eu faça a história". Essa declaração é relatada por Gheorghi V. Plekhanov, *Le Rôle de l'individu dans l'histoire*, traduzido do russo por Lucia e Jean Cathala, Paris, Nouveau Bureau d'édition, 1976.

[87] Cf. Josef Konvitz, "Biography: The Missing Form in French Historical Studies", *European Studies Review*, 1976, 6, p. 9-20.

[88] Marc Bloch, Apologie pour l'histoire ou métier d'historien (1949), Paris, Armand Colin, 1974, p. 35. Febvre, especialmente, foi sempre muito sensível à dimensão individual, como testemunham suas biografias consagradas a Martinho Lutero e a Rabelais.

longa duração. Fernand Braudel toma os acontecimentos por uma simples "poeira, uma agitação de superfície", e trata os indivíduos à maneira de um verniz, brilhante, por certo, mas superficial, da realidade: fora algumas exceções (o papa Pio V ou Don João da Áustria), os seres humanos parecem totalmente impotentes (Carlos V se estabelece como resultado da vontade "nacional"). Donde o acento posto sobre o que separa a história biográfica daquela das estruturas e da história dos espaços, fundadas ambas sobre aquilo que há de mais *anonimamente humano*.[89]

A desconfiança diante da dimensão individual não fica aliás confinada unicamente à história social. Ao longo dos anos 1960 e 1970, idade de ouro das grandes investigações da *história serial*, historiadores empreendem medir, com a ajuda de indicadores quantitativos, os fenômenos culturais (o que Pierre Chaunu qualifica de *terceiro nível*). Emmanuel Le Roy Ladurie aspira a escrever uma "história sem os homens", e Jaques le Goff (autor, na sequência, de duas importantes biografias históricas) pode afirmar que a história das mentalidades estuda "aquilo que escapa aos sujeitos individuais da história por revelar o conteúdo impessoal de seu pensamento, aquilo que Cesar e o último soldado de suas legiões, São Luís e o camponês de seus domínios, Cristovão Colombo e o marinheiro de suas caravelas têm em comum".[90]

Por vários decênios, o gosto pelo singular só consegue sobreviver em alguns recônditos da historiografia. Em primeiro lugar, graças ao sucesso da prosopografia – por vezes designada igualmente com a expressão de "biografia coletiva". Cético quanto à filosofia da história, assim como quanto à história das ideias, Lewis Namier estima que os fatos sociais só podem ser explicados explorando-se cientificamente as raízes do comportamento individual. Os nobres e os mercadores, os advogados e os funcionários, que compõem a classe dirigente inglesa da época de Jorge III, revivem um a um sob sua pluma.[91] Seu método microscópico almeja a cisão dos fatos

---

[89] Fernand Braudel, *La Méditerranée et le monde méditerranéen à l'époque de Philippe II* (1949), Paris, Armand Colin, 1990, vol. II, p. 21-23, 512-520. Cf. os comentários críticos de Jacques Rancière, *Les Mots de l'histoire. Essai de poétique du savoir*, Paris, Éditions du Seuil, 1992, p. 26-27.

[90] Emmanuel Le Roy Ladurie, *Le Territoire de l'historien*, Paris, Gallimard, 1973, 4ª parte; Jacques Le Goff, *Les Mentalités,* in Jacques Le Goff e Pierre Nora (dir.), *Faire de l'histoire,* Paris, Gallimard, 1974, t. III, p. 80.

[91] Cf. Lewis B. Namier, *The Structure of Politics at the Accession of George III*, Londres, Macmillan & Co., 1929. Ao longo dos primeiros decênios do século XX, outros importantes historiadores das elites

sociais numa miríade de existências particulares que possam ser em seguida combinadas no seio de conjuntos mais vastos: o objetivo "é conhecer bem a vida de milhares de indivíduos, um formigueiro em sua totalidade, ver as colunas de formigas se estirarem em diferentes direções, compreender suas articulações e suas correlações, observar cada formiga e, entretanto, jamais esquecer o formigueiro".[92] Porém, essa concepção pontilhista – retomada principalmente pelos historiadores da Antiguidade romana[93] e pelos especialistas na aristocracia inglesa[94] – se reveste muitas vezes de um caráter antibiográfico, na medida em que a variedade do passado é sacrificada em nome das regularidades e em que os indivíduos parecem completamente submetidos às pressões sociais. Em seu ensaio sobre a revolução americana, Namier declara abruptamente: "Quaisquer teorias que possam elaborar os teólogos e os filósofos concernindo ao indivíduo, não há nenhum livre arbítrio no pensamento e nas ações das massas, assim como não há na translação dos planetas, nas migrações de pássaros e na queda no mar de colônias de lemingues".[95] Vários anos mais tarde, Louis Bergeron e Guy Chaussinand-Nogaret constatam que o objetivo da prosopografia consiste em uniformizar as singularidades: trata-se de "encontrar os homens e, através deles, preparar a definição dos tipos. Para além da máscara erudita, encontrar o rosto cotidiano e as singularidades regionais, e das fisionomias múltiplas fazer brotar os traços comuns".[96]

---

políticas endossam o projeto prosopográfico. Cf., em particular, Matthias Gelzer, *Die Nobilität der römischen Republik und die Nobilität der Kaiserzeit*, Berlin-Leipzig, B.G. Teubner, 1912; Charles Beard, *An Economic Interpretation of the Constitution of the United States* (1913), New York, Macmillan, 1944; Friedrich Münzer, *Römische Adelsparteien und Adelsfamilien* (1920), Stuttgart, B. G. Teubner, 1983; Ronald Syme, *La Révolution romaine* (1939), traduzido do inglês por Roger Stuveras, Paris, Gallimard, 1967. Sobre as transformações do projeto prosopográfico, cf. John Brooke, "Namier and Namierism", *History and Theory*, 1963-1964, 3, p. 331-347; Lawrence Stone, "Prosopography", *Daedalus*, 1971, 100, p. 46-71.

[92] Lewis B Namier, "The Biography of Ordinary Men", in Lewis B. Namier, *Skyscrapers and other Essays* (1931), New York, Macmillan, 1968, p. 46-47. Cf. Isaiah Berlin, *Personal Impressions*, Londres, The Hogarth Press, 1980, cap. 3.

[93] Cf. Claude Nicolet, "Prosopographie et histoire sociale: Rome et l'Italie à l'époque républicaine", *Annales ESC*, 1970, 25, p. 1209-1228; André Chastagnol, "La prosopographie, méthode de recherche sur l'histoire du Bas-Empire", *Annales ESC*, 1970, 25, p. 1229-1235.

[94] Cf. Jean-Philippe Genet e Günther Lottes (dir.), *L'État moderne et les elites. Apports et limites de la méthode prosopographique*, Actes du colloque international CNRS-Paris I, 16-19 de outubro de 1991, Paris, Publications de la Sorbonne, 1996.

[95] Lewis B. Namier, *England in the Age of American Revolution*, Londres, Macmillan, 1963, p. 41.

[96] Louis Bergeron e Guy Chaussinand-Nogaret (dir.), *Grands notables du premier Empire*, Paris, Éditions du CNRS, 1978, p. VI. A diferença entre a biografia e a prosopografia é sublinhada por Katharine S. B. Keats-Rohan, "Biography and Prosopography. Telling the Difference", durante

Do lado da sociologia, destaca-se outra experiência interessante. No fim dos anos 1910, William Thomas e Florian Znaniecki escrevem uma obra monumental, *Le Paysan polonais em Europe et en Amérique*, realizada com base em testemunhos pessoais de imigrantes poloneses nos Estados Unidos (a correspondência privada e também o relato autobiográfico de um certo Wladek, considerado como um representante típico "da massa culturalmente passiva").[97] Num prefácio metodológico, os autores explicam a importância de levar em conta a atividade psíquica do indivíduo, sua atitude pessoal, no sentido psicossocial, sua maneira de "definir a situação" e de alterá-la pelo próprio comportamento. O livro, que visa a conciliar a pesquisa de regularidades ou de leis de tipo causal com a pesquisa das significações psíquicas atribuídas pelos atores sociais aos acontecimentos, não tem destino fácil. Em parte por conta de vicissitudes políticas: militante pacifista, Thomas é condenado por adultério em 1918 e só é reabilitado dez anos mais tarde (a propósito do peso dos fatos biográficos...). Em parte por razões científicas, pois, logo em seguida, a sociologia americana decreta que os testemunhos pessoais não são fiáveis. O golpe de misericórdia é dado em 1939, quando Herbert Blumer declara que o material biográfico, fundado em procedimentos irremediavelmente subjetivos, não permite chegar a generalizações válidas e dignas de crédito.[98]

---

o colóquio "Exploring New Methods for Prosopography in the Humanities and the Social Sciences", Uppsala University, 9-12 de maio de 2007.

[97] William I. Thomas e Florian Znaniecki, *Le Paysan polonais en Europe et en Amérique. Récit de vie d'un migrant* (1918-1920), traduzido do inglês por Yves Gaudillat, Paris, Nathan, 1998. Alguns anos mais tarde, em seu estudo sobre a ascensão do movimento nazista – *Why Hitler Came into Power* (1938), Cambridge (Mass.), Harvard University Press, 1986 -, o sociólogo Theodore Abel forja o termo de "biograma" indicando uma descrição autobiográfica concisa, de forma estandardizada, escrita à pedido de pesquisadores, com a finalidade de desvelar as características, as tendências, as atitudes predominantes de um grupo. Cf. Theodore Abel, "The Nature and Use of Biograms", *American Journal of Sociology*, 1947, LIII, p. 11-118.

[98] Cf. Herbert Blumer, *An Appraisal of Thomas and Znaniecki's "The Polish Peasant in Europe and America"*, New York, Social Science Research Council, 1939. Sobre o descrédito da documentação pessoal na sociologia americana, cf. Howard S. Becker, *The Life History and the Scientific Mosaic*, introdução a Clifford R. Shaw, *The Jack-Roller* (1930), Chicago, 1966, reeditado em *Sociological Work. Method and Substance*, new Brunswick (N.J.), Transaction Books, 1970; Robert Golding, "Freud, Psychoanalisis and Sociology: Some Observations on the Sociological Analysis of the Individual", *British Journal of Sociology*, 1982, 4, p. 545-562.

CAPÍTULO II

A vertigem da história

Simbad, o marujo, ou não sei que outro personagem das Mil e uma noites, *encontrou um dia, à margem de uma cascata, um velhinho extenuado que não conseguia passar. Simbad emprestou-lhe o socorro de seus ombros, e o homenzinho, agarrando-se neles com um vigor diabólico, tornou-se de repente o mais imperioso dos mestres e o mais opinioso dos cavaleiros. Eis aí, em minha opinião, o caso de todo homem aventuroso que resolve tomar o tempo passado sobre suas costas para fazê-lo atravessar o Letes. Isto é, escrever a história. O impertinente velhinho traça-lhe, com uma caprichosa minúcia, uma rota tortuosa e difícil; se o escravo obedece a todos os seus desvios e não tem a força de se abrir um caminho mais reto e mais curto, afoga-se maliciosamente no rio.*

Victor Hugo[99]

I

Após vinte e três anos de guerra contra a França revolucionária, uma longa onda de radicalismo popular se espalha pela Inglaterra. Por toda parte, o antigo princípio de deferência parece vergar: "Se um Aristocrata cruza um Tecelão na rua e este resolve não tirar o

---

[99] Victor Hugo, *Littérature et philosophie mêlées*, edição crítica estabelecida por Anthony R. W. James, Paris, Klincksieck, 1976, t. I, *Journal des idées, des opinions et des lectures d'un jeune jacobite de 1819*, p. 95.

chapéu, o homem de importância nada pode lhe fazer".[100] O jacobinismo da gentinha de Londres não é novo, mas, no pós-guerra, a agitação contamina também as províncias: de Carlisle a Colchester, de Newcastle a Bristol, o *mob* se torna uma realidade tangível e pressionadora. Suas reivindicações são essencialmente políticas: o sufrágio universal, o direito de associação e de organização política, a liberdade de imprensa. Aqui e ali, o tom se faz ameaçador. Se as tentativas de levante são ainda raras, o slogan cartista "pacificamente se possível, pela força se necessário" exprime bem, entretanto, o estado de espírito reinante.

Em 2 de dezembro de 1816, após uma manifestação pacífica a favor da reforma parlamentar em Spa Fields, alguns marinheiros tentam, sem sucesso, tomar de assalto a Torre de Londres. Seis meses mais tarde, os tecelões, os talhadores de pedra, os metalúrgicos e os trabalhadores agrícolas das cidadezinhas dos arredores de Pentridge, no Derbyshire, propõem-se a invadir Londres e a derrubar o governo. Em agosto de 1819, em Saint Peter's Field, Manchester, um grande ajuntamento em favor da reforma parlamentar é brutalmente reprimido pela *Manchester Yeomanry*, um corpo de cavalaria formado principalmente por filhos de industriais, comerciantes e negociantes, deixando onze mortos e cerca de sessenta feridos. Longe de conter o movimento, o massacre de Peterloo (assim nomeado fazendo eco à batalha de Waterloo) levanta a indignação do país. Alertados, os espiões do governo escrevem ao ministro do Interior, Lorde Sidmouth, que os trabalhadores começaram a se armar de lanças e porretes, enquanto, no fundo das tavernas, os artesãos projetam levantes armados. Mesmo Arthur Thistlewood, um dos cérebros da conspiração de Cato Street, que deveria ter provocado a morte de diversos membros do governo, está convencido de que Londres está prestes a agir.

Se os anos 1820 decorrem aparentemente em toda tranquilidade, o decênio seguinte, que vê os *whigs* voltarem ao poder (em seguimento à recusa de Wellington de estender o direito de voto), é, ao contrário, um dos períodos mais difíceis do século XIX inglês. São os trabalhadores agrícolas dos condados de Kent, de Norfolk e

---

[100] Citado por Edward P. Thompson, *La Formation de la classe ouvrière anglaise* (1963), traduzido do inglês por Gilles Dauvé, Mireille Golaszewski e Marie Noëlle Thibault, Paris, Gallimard-Éditions du Seuil, 1988, p. 606.

de Somerset que iniciam as hostilidades, protestando, em nome do capitão Swing, contra o emprego de mão de obra irlandesa barata e contra a introdução de novas máquinas. Cerca de dois mil insurgentes são levados a julgamento: nove deles serão condenados à morte por enforcamento, seiscentos e quarenta à prisão e quatrocentos ao desterro nas colônias australianas. Foi a deportação mais importante jamais decretada pela Inglaterra.[101] Em 1835, é a vez dos fiandeiros de Glasgow que, não satisfeitos com incendiar a manufatura de James e Francis Wood, surram uma dezena de *knobsticks* (fura-greves contratados pelos patrões). Durante o outono do ano seguinte, os trabalhadores se espremem nas assembleias noturnas que se fazem à luz de tochas, organizadas pelos cartistas: "Ao longo de toda a fileira brilhava uma torrente de luz que iluminava a abóbada do céu, como o reflexo de uma grande cidade numa conflagração geral".[102] Três anos mais tarde, são ainda os cartistas que convocam uma convenção nacional das classes trabalhadoras de que participam centenas de milhares de pessoas, até que seja proclamada, quando do ajuntamento de Birmingham, em 6 de agosto de 1838, a adoção oficial pelos trabalhadores da carta do povo. A petição, assinada por mais de um milhão e duzentas mil pessoas, é deixada diante do domicílio londrino do deputado John Fielden. Entrementes, a convenção se interroga sobre as medidas a adotar em caso de fracasso no Parlamento e organiza uma série de ajuntamentos simultâneos através de todo o país, de maneira a desorientar a polícia. Em julho de 1839, quando a Câmara dos Comuns rejeita a petição por esmagadora maioria, violentos embates opõem os trabalhadores e a polícia em Birminghan (*Bull Ring Riots*). Quatro meses mais tarde, são os mineiros de Newport que protestam: o saldo se eleva a catorze mortos, cinquenta feridos e mais de cento e vinte e cinco detenções. Mas, uma vez ainda, a repressão não consegue represar o movimento, e, a partir de 1842, perturbações explodem novamente...

Essa mescla de radicalismo político, de luddismo e de cartismo, impregnada de antigos princípios religiosos (postos em evidência

---

[101] George Rudé, *La Foule dans la Révolution Française* (1964), traduzido do inglês por Albert Jordan, Paris, Maspero, 1982.

[102] Robert G. Gammage, *History of the Chartist Movement, 1837-1854* (1894), Londres, Merlin Press, 1976, p. 94-95.

pelos trabalhos de Edward P. Thompson, Eric Hobsbawm e George Rudé), impõe à atenção dos britânicos da primeira metade do século XIX a questão inglesa. Em que condições vivem as classes populares? Qual é seu humor? Uma nova guerra civil vai explodir? Thomas Carlyle também se coloca essa questão.[103] Fica mesmo obcecado por ela. No curso de seus primeiros anos de atividade, enquanto ainda vive na Escócia, traduz o *Wilhelm Meister* de Goethe (1824), escreve diversas obras literárias e históricas (sobre Goethe, justamente, mas também sobre Schiller, Voltaire, Diderot) e se consagra a *Sartor Resartus* (1831), uma espécie de biografia filosófico-poética, abundante em imagens de conflagração, de indigestão, de fermentação.[104] No entanto, após sua partida para Londres, em 1834, bem no meio da época mais heroica do radicalismo popular, abandona a ficção. Como muitos de seus contemporâneos, experimenta o sentimento de viver num mundo convulsionado, abalado, corrompido, semelhante ao velho Império romano "quando a medida de suas iniquidades foi ao cúmulo; os abismos, os dilúvios superiores e subterrâneos estourando por todos os lados, e nesse furioso caos de claridade macilenta, todas as estrelas do céu apagadas".[105] E espera encontrar uma resposta, e mesmo uma solução, na história.

Como escreve à sua mulher, Jane Baillie Welsh, ele está convencido de que a história é o fundamento de todo verdadeiro conhecimento geral.[106] Nossos pensamentos têm uma forma temporal, e a trama de nossos relatos e de nossas conversações é sempre, inevitavelmente, histórica. "Assim, como não fazemos nada além de representar a História, o que dizemos é apenas seu relato; bem mais, nesse sentido muito amplo, nossa vida espiritual inteira se edifica sobre ela. Pois, estritamente considerada, o que é ainda toda Ciência senão Experiência registrada, e um produto da história, cujos materiais essenciais são então o Raciocínio e a Crença, não menos do que

---

[103] Cf. John Plotz, "Crowd Power: Chartism, Carlyle, and the Victorian Public Sphere", *Representations*, 2000, 70, p. 87-114.

[104] Thomas Carlyle, *Sartor Resartus: la philosophie du vêtement* (1833-1834), prefaciado e traduzido do inglês por Louis Cazamian, Paris, Éditions Montaigne, 1958.

[105] Thomas Carlyle, *The life of John Sterling*, Londres, Chapman & Hall, 1851, p. 55.

[106] Cf. Thomas Carlyle, *Love Letters of Thomas Carlyle and Jane Welsh*, Ed. por Alexander Carlyle, Londres-New York, John Lane, 1909, t. I, p. 85-96, 102-111, 238.

a Ação e a Paixão?"[107] Em suma, todos os seres humanos têm uma história: "O talento da história nasceu conosco, como nossa principal herança. Num certo sentido, todos os homens são historiadores".[108] Desta forma, Carlyle jamais teria aceitado a noção de *povos sem história*.

> Em toda humanidade, não há uma só tribo tão grosseira que não tenha tentado escrever a história, ainda que várias delas não tenham aritmética para contar até cinco": "A história foi escrita com quipos, com quadros feitos de plumas, com cintos de conchas; mais frequentemente ainda, com tendas ou monumentais empilhamentos de pedras, pirâmides ou *cairns*; pois o celta e o copta, o pele-vermelha e o branco, vivem entre duas eternidades e, na luta com o Esquecimento, gostariam de se agarrar, por uma relação clara e consciente, como já se agarram por uma relação inconsciente e obscura, a todo o Futuro e a todo o Passado.[109]

II

Em 1837, quando Vitória acede ao trono da Inglaterra, Carlyle publica sua *História da Revolução Francesa*. A Revolução é aí descrita como o acontecimento por excelência, uma alquimia selvagem que provocou a exterminação de dois milhões de seres humanos. Mais de vinte anos de convulsões, de precipitações, de atrações e repulsões súbitas, consequências inelutáveis de uma doença de velha data, bem anterior, que fora incubada durante o reinado de Luís XV e explodira no de Luís XVI em razão "de sua ausência de faculdades": "É uma bancarrota espiritual tolerada por muito tempo encaminhando-se para uma bancarrota econômica e tornada intolerável". No fim, a doença revestiu as formas de um jorro de lava: "Há levantes que vêm das tempestades de cima e do sopro dos ventos. Mas há aqueles que vêm de ventos subterrâneos comprimidos, ou mesmo de decomposições interiores, da corrupção que se transforma em

---

[107] Thomas Carlyle, "Sur l'histoire", in *Essais choisis de critique et de morale* (1830) traduzido do inglês por Edmond Barthélémy, Paris, Société du Mercure de France, 1907, p. 302.
[108] *Ibid.*
[109] *Ibid.*, p. 301. Esta concepção da memória se liga a uma longa tradição da Renascença: cf. Donald R. Kelley, *Foundations of Modern Historical Scholarship. Language, Law and History in the French Renaissance*, New York, Columbia University Press, 1970, p. 1-2, 215.

combustão: como quando, segundo a geologia netuno-plutônica, o mundo decomposto se prostra em seus detritos, para deles emergir com estrondo e se refazer".[110]

Diferentemente de Goethe, um de seus heróis, Carlyle não lamenta a ordem pré-revolucionária, já que estima que a "velha morada" devia ser abatida.[111] Em todos os tempos, as insurreições sociais foram detonadas pela incapacidade dos governantes. Assim foi com a reforma protestante e o mesmo se deu com a Revolução Francesa. Quem são os verdadeiros responsáveis pelo massacre? Em primeiro lugar, a monarquia. Luís XV se comportou como um fantoche ou um marinheiro à deriva, totalmente impotente em controlar as correntes:

> O homem assim alimentado e decorado, e nomeado na sequência *régio,* é em realidade apenas um ser governado. Por exemplo, se dizemos, ou mesmo pensamos que ele foi empreender conquistas em Flandres, na verdade ele só foi transportado para lá como uma bagagem; bagagem nem um pouco leve, que cobre léguas inteiras.[112]

A igreja é o segundo culpado: negligenciando seus projetos passados e suas velhas animosidades, ela praticamente não se opôs à política real. Quanto aos nobres, contentaram-se com um papel ornamental. Enfim, os filósofos, um bando de perigosos charlatães, verdadeiros trituradores de lógica (*logick-chopers*), que contaminaram toda a sociedade com seu hedonismo: "Eis aí um povo sem crenças que vive de suposições, de hipóteses, de sistemas frívolos sobre a triunfante análise e como única crença isto: o prazer deve aprazer".[113] Voltaire, o patriarca, observava o mundo circundante com um olho anticatólico, reduzia a história a um miserável nó de controvérsias entre a Enciclopédia e a Sorbonne e exortava seus contemporâneos a um pífio hedonismo: "Os cinco sentidos insaciáveis e um sexto sentido igualmente insaciável: a vaidade; e sobrará toda a natureza *demoníaca*

---

[110] Thomas Carlyle, *Histoire de la Révolution Française* (1837), traduzido do inglês por Elias Regnault e Odysse Barot, Paris, Germer Baillière, 1866-1867, p. 105.
[111] Sobre a atitude de Goethe a respeito da Revolução Francesa, cf. Giuliano Baioni, *Goethe. Classicismo e rivoluzione* (1969), Torino, Einaudi, 1998.
[112] Thomas Carlyle, *Histoire de la Révolution Française, op. cit.*, t. I, p. 7.
[113] *Ibid.*, t. I, p. 47.

do homem precipitando-se cegamente para dominar sem freio nem regra; potência selvagem, mas com todos os instrumentos, todas as armas da civilização: espetáculo novo na história".[114] Em face da monarquia, da Igreja, da nobreza e da filosofia, havia o direito das massas. Um direito em toda sua diversidade individual:

> São vinte a vinte e cinco milhões que agrupamos junto numa espécie de unidade compacta, monstruosa, mas obscura, longínqua, que chamamos a *canalha* ou mais humanamente as *massas*. Massas em verdade; e, no entanto, coisa singular a dizer, se por um esforço de imaginação tu os segues, através da vasta França, nas suas cabanas de argila, em seus celeiros, em suas choupanas, essas massas se compõem todas de unidades, e cada uma dessas unidades tem seu coração e suas dores, se mantém coberta com sua própria pele, e se a feres, ela sangra.[115]

Ao livro sobre a Revolução Francesa seguem diversos ensaios sobre a questão inglesa, considerada o alfa e o ômega da coisa toda: "A condição do grande corpo do povo num país representa a condição do próprio país".[116] *Chartism*, publicado em 1839, coloca em alerta: 1789 não foi uma turbulência ocasional, um lance de loucura. E a derrota da França revolucionária não conduziu automaticamente a sua cura:

> Um meio-século se passou desde então; e uma coisa como a Revolução Francesa não está ainda terminada! Quem quer que observe esse enorme fenômeno pode nele encontrar numerosas significações, mas na base de tudo encontrará, em particular, que se tratou de uma revolta das classes trabalhadoras oprimidas contra as classes dominantes tirânicas ou negligentes; não foi apenas uma revolta francesa; não, foi uma revolta europeia; prenhe de severas advertências para todos os países da Europa.[117]

---

[114] *Ibid.*, t. 1, p. 19. Sobre a figura de Voltaire, cf. igualmente "Voltaire" (1829), in *Nouveaux Essais choisis de critique et de morale*, traduzido do inglês por Edmond Barthélémy, Paris, Mercure de France, 1909. A cegueira ou a miopia das Luzes fora já muitas vezes denunciada por Johann Gottfried Herder, *Une autre philosophie de l'histoire*, in *Histoire et cultures*, traduzido do alemão por Max Rouché, Paris, Flammarion, 2000. Esse tema será em seguida retomado por Friedrich Nietzsche, *Considérations inactuelles, op. cit.*

[115] Thomas Carlyle, *Histoire de la Révolution Française, op. cit*, t. I, p. 43-44.

[116] Thomas Carlyle, *Chartism* (1840), Boston, Charles C. Little & James Brown, 1840, p. 5.

[117] *Ibid.*, p. 42.

Como se deve reagir? O que é possível fazer para represar o radicalismo popular? Carlyle descarta as duas proposições políticas dominantes. Acusa o *laisser-faire* econômico de não oferecer aos pobres mais que a liberdade de morrer de fome e rejeita o sufrágio universal reivindicado pelos cartistas, pois considera a democracia um tema de discussão acadêmica, desprovido de porvir ("um fenômeno que se autodestrói"). Não tem mais confiança na coerção ("por si só, não resolverá grande coisa"[118]), mas guarda alguma esperança na instrução universal e na emigração. É sobretudo o problema da confiança social que ele coloca no coração do debate. O trabalhador não está fundamentalmente apegado aos bens materiais: "É pela 'justiça' que luta; por um 'salário equitativo', e não apenas em dinheiro!".[119] O "descontentamento amargo, louco de raiva" tem sua fonte na degeneração das classes dominantes. A situação exige uma verdadeira aristocracia, fundada no mérito: "Uma corporação dos melhores, dos mais corajosos", como aquela que existia antes da instauração do *cash-nexus*.[120] Pois, examinando-se bem, os protestos exprimem sobretudo a necessidade de um guia benévolo e sábio:

> O que são todos os levantes populares e os mugidos mais loucos, de Peterloo à própria *place de Grève*? Mugidos, gritos inarticulados como aqueles de uma criatura muda, abalada pela exasperação e pela dor; para o ouvido de um sábio são preces inarticuladas: 'Guie-me, governe-me! Estou exasperada e miserável, e não sei me guiar sozinha.' É certo que entre todos os 'direitos do homem' esse direito do ignorante de ser guiado pelo mais sábio, de ser conduzido, com delicadeza ou a força, pelo caminho certo, é o mais indiscutível.[121]

Nessa convicção inspiram-se as célebres conferências sobre o culto dos heróis, feitas entre 5 e 22 de maio de 1840, diante de um auditório de duzentas a trezentas pessoas, "aristocrático de classe e

---

[118] *Ibid.*, p. 5.
[119] *Ibid.*, p. 22.
[120] *Ibid.*, p. 5. A expressão *cash-nexus* indica que o dinheiro está na base das relações sociais. Será retomada, em oposição a *Bread-nexus*, por Edward P. Thompson, "The Moral Economy of the English Crowd in the XVIIIth Century", *Past and Present*, 1971, 50, p. 76-136.
[121] Thomas Carlyle, *Chartism, op. cit.*, p. 52.

de espírito".[122] Carlyle aí fala da grandeza, de suas diferentes manifestações e da maneira como é acolhida nesse mundo. Explica que a ordem social repousa sobre a identificação dos heróis e que o desígnio de cada época consiste em encontrar o verdadeiro *Könning* ou *can-nig*, o homem *capaz*, que pode e sabe, e em investi-lo dos símbolos do poder, elevá-lo à dignidade real, de modo que esteja realmente em condições de governar. No final das contas, a história universal se resume à biografia dos grandes homens:

> Em minha opinião, a História universal, a História do que o homem realizou nesta Terra, no fundo não é mais que a História dos grandes homens que obraram aqui embaixo. Foram eles os condutores dos homens, seus modelos, suas referências e, numa acepção ampla do termo, os iniciadores de tudo o que a grande massa dos humanos se esforçou para realizar ou atingir. Todas as realizações gloriosas que podemos contemplar no mundo são, na verdade, os resultados materiais e exteriores, a realização prática e a concretização do pensamento e da intelecção geradas no espírito e no coração dos grandes homens enviados a este mundo.[123]

Eis por que o culto dos heróis é uma

> [...] pedra fundamental eterna a partir da qual poder-se-á começar a reconstruir tudo. O fato de que o homem, de uma maneira ou de outra, venere os heróis; de que todos nós reverenciemos e estejamos destinados a sempre reverenciar os grandes homens, eis o que é para mim o fundamento vivo que resistirá a todas as destruições, o que nenhuma revolução na história pôde atacar, por mais catastrófica e devastadora que possa ter sido sob todos os outros aspectos.[124]

O traço mais característico na história de uma época é formado justamente pela maneira como honra o herói. A desolação que impregna todo o século XVIII remete ao ceticismo que o caracterizou:

> E nessa única palavra estão contidos tantos infortúnios quanto na caixa de Pandora. Ceticismo não significa apenas dúvida

---

[122] James Anthony Froude, *Life of Carlyle* (1884), Columbus, Ohio State University Press, 1978, sob a direção de John Clubbe, p. 389.

[123] Thomas Carlyle, *Les Héros* (1841), traduzido do inglês por François Rosso, Paris, Maisonneuve & Larose, Éditions des Deux Mondes, 1998, p. 23.

[124] *Ibid.*, p. 39.

> intelectual, mas também dúvida moral; e da dúvida moral procedem todas as formas de infidelidade e de insinceridade, em suma [...] uma paralisia espiritual. [...] não houve época que fosse menos do que o século XVIII uma época de fé, uma época de heróis! A própria possibilidade do heroísmo fora formalmente negada em todos os espíritos. O heroísmo, ao que parece, pertencia definitivamente ao passado; o reinado das fórmulas feitas, da futilidade e da trivialidade o substituíra finalmente.[125]

A partir de então, a veneração pela grandeza se fez "claudicante, cegada, paralisada": numa necessidade de tudo apequenar, os partidários de Jeremy Bentham trataram dos ideais e das ideias como de simples jogos de interesses. Em vez de saudar e admirar o herói, tentaram tomar suas medidas até reduzi-lo a uma espécie de homem medíocre. Lutero, "dizem eles, 'foi um produto de sua época'; foi sua época que o chamou, suscitou, foi sua época que, em suma, tudo fez. Ele, nada... além do que eu, o criticozinho, teria podido fazer também! Acho tal julgamento bem entristecedor e bem pessimista. Sua época o chamou? Ai de nós! Sabemos bem demais que todas as épocas chamam seus grandes homens, mas que muitas vezes não os encontram".[126] Toda a Europa parece, aos olhos de Carlyle, presa da maldição do ceticismo fácil. Como sublinhará ainda num ensaio de 1850:

> Num tempo assim, isso se torna a crença universal, a única ciência acreditada – enquanto o contrário é visto como um pueril entusiasmo, – essa triste crença de que estritamente falando não há nenhuma verdade neste mundo, de que o mundo não foi, não é e jamais poderá ser conduzido senão pela simulação, a dissimulação e a prática suficientemente hábil dos falsos-semblantes. [...] O sentido do verdadeiro e do falso está perdido;

---

[125] *Ibid.*, p. 226.
[126] *Ibid.*, p. 36. A propósito de sua polêmica sobre o utilitarismo, cf. também *Chartism, op. cit.* Alguns decênios mais tarde, o homem sem qualidades de Musil exprimirá a mesma irritação a propósito do ceticismo: "É fato que hoje o segundo pensamento, quando não o primeiro, de todo homem que se acha confrontado com algum fenômeno imponente, mesmo que seja simplesmente por sua beleza, é inevitavelmente este: 'Não vais me vencer, eu acabarei te pegando!' E essa mania de tudo rebaixar, característica de uma época não apenas perseguida, mas perseguidora, não pode mais ser simplesmente confundida com a distinção natural que a vida estabelece entre o sublime e o grosseiro; é bem mais, em nosso espírito, um traço de masoquismo, a inexprimível alegria de ver o bem humilhado e mesmo destruído com tão maravilhosa facilidade". Cf. Robert Musil, *L'Homme sans qualités* (1930), traduzido do alemão por Philippe Jaccottet, Paris, Éditions du Seuil, 1982, p. 366-367.

não há mais propriamente nem verdadeiro nem falso. São os dias de glória da Impostura, do Falso-semblante tomando-se por si mesmo e chegando a se fazer tomar pela Substância.[127]

Carlyle, no entanto, não se limita a celebrar a grandeza e o heroísmo, mas precisa também seus traços salientes. Convencido de que o mundo pulula de charlatães e de impostores, busca distinguir o "falso grande" do "verdadeiro":

> Toda estrutura social é uma representação, não insuportavelmente inexata, de uma veneração hierarquizada dos heróis. [...] Não insuportavelmente inexata, eu disse. Pois todas essas estruturas sociais fundadas na classe são como cheques: todos, a princípio, representam ouro, mas alguns, ai de nós!, são obra de falsários.[128]

Para definir as qualidades e os diferentes graus de grandeza, retém Odin, Maomé, Dante, William Shakespeare, Martinho Lutero, John Knox, Samuel Johnson, Jean-Jacques Rousseau, Robert Burns, Oliver Cromwell e Napoleão Bonaparte. Através da reconstrução biográfica dessas onze individualidades, identifica seis categorias fundamentais da evolução histórica: o herói como divindade, profeta, poeta, predicador, escritor e soberano. A escolha de figuras tão profundamente diferentes umas das outras não é em nada fortuita. Procedendo assim, Carlyle estabelece de partida que o heroísmo pode revestir numerosas formas em função das circunstâncias ("herói, profeta, poeta... São muitos nomes distintos que em tempos e lugares diferentes damos aos grandes homens"[129]), mas que o caráter heroico permanece uno e indivisível e persiste sempre tal como é, que os diferentes tipos de herói são todos, intrinsecamente, de uma mesma substância: "No fundo, o grande homem, tal como modelado pela mão da Natureza, é sempre substancialmente o mesmo: Odin, Lutero, Johnson, Burns... Espero conseguir demonstrar que todos são originalmente do mesmo estofo e que apenas a acolhida que

---

[127] Thomas Carlyle, *Identité de la force et du droit* (1850), in *Nouveaux Essais, op. cit.*, p. 322-323.
[128] Thomas Carlyle, *Les Héros, op. cit.*, p. 36.
[129] *Ibid.*, p. 115.

encontram no mundo e que determina a expressão de sua grandeza os torna tão radicalmente diferentes em aparência".[130]

Com as conferências sobre o heroísmo, o "sábio de Chelsea" ou o "adivinho puritano", como é chamado então, está no apogeu de seu sucesso. É admirado, sobretudo na Inglaterra e nos Estados Unidos, por sua integridade. Seu estilo, nutrido de citações bíblicas, de neologismos e hipérboles expressionistas, apaixona Matthew Arnold, John Ruskin, Ralph Waldo Emerson e mesmo Henry David Thoreau. Com os anos, a casa de Cheyne Row, em Chelsea, onde Carlyle vive com sua mulher, Jane, torna-se um lugar de peregrinação. Entretanto, com a velhice, a auréola de sabedoria com que fora ornado começa a murchar. Alguns de seus amigos o evitam em razão de suas afirmações, cada vez mais insustentáveis, sobre os negros, os judeus, a missão do Império britânico, a guerra franco-prussiana.[131] Esse é o caso de John Stuart Mill, com quem briga violentamente por duas vezes ao menos: quando de suas declarações contra a Abolição da Escravatura e quando toma a defesa do governador Edward John Eyre que ordena em 1865 a execução de quatrocentos e cinquenta rebeldes negros jamaicanos. Pouco a pouco, toda sua obra reveste um valor profético sinistro. Até se tornar, ao longo dos anos 1920 e 1930, uma referência para a ideologia fascista e nazista.[132]

O culto dos heróis antecipa, sem dúvida alguma, certas ideias fascistas: o temor da desordem, a exaltação das massas (incapazes de pensar, mas dotadas de instintos sãos...), a aversão pela democracia, a confusão entre o direito e a força, a necessidade de um verdadeiro

---

[130] *Ibid.*, p. 72. Victor Hugo insistirá também no fato de que, independentemente da apreciação política e moral que se lhe pode dar, a grandeza é sempre de natureza unitária (poderíamos dizer igualitária): Átila, o bárbaro e Cesar estão em pé de igualdade, assim como o fundador do Islã e o arauto imperial da Igreja cristã, e assim por diante. Cf. Franck Laurent, "La question du grand homme dans l'oeuvre de Victor Hugo", *Romantisme. Revue du dix-neuvième siècle*, 100, numéro spécial "Le grand homme", 1998, p. 63-89.

[131] Cf., especialmente, Thomas Carlyle, *Past and Present* (1843), New York, George Putnam, 1848; Thomas Carlyle, *Pamphlets du dernier jour*, traduzido do inglês e prefaciado por Edmond Barthélémy, Paris, Mercure de France, 1906.

[132] Segundo J. Salwyn Schapiro, "Thomas Carlyle, Prophet of fascism", *The Journal of Modern History*, 1945, 17, 2. P. 97, "suas posições sobre as questões sociais e políticas, privadas com o tempo de seu suporte moral, revelaram-se, em suas implicações essenciais, aquelas de um fascista".

soberano capaz de defender os fracos.[133] Não creio, porém, que tais ideias possam esclarecer toda a reflexão de Carlyle. Parece-me antes que esse gênero de leitura corre o risco do anacronismo. "O que Carlyle entendia por 'heroísmo' ou 'virtude dos chefes' nada tem a ver com o que propõem nossas teorias modernas", escrevia, pouco antes de sua morte, Ernst Cassirer, que sugeria, infelizmente demasiado brevemente, que Carlyle chegou ao culto dos heróis em razão, entre outras, de seu percurso de historiador: "O que Carlyle entendeu sob os termos de 'heroísmo' e de dirigismo nada tem a ver com o que encontramos nas teorias modernas do fascismo [...]".

> Para um verdadeiro historiador, a história não era, como diz Goethe no Fausto, *"eine Kehrichtfass und eine Rumpelkammer"*. Ele não tinha simplesmente o dom de relatar o passado, mas de reavivá-lo e torná-lo presente. O historiador autêntico falava e agia como o conjurador de Gulliver. Relatava 'o passado glorioso a fim de que o olhar pudesse penetrá-lo e de que se o pudesse escrutar à vontade'. Manifestamente, Carlyle não encontrou nenhum suporte para suas próprias ideias em toda a obra de Goethe. Como *historiador*, foi-lhe preciso dotar-se de um ponto de partida inteiramente novo; foi-lhe preciso abrir e construir sua própria via – e nesta perspectiva, se não virar de cabeça para baixo, ao menos modificar sua "Filosofia da vida". Foi tal modificação que o conduziu à teoria do culto do herói e do heroísmo na história.[134]

Aí está uma sugestão sobre a qual convém refletir: talvez, para além de um precoce delírio carismático, o culto dos heróis provenha, justamente, do conhecimento histórico? Para melhor testar essa hipótese, é importante voltar às primeiras inquietações historiográficas de Carlyle.

---

[133] Numerosos autores consideram o pensamento de Carlyle como parte integrante da genealogia intelectual do nacional-socialismo. Cf., especialmente, Benjamin H. Lehman, *Carlyle's Theory of the Hero: Its Sources, Development, History, and Influence on Carlyle's Work. A Study of a Nineteenth Century Idea*, Durham, Duke University Press, 1928; Herbert F.C. Grierson, *Carlyle and Hitler*, Cambridge, Cambridge University Press, 1933; Ernest Seillière, *Un précurseur du national-socialisme: l'actualité de Carlyle*, Paris, Éditions da la Nouvelle Revue critique, 1935; Hugh Trevor-Roper, "Thomas Carlyle's Historical Philosophy", *Times Literary Supplement*, 26 de junho de 1981.

[134] Ernst Cassirer, *Le Mythe de l'État* (1946), traduzido do inglês por Bertrand Vergerly, Paris, Gallimard, 1993, p. 294-285.

III

Entre as obras menores de Carlyle, há uma, *On History*, escrita em 1830, pouco antes de ele se tornar um autor célebre e o queridinho da boa sociedade londrina, que tem todos os traços de um verdadeiro manifesto pela história biográfica: "A vida social – lê-se nela – é o agregado de todas as Vidas individuais que constituem a sociedade".[135] Nenhum grande homem, mas uma história que é o fruto da estratificação, geração após geração, de inumeráveis biografias. Carlyle se interroga sobre os verdadeiros protagonistas da história: "Quem foi o maior inovador, quem foi o mais importante personagem da história do homem, aquele que pela primeira vez fez exércitos atravessarem os Alpes e obteve as vitórias de Cannes e do Trasimeno; ou o rústico anônimo que primeiro forjou para si uma enxada de ferro?".[136] Mais de cem anos antes de Bertolt Brecht, ele avança que apenas uma ínfima parte da história é escrita por seus presumidos autores, sua essência sendo o fruto de um número incalculável de vontades individuais, do trabalho infinito de homens sem nome:

> Quando o carvalho é abatido, a floresta inteira retumba; mas uma quantidade de glandes é semeada silenciosamente por um vento qualquer de passagem a que ninguém prestou atenção. [...] todo o mobiliário essencial, as invenções e as tradições, e os hábitos cotidianos que regulam e sustentam nossa existência, são a obra, não dos Dracons e dos Hampdens, mas de marinheiros fenícios, de pedreiros italianos e de metalúrgicos saxões, de filósofos, de alquimistas, de profetas, e de toda a sequência há muito tempo esquecida de artistas e artesãos.[137]

O texto é acompanhado igualmente de um voto: não está longe o tempo em que o historiador que persistir em querer compreender o passado estudando a corte ou os campos de batalha "passará por um gazeteiro mais ou menos instrutivo", mas não será mais considerado um historiador.[138]

---

[135] Thomas Carlyle, "Sur l'histoire", *op. cit.*, p. 304.
[136] *Ibid.*
[137] *Ibid.*, p. 305.
[138] *Ibid.*, p. 309-310.

Como numerosos místicos, Carlyle detecta em cada coisa dupla significação, propondo uma dicotomia absoluta entre a aparência exterior e a profundidade interna. Existe uma compreensão banal, que raciocina por fórmulas e receitas, e uma compreensão sublime, dirá alguns anos mais tarde em *Sartor Resartus*: "Aos olhos da lógica, o que é um homem? Um bípede onívoro que traja calções. Aos olhos da razão pura, o que ele é? Uma alma, um espírito, uma aparição divina".[139] Como em todos os domínios, a esfera da história também conta em seu seio com artistas e artesãos, "videntes", capazes de perceber o mistério do passado, e "simples basbaques", especuladores da causa e do efeito, que leem "o livro inescrutável da natureza como se fosse um grande livro de contas": "Homens que trabalham maquinalmente num setor, sem olhos para o conjunto, não sentindo que há um conjunto; e homens que iluminam e enobrecem o mais humilde domínio com uma ideia de conjunto, e costumam saber que é apenas no conjunto que a parte pode ser verdadeiramente discernida".[140]

A divisão do trabalho e a especialização trazem o risco de aumentar as fileiras dos artesãos em detrimento daquelas dos artistas. Basta pensar nos historiadores da Igreja:

> [Suas] investigações versam antes sobre o mecanismo exterior, os simples envelopes e acidentes superficiais do objeto, do que sobre o próprio objeto: como se a Igreja estivesse nas salas dos capítulos episcopais [...], e não no coração dos homens crentes [...]. A história da Igreja é a história da Igreja invisível tanto quanto da Igreja visível, a qual, separada da primeira, não é mais do que um edifício vazio, dourado, talvez, e todo recoberto de velhos ex-votos, mas inútil, e mesmo de uma imundície pestilencial; e de que é menos importante escrever a história do que precipitar a queda.[141]

---

[139] Thomas Carlyle, *Sartor Resartus, op. cit.*, p. 75-76, 83, 259.

[140] Thomas Carlyle, "Sur l'histoire", *op. cit.*, p. 309. Carlyle retoma a distinção proposta por Friedrich Schiller em sua célebre aula inaugural sobre a história universal proferida na Universidade de Iena em 26 de maio de 1789: "Qu'appelle-t-on histoire universelle et pourquoi l'étudie-t-on?", in *Mélanges philosophiques, esthétiques et littéraires*, traduzido do alemão por F. Wege, Paris, Hachette, 1840.

[141] Thomas Carlyle, "Sur l'histoire", *op. cit.*, p. 312.

Ao longo dos anos 1830, é justamente pela biografia que Carlyle espera descobrir uma nova abordagem da história, mais artística e menos artesanal, e que daria conta do sentido profundo do passado: "Essa Inglaterra do ano 1200 não era um vazio quimérico, uma terra de sonhos, povoada por simples fantasmas vaporosos, pelos *Foedera* de Rymer, por doutrinas sobre a constituição, mas uma sólida terra verde onde cresciam o trigo e diversas outras coisas".[142] Os homens que ali viviam "tinham uma alma": "Não por ouvir dizer apenas, e por figura de estilo – mas como uma verdade que sabiam e de acordo com a qual agiam".[143] A biografia pode contribuir para fazer emergir essas emoções secretas. Hippolyte Taine escreverá sobre Carlyle:

> Está aí seu traço próprio, o traço próprio de todo historiador que tem o sentimento do real, o de compreender que os pergaminhos, as muralhas, as vestes, os próprios corpos não são mais do que envelopes e documentos; que o fato verdadeiro é o sentimento interior dos homens que viveram, que o único fato importante é o estado e a estrutura de suas almas [...]. É preciso se dizer e se repetir essa palavra: a história é só a história de coração; temos que buscar os sentimentos das gerações passadas, e não devemos buscar nenhuma outra coisa. Eis o que percebe Carlyle; o homem está diante dele, ressuscitado, e ele penetra até seu interior, o vê sentir, sofrer e querer, da maneira particular e pessoal, absolutamente perdida e extinta, como sentiu, sofreu e quis.[144]

Seu modelo é o centauro Quíron que, longe de julgar o passado, desliza em seus personagens para chorar, rir, amar, desprezar com eles, porque "um coração amoroso é o começo de todo Conhecimento".[145]

Graças a sua intuição um pouco obsessiva pela essência biográfica da história, Carlyle se estima capaz de tomar a exata medida da vitalidade periférica do passado. Na *História da Revolução Francesa*

---

[142] Thomas Carlyle, *Past and Present, op. cit.*, p. 43.
[143] *Ibid*, p. 47.
[144] Hippolyte Taine. *L'Idéalisme anglais. Étude sur Carlyle*, Paris, Germer Baillière, 1864, p. 48-49.
[145] Thomas Carlyle, "Do gênero biográfico" (1832), in *Nouveaux Essais choisis de critique et de moral, op. cit.*, p. 16.

postula que, se uma sociedade é o fruto de todas as vidas individuais, então o processo histórico é um *continuum* infinito de pensamentos, de emoções e de ações mais ou menos significativas, um feixe de milhares de energias vitais em estado de movimento perpétuo:

> Não, nada está morto no universo; o que chamamos morto está apenas mudado, são forças que trabalham em sentido inverso! A folha que apodrece nos ventos úmidos, disse alguém, possui ainda força; sem isso como poderia *apodrecer*? Nosso universo inteiro é apenas uma junção de forças; de mil forças diversas; da gravitação ao pensamento e à vontade; a liberdade do homem rodeada pelas necessidades da natureza: de tudo isso nada adormece jamais, tudo está sempre desperto e ativo.[146]

O que significa que não é possível designar nem um protagonista primordial nem um acontecimento-chave. De fato, não existem elementos distintos:

> A coisa que jaz isolada e inativa, jamais a descobrirás; procura por toda parte, da montanha de granito, que desde a criação se reduz lentamente a pó, até a nuvem de vapor fugitiva, até o homem que vive; até a ação do homem, até a fala que pronuncia. [...] O que é então essa infinidade de coisas que chamamos universo, senão uma ação, uma soma total de ações e atividades. [...] a coisa que consideras é uma ação, o produto e a expressão de uma ação exercida. [...] as coisas humanas estão continuamente em movimento; são uma série de ações e de reações, um trabalho progressivo.[147]

Como Carlyle já indicara em seu ensaio sobre Voltaire, a história não vive de causas simples:

> Tampouco deve acontecer que essa sequência, de que gostamos de falar como de uma "cadeia de causas", seja figurada propriamente como uma "cadeia" ou uma linha; devemos representá-la antes como um tecido, ou uma superfície de inumeráveis linhas, que se estiram em largura e cumprimento, e numa complexidade que frustrará e extraviará completamente os cálculos mais assíduos.[148]

---

[146] Thomas Carlyle, *Histoire de la Révolution Française*, op. cit., t. II, p. 138.
[147] *Ibid.*, t. II, p. 132-133.
[148] Thomas Carlyle, "Voltaire", *op. cit.*, p. 24.

Esse sentido agudo da vitalidade histórica desemboca numa crítica cerrada da história factual, geralmente demasiado preocupada com a ordem cronológica:

> Nosso pêndulo soa quando uma hora sucede a uma hora; mas nenhum batente no Relógio do Tempo ressoa através do universo quando uma Era sucede a uma Era. Os homens não sabem o que têm entre suas mãos: assim como a calma é a característica da força, as causas que têm mais peso podem ser as mais silenciosas.[149]

Agastado pelo barulho de superfície da cronologia, Carlyle confessa diversas vezes sua desconfiança diante daqueles que pretendem compreender o passado enfileirando os fatos como as pérolas de um colar. Os acontecimentos representam apenas a camada exterior da realidade: nos campos de batalha, no Parlamento ou nas Antecâmaras reais, acontecem somente incidentes superficiais; mesmo as leis não chegam a exprimir a vida, "mas apenas a casa onde se escoa nossa vida; elas não são mais do que as paredes nuas da casa".[150] Assim, o elemento-chave da época moderna não foi nem a dieta de Worms, nem a batalha de Austerlitz ou de Wagran, nem qualquer outra data particular, foi antes

> [...] a ideia que veio a George Fox de se fazer um hábito todo de couro. Esse homem, o primeiro dos Quakers e sapateiro de profissão, era uma daqueles a quem, sob uma forma mais ou menos pura, a divina ideia do universo digna se manifestar, brilhando em suas almas, através de todos os envoltórios da ignorância e da degradação terrestre, numa inexprimível majestade.[151]

O que quer que seja, o acontecimento – político, legislativo ou militar – é sempre incerto e artificial demais. "Batalhas e tumultos de guerra, que no momento ensurdecem todas as orelhas e embriagam cada coração de alegria ou de terror, passam como brigas de bar".[152] Certos episódios adquirem uma aura sagrada, são apresentados como

---

[149] Thomas Carlyle, "Sur l'histoire", *op. cit.*, p. 306.
[150] *Ibid.*, p. 305.
[151] Thomas Carlyle, *Sartor Resartus, op. cit.*, p. 333.
[152] Thomas Carlyle, "Sur l'histoire", *op. cit.*, p. 305.

fatos históricos, de maneira fortuita, independentemente de seu peso: "Em primeiro lugar, entre as diversas testemunhas, que são também partes interessadas, não há mais que uma vaga estupefação, misturada com temor ou esperança, e o barulho de mil línguas do boato; até que, após certo tempo, o conflito das testemunhas se tenha apaziguado e fundido em algum resultado geral: e sobre isso é decidido, pela maioria das vozes, que tal "Passagem do Rubicão", tal "Acusação de Strafford", tal "Convocação dos Notáveis" são épocas da história do mundo, os pontos cardeais entre os quais rolam as revoluções do mundo".[153]

Em suma, a história não é uma sequência coerente e contínua de acontecimentos conectados entre si. "O homem mais dotado não pode observar, com mais forte razão não pode relatar mais do que a *série* das próprias impressões: sua observação, por conseguinte, deve ser sucessiva, enquanto as coisas feitas foram frequentemente *simultâneas*; as coisas feitas foram não uma série, mas um grupo. Não acontece na história em ação o que acontece na história escrita: os acontecimentos efetivos não estão entre si numa relação tão simples como a de pai e filhos; cada acontecimento particular é o produto, não de um único acontecimento, mas de todos os outros acontecimentos anteriores ou contemporâneos, e se combinará por sua vez com todos os outros, para dar nascimento a novos acontecimentos: é um Caos do ser, sempre vivo, sempre em trabalho, em que as formas, umas após as outras, destacam-se, feitas de inumeráveis elementos".[154] É daí que tomam forma certas considerações interessantes sobre o relato histórico. Para Carlyle, o historiador está condenado a se mover no seio de uma geometria plana, que não faz justiça ao *volume* do passado: "Da mesma forma, todo relato é, por sua natureza, apenas de uma única dimensão; adianta-se apenas em direção a um ponto único, ou em direção a pontos sucessivos: o relato é uma *linha*, a ação é um *cubo*. Ai de nós! Nossas cadeias, nossas pequenas cadeias de "causas e efeitos", que estendemos tão assiduamente através de alguns anos ou de alguns quilômetros

---

[153] *Ibid.*, p. 306.
[154] *Ibid.*, p. 307.

quadrados, enquanto o Todo é uma vasta, profunda imensidão, e cada átomo está encadeado e ligado com todos".[155]

Mas, dando a palavra à vitalidade periférica da história, Carlyle exprime, por esse mesmo gesto, um luto. Recorda que pedaços inteiros do passado estão perdidos para sempre:

> Podemos dizer a justo título que, de nossa História, a parte mais importante está perdida sem volta; [...] e aferrar respeitosamente nossos olhares a esses locais sombrios e perdidos do passado onde, num oblívio, informe, nossos principais benfeitores, com seus esforços diligentes, mas não com os frutos destes esforços, jazem sepultados.[156]

Os documentos que acompanham nossas incursões ao coração dos séculos passados "não são mais que luzeiros duvidosos, esparsos num campo imenso que deixam entrever sem o iluminar".[157] De tempos em tempos, acontece-lhe reconsiderar um episódio e descobrir assim que, após a batalha de Worcester, em 1651, Carlos II encontrou refúgio junto a um pobre camponês católico. Mas logo a sombra torna-se novamente espessa:

> Como pode que apenas ele, de todos os rústicos da Inglaterra que trabalhavam e viviam ao mesmo tempo que ele, sobre os quais o sol abençoado brilhava nesse mesmo "quinto dia de setembro", tenha chegado até nós; que esse pobre par de sapatos pregados, entre todos os milhões de peles que foram curtidas, cortadas e gastas, subsista e permaneça, imobilizado, completo, a nossa vista? Vemos o homem mesmo que por um instante; num instante, o véu da Noite se abre, permitindo-nos constatar e ver, e logo se refecha sobre ele – para sempre.[158]

Se, para Carlyle, o ser humano é antes de tudo um animal memorial, capaz de se lembrar, mais do que um animal racional e político,

---

[155] *Ibid.*, p. 307. Alguns decênios mais tarde, o historiador alemão Eduard Meyer partilhará esta convicção amarga ao observar que, embora o passado seja sempre feito de curvas, compostas por sua vez de curvas cada vez menores, o historiador pode apenas traçar algumas linhas: Eduard Meyer, *Zur Theorie und Methodik der Geschichte* (1902), in *Kleine Schriften zur Geschichtestheorie und zur Wirtschaftlichen und politischen Geschichte des Altertums*, Halle, Verlag Max Niemeyer, 1910, p. 1-67.
[156] Thomas Carlyle, "Sur l'histoire", *op. cit.*, p. 305.
[157] Hippolyte Taine, *L'Idéalisme anglais*, *op. cit.*, p. 83-84.
[158] Thomas Carlyle, "Du genre biographique", *op. cit.*, p. 13.

ele percebe, no entanto, a fragilidade da natureza humana, inclinada ao esquecimento. Sabe bem que, além das amnésias, a memória é infiel, que ela modifica incessantemente a hierarquia dos fatos: pode mesmo amanhã descobrir o alcance daquilo que é hoje escrito em minúsculas e apagar o que está escrito em caixa alta. Sabe igualmente que o trabalho de manipulação não concerne unicamente à memória, mas provém também de nossa maneira de olhar: a percepção que cada um de nós tem dos acontecimentos não é em nada comparável à dos outros. E se a história fosse impossível, ou mesmo inexistente? Se só existisse uma *história-para*? Encontramo-nos em pleno *Rashomon*. A ideia procede de uma velha anedota, já contada por Goethe em 1806: pouco tempo após ter caído em desgraça, durante a detenção que devia preceder sua decapitação, Sir Walter Raleigh observa da janela de sua cela uma escaramuça; quando escuta as três outras testemunhas contarem os fatos, cada uma de maneira diferente, o antigo favorito da rainha Elizabete percebe que nenhum dos testemunhos oculares corresponde ao que ele viu. O acontecimento se desintegrou imediatamente numa multidão de imagens. No final das contas, o que se passa não contém nenhuma verdade em si e só tem sentido quando pensado e contado. O mesmo se passa com os acontecimentos históricos (como a travessia do Rubicão ou o *impeachment* de Strafford) que são portanto insignificantes, inexistentes enquanto história. O que resta é a epopeia tal como foi sonhada, imaginada e elaborada por impressões pessoais...

IV

On History coloca em cena um dilema. Para Carlyle, somente uma reflexão biográfica permite apreender a vida íntima, secreta, do passado. Ele sabe, no entanto, que se trata de uma tarefa inesgotável: como se pode almejar abarcar todas as existências humanas que alimentaram os processos históricos?

> Mas se uma só biografia, mesmo nossa própria biografia, mesmo que a estudemos e recapitulemos como quisermos, permanece-nos em tantos pontos ininteligível, quanto mais o permanecerão estas milhões de biografias, de que os próprios

fatos, sem falar de seu sentido, nos são desconhecidos e não nos podem ser conhecidos![159]

As impulsões centrífugas da vida social parecem-lhe incoerentes, frágeis e fragmentadas, suscitando nele o sentimento crescente da natureza infinita da história. É justamente porque essa é a soma da ação humana, e portanto todo um universo, que seus limites se esquivam. O caos do passado, "sempre vivo, sempre em trabalho, em que as formas, umas após as outras, se destacam, feitas de inumeráveis elementos", é "sem limite, como a morada e a duração do homem, insondável como a alma e o destino do homem". Prisioneiro desse dilema, Carlyle acaba por encarar a história como uma obscura algaravia profética: "Desse complexo manuscrito, todo coberto de informes caracteres desconhecidos e inextricavelmente encavalados, algumas letras, algumas palavras podem ser decifradas".[160]

Trata-se de uma conclusão um bocado incômoda para um inimigo implacável do ceticismo. Pouco a pouco, graças ao exemplo de *Wilhelm Meister*, Carlyle percebe que nenhuma reflexão poderá distanciar a negação e o desespero: "Não se pode pôr fim à dúvida, de qualquer natureza que seja, senão pela ação".[161] E que agir significa, para o historiador, conter as forças do caos. Em 1833, entrevê todavia uma saída. *On history again* recorda por certo, uma vez ainda, todo o desespero que o caráter miserável e defeituoso da história engendra:

> A história é a Carta de Instruções que as velhas gerações escrevem e de que fazem o legado póstumo às novas gerações. [...] Da coisa agora silenciosa que se nomeia passado, que foi outrora o presente, com bastante barulho, que sabemos? Nossas Cartas de Instruções nos chegam no mais triste estado: falsificadas, apagadas, rasgadas, perdidas, restando apenas um fragmento; e mesmo este tão difícil de ler ou de soletrar.[162]

Entretanto, o valor do esquecimento se afirma pouco a pouco: a memória, seja ela individual, autobiográfica ou coletiva, segue o

---

[159] Thomas Carlyle, "Sur l'histoire", *op. cit.*, p. 304.
[160] *Ibid.*, p. 307.
[161] Thomas Carlyle, *Past and Present*, op. cit., p. 199.
[162] Thomas Carlyle, "Sur l'histoire", *op. cit.*, p. 315-317. Esse texto foi publicado em inglês sob o título "On History again" em 1833.

princípio dualista que escande toda nossa vida e, com uma espécie de talento inconsciente, ora rememora, ora esquece. Uma vez que a terra não pode guardar a lembrança de tudo o que foi feito, em certo ponto sobrevém o esquecimento, isto é, "a página escura sobre a qual a memória escreve e torna legíveis seus caracteres de luz; se tudo fosse luminoso, nada se poderia ler, não mais do que se tudo fosse trevas". Por mais retumbantes, os acontecimentos vão e vêm, balançam e caem um após o outro, "pois tudo que emergiu deve um dia soçobrar: o que não pode ser guardado no espírito quer precisamente sair do espírito".[163] Por vezes acontece mesmo a Carlyle pensar que a sociedade moderna sofre de um exasperante excesso de memória, "pois, a bem da verdade, considerando a atividade da Pluma e da Imprensa históricas durante este último meio século, e a quantidade de história que ela produziu neste único período, e como é provável que ela cresça doravante em proporção geométrica decimal ou vigesimal – poderíamos sentir que o dia não está longe em que, apercebendo-se de que a Terra inteira não conteria mais estas relações do que foi feito sobre a Terra, a memória humana deveria se abater confundida, e cessar de se lembrar".[164] Ele não tem nenhuma intenção de acabar num mundo sobrecarregado de lembranças, incapaz de pensar:

> Se não houvesse nenhuma abreviação da história, não poderíamos nos lembrar além de uma semana. Bem mais, abordemo-la sem essa precaução, excluamos absolutamente as abreviações, não poderíamos nos lembrar de uma hora, ou de absolutamente nada: pois o tempo, como o espaço, é *infinitamente* divisível; e uma hora, com seus acontecimentos, com suas sensações e suas emoções, poderia se estender de tal maneira que cobriria o campo inteiro da memória, e lançaria todo o resto para além de seus limites.[165]

Mas não podemos nos remeter apenas ao esquecimento. É preciso fazer mais: desembaraçar-se das escórias, concentrar o espaço e o tempo numa dimensão exemplar, postular, sem incerteza, um ponto

---

[163] *Ibid.*, p. 322.
[164] *Ibid.*, p. 320-321.
[165] *Ibid.*, p. 321.

luminoso. "A história, pois, antes de poder tornar-se história universal, precisa acima de tudo ser condensada".[166] E pouco importa se a condensação não é justa, se celebra Cleópatra e Calígula em detrimento "dos nobres homens que agem, ousam e aguentam".[167] Progressivamente, Carlyle se convence de que a compreensão histórica permanece essencialmente metafórica e de que é preciso abandonar a linguagem realista pela expressão figurada: "Toda linguagem, à exceção daquela que concerne aos objetos sensíveis, é ou foi uma linguagem figurada. Prodigiosa influência da metáfora! Jamais o percebera até recentemente. Uma obra verdadeiramente útil e filosófica seria um bom *Ensaio sobre as metáforas*. Um dia escreverei um".[168]

A *História da Revolução Francesa* é o fruto de um profundo conflito interior: entre o desejo inicial de dar a palavra a todos os protagonistas da história e aquele de condensar a essência do fenômeno revolucionário. Carlyle se interroga: onde está a Revolução? No palácio real, nos costumes do rei e da rainha, em seus excessos, em suas cabalas, em sua imbecilidade? Não: "Ela está neste homem aqui, ela está naquele homem lá, como uma raiva ou como um terror: está em todos os homens. Invisível, impalpável; e no entanto nenhum negro Azrael, com as asas abertas sobre a metade do continente, varrendo tudo com sua espada de um mar a outro, poderia ser uma realidade mais verdadeira".[169] Mas, se é assim, como podemos captar todas as forças em jogo – ainda mais que elas são invisíveis? "Para resolver esse problema é preciso que a melhor penetração busque a luz em toda fonte possível, dirija o olhar a todo lugar onde seja possível a visão ou uma luminosidade de visão, e no final ela poderá se estimar satisfeita se resolve o problema, ainda que aproximativamente".[170] Em toda fonte possível, em todo lugar possível... eis aí, ainda uma vez, as forças centrífugas da história que

---

[166] *Ibid.*, p. 321.
[167] *Ibid.*, p. 323.
[168] Thomas Carlyle, *Two Note Books of Thomas Carlyle, from 23d March 1822 to 16th May 1832*, Ed. por Charles Eliot Norton, New York, The Grolier Club, 1898, p. 141-142.
[169] Thomas Carlyle, *Histoire de la Révolution Française, op. cit.*, t. III, p. 325.
[170] *Ibid.*, t. 1, p. 281.

nos lançam em direções contrárias. Carlyle parece novamente presa da ilusão de poder apreender a realidade histórica em sua íntegra. Depois se recupera, graças a uma estratégia narrativa fundada na metonímia. E eis que desfilam o patriarca Voltaire, o dragão Drouet, a bela princesa de Lamballe, o simpático e discreto Barnave, o esverdeado Robespierre, o rígido Roland de La Platrière, o gigante solitário Mirabeau, esse indolente Luís, esse bravo Bouillé. E assim por diante. Tantos nomes, sempre precedidos de um artigo definido ou de um pronome demonstrativo: eles não falam, não se apresentam, nada dizem sobre si mesmos. Mais do que seres humanos em carne e osso, são personagens ou caracteres morais, constantemente absorvidos pela ação. Sua existência nada tem de pessoal, é uma expressão da história universal. O mesmo acontece com os lugares. O quarto de Luís XV, o "rei indolente", torna-se o ponto cardeal que resume cada história da França pré-revolucionária. O historiador entra nessa peça, vê Luís doente, aterrorizado pela morte, rodeado pelos quinhentos mil fantasmas vergonhosamente massacrados em Rossbach e no Quebec, "para que tua prostituta fosse vingada de um epigrama".[171] Fazendo seu o olhar de Luís, torna-se "o olho da história": "Há aqui outra coisa doente além do pobre Luís; não somente o rei da França, mas a realeza da França: eis o que, após uma longa luta de puxões e rasgões, se parte em frangalhos".[172]

V

As obras de Carlyle sobre a história lançam uma nova luz sobre seu itinerário. Inspiradas por inquietações de ordem política, as conferências sobre a grandeza procedem sem dúvida também da fragmentação do conhecimento.[173] O herói faz contrapeso às forças centrífugas da história, às imagens de indigestão, de fermentação, de obstrução, de conflagração. Sob certos aspectos, mesmo as conferências de 1840 confirmam que o herói está impregnado de inquietações

---

[171] *Ibid.*, t. I, p. 26.
[172] *Ibid.*, t. I, p. 9.
[173] Cf. Ann Rigney, "The Untenanted Places of the Past: Thomas Carlyle and the Varieties of Historical Ignorance", *History and Theory*, 1996, 35, p. 351.

epistemológicas. De que estofo os heróis são feitos? Carlyle jamais fornece uma definição exaustiva, menos ainda coerente. Ao contrário, continua a deslizar de uma imagem para outra, num crescendo visionário, tal um predicador puritano presa do medo e da veneração. No entanto, se nos atemos aos exemplos concretos e deixamos de lado o excesso de ênfase estilística, a força carismática do herói mostra-se drasticamente diminuída. Entre os grandes homens retidos por Carlyle, alguns estão certamente em condições de deslanchar a energia coletiva, mas é difícil imaginar Dante Alighieri ou William Shakespeare com os traços de chefes capazes de inflamar as massas como lenha seca. Samuel Johnson, Jean-Jacques Rousseau ou Robert Burns poderiam mesmo passar por perdedores:

> Nenhum dos três obteve vitórias comparáveis [àquelas de Goethe]: combateram com coragem, mas caíram no campo de honra do espírito. Não foram como ele heroicos portadores de luz, mas heroicos buscadores de luz. É que suas vidas se desenrolaram em ambientes cheios de obstáculos e foram como uma luta diante de uma montanha de obstáculos: de maneira que suas almas não puderam verdadeiramente se abrir na luz.[174]

Em realidade, do texto dessas seis conferências se destaca um único adjetivo: sincero. Os onze heróis se distinguem, com efeito, por sua completa, absoluta sinceridade. Trata-se de uma qualidade "superior à graça":

> Não há homem capaz de realizar o que quer que seja de grande que não tenha absolutamente fé naquilo que faz ou proclama, e é o que chamo um homem sincero. Essa qualidade não tem nada a ver com a sinceridade que se expõe deliberadamente: esta é bem pouca coisa, uma oca e vaidosa justificação calculada, e o mais das vezes uma vulgar manifestação de amor próprio. Já a sinceridade do grande homem é um fato de sua natureza de que não pode falar e de que sequer é consciente. [...] O grande homem não se vangloria de ser sincero, longe disso, e talvez nem se pergunte se o é. Diria que sua sinceridade, de fato, não depende dele.[175]

---

[174] Thomas Carlyle, *Les Héros, op. cit.*, p. 212. Em seu texto sobre Voltaire, Carlyle afirmara mesmo que o destino dos verdadeiros grandes homens é o de não serem reconhecidos.
[175] *Ibid.*, p. 74-75.

A sinceridade, para Carlyle, não é uma maneira de se conduzir e não implica apenas não dizer mentiras. Designa antes a clarividência, aquela que possui Dante que sabe capturar "a melodia que jaz escondida [no mais secreto do coração das coisas], a harmonia e a coerência interiores".

> O olhar que dardeja como o raio no fundo do coração das coisas e vê o que é sua verdade, eis o que, para mim, dá ao livro [o Corão] todo seu valor e atesta que é um dom da própria Natureza: um dom que ela outorga a todos os homens, mas que apenas um em um milhão, talvez, é capaz de não ignorar. É o que chamo a sinceridade da visão, que só se enraíza num coração sincero.[176]

Que a sinceridade da visão seja o traço saliente do heroísmo fica ainda mais evidente se consideramos seu texto sobre Goethe. Neste, sublinha duas qualidades acima de tudo. O intelecto emblemático, a saber, a capacidade de dar forma aos sentimentos: "Tudo tem forma, tudo tem existência visual; a imaginação do poeta *dá* corpo às coisas invisíveis, sua pluma as converte em *forma*".[177] E a universalidade:

> Em Goethe descobrimos o exemplo de longe o mais impressionante, em nosso tempo, de um escritor que é, estritamente falando, o que a Filosofia pode chamar um homem. Ele não é nobre nem plebeu, nem liberal nem subordinado, nem infiel nem devoto; mas é o que há de mais excelente em todos esses, fundidos numa pura mistura; "um Homem claro e universal".

A poesia de Goethe não é uma faculdade separada, uma mecânica mental; mas é a voz de toda a harmoniosa virilidade: bem mais, é a própria harmonia, a harmonia viva e vivificante dessa rica virilidade que forma sua poesia".[178] Uma harmonia que não é sinônimo de paz, mas de ausência de maneirismo. Goethe é descrito sobretudo como um lutador. Numa época minada pela incredulidade e pela vaidade, incessantemente atormentada pela dúvida, sua vida, enquanto escritor, pensador e homem, foi marcada pela luta contra

---

[176] *Ibid.*, p. 121, 101.
[177] Thomas Carlyle, *Goethe* (1832), in *Nouveaux Essais*, *op. cit.*, p. 236.
[178] *Ibid.*, p. 196.

o ceticismo. Werther interpreta por certo o desespero de todos aqueles que não renunciaram a pensar:

> Todo o mundo o sentia [o desespero], só ele soube lhe dar voz. E aí jaz o segredo de sua popularidade; em seu coração profundo, e impressionável, sentia mil vezes mais vivamente que cada um sentia; graças ao dom criador que lhe pertencia como poeta, deu a isso uma forma visível, uma localização própria e um nome; fez-se assim o porta-voz de sua geração.[179] Mas Wilhelm Meister, expressão de uma extraordinária firmeza intelectual, testemunha a liberação da dúvida: "Goethe nessa questão foi mais completo que qualquer outro homem de seu tempo".[180]

É nessa perspectiva que a história é descrita como um conjunto múltiplo e estratificado:

> [Cada livro] é o pensamento do homem, e concentra virtudes quase taumatúrgicas uma vez que pode incitar o homem a todas as mais belas ações. É ao mesmo tempo a materialização e o vetor do pensamento. A cidade de Londres, com todas suas casas, seus palácios, suas máquinas a vapor, suas catedrais, com seu tumulto e sua animação desmedidos, é outra coisa que o pensamento, que milhões de pensamentos reunidos num todo, que um imenso condensado de pensamento materializado no tijolo, no ferro, na fumaça, na poeira, nos palácios, nos ministérios e no Parlamento, nos fiacres para Hackney e para as docas de Santa Catarina e todo o resto?.[181]

E o herói é aquele que, por sua sinceridade, sabe captar a realidade em toda sua verdade e profundeza. Ele pode combater, governar, escrever, pregar, mas o que faz a sua grandeza e a alimenta consiste na sua capacidade de penetrar, para além da aparência exterior, a essência das coisas. O pensamento penetrante faz do herói um espírito fecundador: "Semelhante a um raio enviado pelo Céu, e os outros homens o esperam, como lenha seca, para poderem por sua vez tornar-se fogo"; embora só, está ligado aos outros homens por uma relação divina: verdadeira fonte de luz, é "um ser dotado

---

[179] *Ibid.*, p. 206.
[180] *Ibid.*, p. 235.
[181] Thomas Carlyle, *Les Héros, op. cit.*, p. 220.

originalmente e de maneira inata de uma capacidade flamejante de intelecção [...] que envolve na sua irradiação todas as almas".[182] É apenas nas situações mais felizes que a capacidade de fecundar se traduz imediatamente em intencionalidade carismática: "O que diz, todos os outros homens estavam quase prontos a dizê-lo, aspiravam a poder dizê-lo. Os pensamentos de todos, então, se erguem como se despertassem de um longo e penoso sono causado por algum sortilégio, e se reúnem em torno do pensamento do grande visionário, mesmo lhe respondem".[183] Por suas runas e suas rimas, Odin exalta nos outros a faculdade de pensar: "Daquilo de que tivera a visão e que ensinou por meio de suas runas e de seus versos, todos os povos do Norte se impregnaram e o transmitiram de geração em geração. Seu modo de pensamento se tornou o modo de pensamento deles".[184] Maomé brota como uma fagulha "no meio de mortas extensões de areia cinza" e dissemina uma areia que se revela "pólvora que logo explodiu em chamas subindo até os Céus, de Deli a Granada". Quanto a Lutero, ele sabe discernir as necessidades da coletividade, moldá-las para conduzi-las à realização: em 17 de abril de 1521, seu discurso na dieta de Worms exprime "as súplicas e as adjurações de todos nós, aquelas do mundo inteiro, quando a alma jaz aprisionada numa golilha de obscuridade, paralisada num negro pesadelo espectral dominado por uma terrificante Quimera de tiara que se chamava a si mesma pai da Cristandade, lugar-tenente de Deus e que sei eu?".[185]

Sob certos aspectos, o herói evoca o historiador artista. Graças a um imenso esforço visionário (uma espécie de redução ótica), um e outro não se limitam a representar o mundo, a reproduzir o que é visível. Revelam-no: encarnam um ponto de unidade secreto, o princípio organizador que dá uma forma essencial ao caos da vida – "*ein gestaltes Leben*", como dissera Goethe.[186] O herói torna a um só tempo solidárias e complementares as forças vitais periféricas que, anteriormente, puxavam em todos os sentidos, enquanto o

---

[182] *Ibid.*, p. 24, 36.
[183] *Ibid.*, p. 46.
[184] *Ibid.*, p. 54.
[185] *Ibid.*, p. 182.
[186] Cf. Jean Lacoste, *Goethe. Science et philosophie, op. cit.*, p. 197.

historiador assinala o ponto cardeal, o ponto que reflete o universo inteiro. Fascinado pelas ilusões de ótica (em 1852 escreverá um tratado intitulado *Spiritual Optics*), Carlyle cede aos fáceis artifícios do espelho.[187] Assim, sem se dar conta, trai profundamente seu grande profeta. É verdade que, também para Goethe, a realidade não pode ser conhecida diretamente, e que o conhecimento é sempre uma mediação: o verdadeiro, só o vemos em reflexo, em exemplo, em símbolo. Mas isso não significa que se possa encontrar um ponto de refração capaz de revelar o todo: "Nenhuma época oferece um belvedere de onde se possa abarcar com o olhar toda essa época".[188] Ao contrário, a própria ideia lhe parece desviante e superficial: "É difícil reproduzir qualquer coisa de maneira realmente imparcial. Poder-se-ia alegar que o espelho é uma exceção. Mas nele tampouco vemos jamais nossa imagem realmente exata. Mesmo o espelho inverte a imagem e faz de nossa mão esquerda nossa mão direita. Que esteja aí o emblema de todas nossas reflexões sobre nós mesmos".[189]

VI

O fluxo caótico e imprevisível da vida, desvelado pelas primeiras reflexões historiográficas, leva Carlyle a limitar o princípio de necessidade. Está aí provavelmente o que mais afasta seu herói do homem providencial dos filósofos. Enquanto o grande homem histórico de Hegel realiza sem o saber um objetivo geral, os heróis de Carlyle se distinguem por uma intensa faculdade de discernimento: não são os mensageiros ignorantes de uma ideia universal, mas profetas da realidade, homens conscientes das relações de força e de suas culpas (como na tragédia de Ésquilo). "Que compensação para uma população de pigmeus!" comentará Ralph Waldo Emerson em 1857, quando de sua segunda viagem à Inglaterra.[190]

---

[187] Sobre a teoria do espelho em Carlyle, Jacques Cabau, *Thomas Carlyle ou le Prométhée enchaîné. Essai sur la gênese de l'oeuvre de 1795 à 1834*, Paris, PUF, 1967, p. 95-106, 142-143, 159.

[188] Johann Wolfgang Goethe, *Maximes et Réflexions*, traduzido do alemão por Geneviève Bianquis, Paris, Gallimard, 1943, n. 1023, p. 256.

[189] *Ibid.*, n. 795, p. 34.

[190] Ralph Waldo Emerson, "Uses of Great Men", in *Representative Men and Other Essays*, Londres, J. M. Dent, 1908, p. 16.

As argumentações heroicas parecem, à primeira vista, bastiões em defesa da biografia. Na verdade, são bastante ambíguas. Os poucos personagens do passado que gozam de uma dignidade pessoal têm bem pouco de humano: mais que homens, são almas, verdadeiras aparições divinas. Mesmo se a vida humana lhe parece uma mistura do divino e do bestial (*beast-godhood*), Carlyle se convence sempre mais de que os aspectos corporais podem, ou melhor, devem, ser afastados para exaltar o núcleo arquetípico do herói (Napoleão em Santa Helena é representado como um Prometeu acorrentado). Através dessa cuidadosa operação de limpeza, de eliminação de todo traço corporal, ele espera penetrar nessa "região fundamental do espírito em que os pensamentos e os sentimentos não podem ser confinados na muralha da personalidade". Visa a ultrapassar a lei da individualidade, a fazer da biografia "uma solução para purificar os olhos de todo egotismo".[191] Estamos bem longe das celebrações da singularidade. O culto dos heróis está fundado na renúncia ao eu, no esquecimento da pessoa, para tender ao universal, ao ponto do espelho que reflete o infinito. O paradoxo, apenas aparente, é lucidamente expresso por Emerson quando confessa admirar sobretudo o herói capaz de se anular.

Impessoal e incorporal assim, o herói não é um verdadeiro antagonista do Espírito da filosofia clássica alemã. É antes uma nova versão. Como recordará Taine, Carlyle recolhe no heroísmo os fragmentos esparsos que Hegel submetera à lei: "Lá onde Hegel colocava uma ideia, Carlyle coloca um sentimento heroico. [...] esse ser, tal como ele o concebe, é um resumo do resto. Pois, segundo ele, o herói contém e representa a civilização em que está compreendido; o herói descobriu, proclamou ou praticou uma concepção original, e seu século o seguiu. O conhecimento de um sentimento heroico dá assim o conhecimento de uma época inteira. Por essa via, Carlyle saiu das biografias. Encontrou as grandes vistas de seus mestres. Sentiu como eles que uma civilização, por mais vasta e dispersa que seja e esteja através do tempo e do espaço, forma um todo indivisível".[192]

---

[191] *Ibid.*, p. 15.
[192] Cf. Hippolyte Taine, *L'Idéalisme anglais, op. cit.*, p. 93-110, 146-47. Sobre suas ligações com a filosofia alemã, cf. Hill Shine, "Carlyle and the German Philosophy Problem during the Year 1826-1827", *PMLA*, 1935, 50, p. 807-827.

Aí está, talvez, um destino que se repete na história. A biografia heroica aspira à totalidade: mesmo quando não está fundada no princípio de necessidade e reconhece o fluxo caótico, incerto, da vida, ela não pode evitar encarar a civilização como um todo indivisível. Tal é sem dúvida a vingança dos pigmeus: "sem eles, sem todos esses seres de destino desconhecido, os heróis permanecem prisioneiros de uma improvável e insuportável unidade de sentido".[193]

---

[193] Como escreve, alguns anos mais tarde, Paul Yorck Von Wartenburg, a propósito da tragédia de Shakespeare, "o herói efetua um movimento retilíneo, desloca-se como um puro-sangue inglês até cair. No fundo, cai sempre por si mesmo. Nega toda relação, toda *Copula*, lacerando o princípio da vida" (*Briefwechsel zwischen Wilhelm Dilthey und dem Grafen Paul Yorck Von Wartenburg, 1877-1897*, Halle, Verlag Niemeyer, 1923, p. 94, carta de 21 de fevereiro de 1890).

CAPÍTULO III

O drama da liberdade

> *Tudo o que é fragmentário restringe minhas ideias, eis porque não sou matemático e sim historiador. A partir do elemento residual posso formar um quadro completo, sei onde faltam grupos e como incorporá-los. Imagino que o mesmo se dá contigo e desejaria que, consagrando como eu tua reflexão à história, soldasses a figura sobre a tela e que, utilizando a imaginação, trabalhasses com as cores da história.*
> Barthold G. Niebuhr[194]

I

O episódio é célebre: em 2 de outubro de 1808, quando se encontrava em Erfurt, em companhia do marechal Louis Alexandre Berthier, do general Jean-Marie Savary e do príncipe de Talleyrand, diante de Goethe, o imperador deixara escapar um lacônico "Eis um homem". O que quisera dizer? Tencionava exprimir assim sua admiração pela extraordinária capacidade de controlar a vida, própria ao grande homem mais venerado de todos os tempos? É o que pensava Thomas Carlyle. Mais tarde, Wilhelm Dilthey abunda no mesmo sentido: para ele, a vida de Goethe é "um crescimento que obedece a uma lei interior, e como essa lei é simples, como sua ação é

---

[194] *Die Briefe Barthold George Niebuhrs*, Ed. Dietrich Gerhard e William Norvin, Berlim, 1926, t. I, p. 317-318 (carta de 21 de novembro de 1804).

regular e constante!".[195] Ou seria preciso ver aí, como sugeriu Friedrich Nietzsche, a expressão do estupor de Napoleão diante da forma alemã do ceticismo?[196] O enigma está sem dúvida destinado a permanecer sem solução. Mas, seguramente, o episódio ilustra de maneira admirável o conjunto das questões que apaixonaram a historiografia alemã ao longo de todo o século XIX. O que é um indivíduo? Como alguém se torna um? Qual é sua relação com o mundo histórico?

Essas interrogações não concernem mais, doravante, ao heroísmo, nem mesmo à exaltação do eu que, nos decênios precedentes, inspirara o movimento *Sturm und Drang*. Doravante, é o próprio processo de individuação que está em jogo. Embora com modalidades diferentes e a despeito de alguns retrocessos esporádicos (sobretudo a respeito dos homens de Estado), os historiadores alemães da época vão além dos *Menschen die Geschichte machen*, dos homens que fazem a história. Como escreve Leopold Von Ranke, "toda vida leva em si seu ideal: o impulso mais íntimo da vida espiritual é um movimento em direção à ideia, em direção a uma mais alta perfeição. Desde a origem, esse impulso é inerente à vida".[197] No fim do século, assumindo, como era de seu costume, mais de cem anos de reflexão historiográfica, Friedrich Meinecke sublinha que em todo homem liberdade e necessidade se entrelaçam uma à outra, e que mesmo o membro mais insignificante de um grupo social leva em si um brilho, por mais ínfimo que seja, do *x* da liberdade: "Ainda que cada aporte seja minúsculo e inacessível para o pesquisador, sua soma não é por isso negligenciável, e uma escala de membros intermediários infinitamente numerosos se ergue do último dos homens da horda até o herói extraordinário".[198] Na sequência, volta a este mote:

---

[195] Wilhelm Dilthey, *Goethe et l'imagination poétique*, in *Écrits d'esthétique* (1905), traduzido do alemão por Danièle Cohn e Évelyne Lafon, Paris, Éditions du Cerf, 1995, p. 242. Cf. também Friedrich Gundolf, *Goethe* (1916), traduzido do alemão por Jean Chuseville, Paris, Grasset, 1932.

[196] Cf. Joseph Westfall, "Zarathustra's Germanity: Luther, Goethe, Nietzsche", *The Journal of Nietzsche Studies*, 2004, 27, p. 42-63. Quanto aos comentários de Goethe, cf. *Entretiens avec le chancelier de Müller* (1898), traduzido do alemão por Albert Béguin, Paris, Stock, 1930. O encontro de Erfur foi recentemente evocado por Milan Kundera, *L'immortalité*, traduzido do tcheco por Eva Bloch, Paris, Gallimard, 1990.

[197] Leopold Von Ranke, *Politisches Gespräch*, in *Sämmtliche Werke*, Leipzig, 1890, t. 49-50, p. 337.

[198] Friedrich Meinecke, "Zum Streit um die Kollektivistische Geschichtsschreibung" (1896), in *Zur Geschichte der Geschichtsschreibung*, Ed. por Eberhard Kessel, Munique, R. Oldenbourg Verlag, 1968, p. 325.

"Toda vida humana, mesmo a mais modesta, possui seu próprio valor autônomo não apenas diante de Deus, mas também diante da história: ainda que não seja mais do que uma onda, ou mesmo uma gotícula, no fluxo do tempo".[199] Estamos longe do *Könning* ou *can-nig*, o homem extraordinariamente *capaz* de controlar o devir caótico e imprevisível, que obsedava Carlyle. De agora em diante, a vida histórica não é mais encarada como uma massa informe, mas como um fluxo perpétuo de formas e de figuras firmes e definíveis, resultante de personalidades múltiplas e mesmo infinitas.[200]

Convencidos de que a história é o produto de individualidades únicas e irredutíveis, cada uma gozando da própria estrutura e da própria originalidade imediata, muitos historiadores alemães estimam que o mundo histórico não é governado por um destino ineluctável que exclui toda latitude de pensamento e de ação, "mas uma tarefa para a realização da qual somos chamados a colaborar".[201] Por certo, o ser humano está impregnado de história: nasce no seio de uma família, de um povo, de uma linguagem, de um Estado, de uma religião, e assim por diante. Como recorda Johann Gustav Droysen, "sem se aperceber, ele se apropria e interioriza o que encontrou [...], funde-o a tal ponto com seu próprio ser que o utiliza de maneira imediata do mesmo modo como dispõe dos órgãos e membros de seu corpo".[202] Mas conhece a liberdade. Está em condições de se colocar questões, de pensar, de tomar decisões, de agir, de insistir. Cessa de ser um objeto passivo e se torna sujeito do mundo:

> [...] por pequena e embrionária que seja de início, a força do espírito se afirma nos homens e, com ela, uma progressão ilimitada do poder e do querer, da liberdade e da responsabilidade. [...] O indivíduo [...] não está sempre ligado à própria espécie – mas é livre; não é simplesmente determinado e modelado de uma

---

[199] Friedrich Meinecke, *Erlebtes, 1862-1901*, in *Autobiographische Schriften*, Ed. por Eberhard Kessel, Stuttgart, Koehler Verlag, 1969, 1964, p. 3.

[200] Cf. Friedrich Meinecke, *Klassizismus, Romantizismus und historisches Denken im 18. Jahrduntert* (1936), in *Zur Theorie und Philosphie der Geschichte*, Ed. por Eberhard Kessel, Stuttgart, Koehler Verlag, 1959, p. 264-278.

[201] Friedrich Meinecke, *Persönlichkeit und geschichtlichen Welt* (1918), in *Zur Theorie und Philosophie der Geschichte, op. cit.*, p. 37.

[202] Johann Gustav Droysen, *Historik. Die Vorlesungen von 1857*, Ed. por P. Leyh, Stuttgart-Bad Canstart, 1977; *Texte sur Geschichtstheorie, Mit ungedruckten Materialen zur "Historik"*, Ed. por G. Birtsch e J. Rüsen, Göttingen, 1972, p. 14.

vez por todas, mas determina ele próprio e continua a formar; retroage, pela força de sua livre personalidade, sobre a universalidade, tendo sobre esta um poder que pode se elevar a ponto de a controlar e transformar plenamente.[203]

No plano político, essa sensibilidade à riqueza das originalidades individuais não é neutra. De início, foi associada ao impulso nacional: as particularidades dos povos permitem descobrir as características pessoais. Wilhelm Von Humboldt recordava assim que "a nação é também um indivíduo, e o indivíduo singular um indivíduo do indivíduo".[204] Chegava ao ponto de falar de biografia da nação, enquanto Ranke exaltava a ação enérgica de certos povos e Estados.[205] Num momento em que numerosos historiadores estavam engajados na construção da nação alemã, a defesa das individualidades reveste um valor essencial.[206] Meinecke relata que, após 1806, ano da derrota de Iena, o destino da nação parecia estreitamente ligado ao desenvolvimento da personalidade: "Não é que se imaginasse poder criar uma personalidade pelo viés do Estado. Desejava-se apenas criar a possibilidade para cada um de se tornar uma personalidade, liberando-o dos entraves de um mundo histórico antiquado, oferecendo-lhe novas formas de ação e remetendo-se quanto ao resto ao impulso do espírito".[207] Em seguida, com o tempo, o atrativo da individualidade se alimentou sobretudo da nostalgia por esses primeiros decênios tão tumultuosos. Após a guerra com a França e o advento do Reich, em 1871, as relações entre a história e a política se tornam mais complicadas. As dúvidas se multiplicam. Na esteira de Nietzsche, Max Weber se pergunta em 1919: ainda é possível fazer de sua vida uma obra de arte?[208] Em outros termos, Goethe ainda poderia se tornar Goethe?

---

[203] *Ibid.*, p. 18.
[204] Wilhelm Von Humboldt, *Considérations sur l'histoire mondiale* (1814), in *La tâche de l'historien*, traduzido do alemão por Annete Disselkamp e André Laks, Lille, Presses Universitaires de Lille, 1985, p. 53.
[205] Leopold Von Ranke, *Vorlesungseinleitungen*, in *Aus Werk und Nachlass*, Ed. por Volker Dotterweich e Walther Peter Fuchs, Munique-Viena, Oldenbourg Verlag, 1975, p. 280-294. Cf. também Barthold Niebuhr, *Römische Geschichte*, Berlim, G. Reimer, 1833, p. 68.
[206] Sobre a ligação entre reflexão sobre a nação e reflexão sobre a individualidade, cf. Marcel Gauchet, "Le mal démocratique", *Esprit*, 1993, 195, p. 67-89.
[207] Friedrich Meinecke, *Persönlichkeit und geschichtlichen Welt*, op. cit., p. 45.
[208] Cf. Friedrich Nietzsche, *Considérations inactuelles*, op. cit.; Max Weber, *Le Savant et le politique* (1919), traduzido do alemão por Catherine Colliot-Thélène, Paris, La Découverte, 2003.

Estamos bem longe do "Eis um homem" de Erfurt, um século antes. Talvez a modernidade torne cada um menor, mais estéril, talvez não reste aos contemporâneos senão viver como epígonos. O que é certo é que o processo de individuação parece cada vez mais difícil.[209] De tal forma que, com a aproximação da Primeira Guerra Mundial, mais de um se pergunta se o tempo da personalidade autônoma não está a ponto de acabar, inexoravelmente destituído pela lógica utilitarista:

> O empreendedor moderno, o político de hoje, assim como os antigos tipos do funcionário da administração alemã, do oficial, do erudito, etc., constitui entre nós, sob novas cores, um quadro hoje incomparavelmente mais rico de uma variedade de formas de personalidades, em comparação com a sociedade nobiliária das classes superiores tal como esta aparece no *Wilhelm Meister* de Goethe. Mas, ao mesmo tempo, esse tipo sufoca facilmente o singular e o individual puro.[210]

II

A batalha travada pelos historiadores alemães contra a ideia que visava a amalgamar uma pluralidade de individualidades num só passado tem algo de uma corrida de obstáculos. Longa e penosa: o terreno está abandonado, ora os corredores tropeçam, ora se enganam de caminho, ora perdem a testemunha, ou a confundem com um pedaço de pau qualquer... Nenhum deles chega a transpor a linha de chegada. Mas pouco importa: é justamente graças a esses obstáculos, essas largadas queimadas, esses mal-entendidos, que de tempos em tempos nos encontramos diante de uma paisagem irredutível.

O primeiro a se lançar foi Johann Gottfried Herder, filósofo da linguagem, poeta e pastor luterano, mas também historiador. No curso de uma longa viagem pelo mar, feita em 1769, de Riga a Nantes, Herder começa a refletir sobre as diferenças nacionais,[211]

---

[209] Sobre o princípio de individuação no pensamento alemão contemporâneo e o interesse pelos valores interiores (integridade, autoconhecimento, profundidade, aspiração à perfeição), cf. Ralf Dahrendorf, *Society and Democracy in Germany*, Londres, Weinfeld & Nicolson, 1968, cap. 19.
[210] Friedrich Meinecke, *Persönlichkeit und geschichtlichen Welt*, op. cit, p. 49.
[211] Cf. Maurice Olender, *Les Langues du paradis*, Paris, Éditions du Seuil, 1989, cap. 2 e 3; Olivier Dekens, *Herder*, Paris, Les Belles Lettres, 2003.

E é sem medir suas palavras que exprime, quatro anos mais tarde, sua contrariedade para com todo excesso de síntese:

> Ninguém no mundo sente mais do que eu a fraqueza das características gerais. Pinta-se um povo inteiro, um período, toda uma região – quem foi pintado? Agrupam-se povos e períodos que se sucedem opondo-os sem fim como as ondas do mar – o que foi pintado? A quem se aplica a pintura das palavras? No fim das contas, apenas se os agrupa num termo genérico que não significa nada e sob o qual cada um pensa e sente o que quer – meio imperfeito de descrição![212]

Vinte anos mais tarde, insistirá nisso de novo: "O temor me toma quando escuto alguém caracterizar em algumas palavras uma nação inteira ou todo um período; que enorme soma de diversidades guardam, com efeito, palavras tais como 'nação' ou os 'séculos da Idade Média', ou ainda a época antiga ou moderna".[213] Apóstolo da diversidade, Herder acusa o século XVIII, tão esclarecido, de ter atribuído um valor absoluto ao gosto de seu tempo e de tê-lo imposto rudemente às épocas precedentes.[214] Voltaire e os filósofos *de ofício* mediram o despotismo ou o sentimento religioso que reinavam no oriente com a régua dos conceitos do mundo europeu: "Admitamos que os mensageiros de Deus, se aparecessem agora, seriam impostores e patifes: não vês que era totalmente diferente o espírito daquele tempo, desse estágio da humanidade?". Até mesmo Johann Joachim Winckelmann, o grande intérprete da arte antiga, abandona-se a uma visão anti-histórica, ao avaliar as obras egípcias segundo os cânones da arte grega e, "por conseguinte, descreve-as negativamente muito bem, mas tão pouco de acordo com sua natureza e a maneira de ser que lhes é própria".[215]

---

[212] Johann Gottfried Herder, *Une autre philosophie de l'histoire*, op. cit., p. 69.

[213] Johann Gottfried Herder, *Humanitätsbriefe* (1794), citado por Friedrich Meinecke, *Die Entstehung des Historismus*, Ed. por Carl Hinrichs, Munique, R. Oldenbourg Verlag, 1965, p. 441-442.

[214] Cf. Richard A. Shweder, "Anthropology's Romantic Rebellion against the Enlightenment, or There's More to Thinking than Reason and Evidence", in Richard A. Shweder e Robert A Le Vine (dir.), *Culture Theory. Essays on Mind, Self, and Emotion*, Cambridge, Cambridge University Press, 1984, p. 27-65.

[215] Johann Gottfried Herder, *Une autre philosophie de l'histoire*, op. cit., p. 51, 52, 58. Cf. Brian J. Whitton, "Herder's Critique of the Enlightenment: Cultural Community versus Cosmopolitan Rationalism", *History and Theory*, 1988, 27, p. 146-168.

O desenvolvimento, o crescimento (*Fortgang*) de que fala Herder, nada tem a ver com o conceito de progresso (*Fortschritt*), no sentido de um processo único, universal, que tenderia para a luz, que seria feito de momentos mais antigos, mais selvagens, e de momentos mais recentes, mais civis. Trata-se, ao contrário, de um processo mútuo, fundado em múltiplas fontes de energia, já que o bem está disseminado pelo mundo e jamais se fixou numa única forma de humanidade, num só país:

> Aqui também, a boa mãe tudo proveu. Colocou nos corações disposições à diversidade, mas tornou cada uma destas tão pouco premente por si só que, desde que apenas algumas sejam satisfeitas, a alma se cria logo um concerto com a ajuda destes sons que foram assim despertados e não sente aqueles que não o foram a não ser na medida em que, mudos e obscuros, apoiam o canto que raciocina. Pôs-nos disposições à diversidade no coração, e uma parte dessa diversidade à mão ao nosso redor.[216]

Assim como Justus Möser, autor das *Patriotische Phantasien*, Herder estima que os homens partilham muitos pensamentos e gestos, mas o que importa verdadeiramente, o que os torna humanos, é justamente o que *não têm* em comum com todos os outros, o que os individualiza:

> Todo o caminho que percorre a civilização e a cultura sobre nossa terra, com seus zigue-zagues, seus ocos irregulares, jamais evoca uma corrente tranquila, mas antes uma cascata de montanha e é a isso que conduzem as paixões dos homens [...] as gerações se renovam e, no entanto, a despeito de todos os princípios lineares da tradição, cada criança escreve a seu modo.[217]

Entretanto, aqui Herder se interessa mais pela individualidade das grandes forças coletivas (o gênio do povo ou o espírito da civilização) do que pelas personalidades individuais.[218] No coração da narração, sempre infinitamente animada em seus menores detalhes, de *Uma outra filosofia da história,* destaca-se a diversidade dos estilos nacionais, dos

---

[216] Johann Gottfried Herder, *Une autre philosophie de l'histoire, op. cit.*, p. 77.

[217] Johann Gottfried Herder, *Idées pour la philosophie de l'histoire de l'humanité* (1787), traduzido do alemão por Edgar Quinet, Paris, F. G. Levrault, 1827-1828, t. II, p. 234.

[218] Friedrich Meinecke, *Die Entstehung des Historismus, op. cit.*, p. 401-402.

caminhos percorridos pelos povos, depositários de diversas ideias de humanidade, quando muito escandidas uma após a outra: primeiro os orientais, os egípcios, os gregos, os romanos... A seguir, quando o sul não foi mais do que um despojo esgotado que jazia em seu sangue, veio o homem do Norte... E assim por diante: a unidade individual distintiva não é em Herder a pessoa, mas o povo, *das Volk*; ela exprime um pertencimento fundado no solo e na língua.[219] Sabe-se: a atenção a tudo o que é originário e autóctone alimenta também nele uma mixofobia[220] exacerbada. Sempre exaltando as culturas individuais (indiana, chinesa, escandinava, judaica), Herder brada contra os grandes niveladores – Cesar, Carlos Magno, os cruzados, os construtores do Império britânico, os missionários destruidores das culturas originais. O espectro da contaminação está bem presente: "Orientais, gregos, romanos existiram apenas uma vez, e deviam tocar a corrente elétrica estendida pelo destino somente num ponto, num só lugar! E nós, por conseguinte, se queremos ser ao mesmo tempo orientais, gregos, romanos, estamos certos de não sermos nada".[221]

III

A riqueza do indivíduo entra verdadeiramente em cena com outro historiador particularmente atento à língua: Wilhelm Von Humboldt.[222] Desde 1791, ele nota que, no mundo do saber, só o conhecimento do indivíduo aproxima da verdade. Para apreender a verdade do passado, é preciso portanto "identificar-se, por assim dizer, com a natureza de todo ser vivo, representando-o não apenas em sua aparência, mas na maneira como ele se sente em si mesmo".[223]

---

[219] Cf. Isaiah Berlin, *Le Bois tordu de l'humanité. Romantisme, nationalisme, totalitarisme* (1990), traduzido do inglês por Marcel Thymbres, Paris, Albin Michel, 1992; Vicki Spencer, "Towards an Ontology on Holistic Individualism: Herder's Theory of Identity, Culture and Community", *History of European Ideas*, 1996, 22, p. 245-259.

[220] "Medo de se misturar". (N.T.).

[221] Johann Gottfried Herder, *Une autre philosophie de l'histoire, op. cit.*, p. 133-134.

[222] Para uma introdução ao pensamento de Humboldt, cf. Robert Leroux, *Guillaume de Humboldt. La formation de sa pensée jusqu'en 1794*, Paris, Les Belles Lettres, 1932; Robert Leroux, *La Philosophie de l'histoire chez Herder et G. de Humboldt*, Paris, Mélanges Henri Lichtenberger, 1934; Jürgen Trabant, *Humboldt* (1990), traduzido do alemão por Marianne Rocher-Jacquin, Paris, Éditions de la Maison des Sciences de l'Homme, 1999.

[223] Wilhelm Von Humboldt, *Über die Gesetze der Entwicklung der menschlichen Kräfte* (1791), in *Gesammelte Schriften*, ed. por Albert Leitzwann *et al.*, Berlim, B. Behr, 1904, t. I, p. 89-91.

Vários anos depois, em dois ensaios inacabados consagrados à história universal, Humboldt reprocha a Fichte, a Schelling, a Hegel, mas também a Kant, proporem uma imagem abstrata do homem e terem mortificado a história, ou, no mínimo, o sentido histórico. É por essa razão que opõe à filosofia da história, que tende a "reconduzir a um único ponto de vista os acontecimentos particulares da história mundial que se apresentam de maneira fragmentada e aparentemente contingente, para deduzi-los uns dos outros segundo um princípio de necessidade",[224] uma física da história, preocupada com os homens enquanto seres ao mesmo tempo racionais e sensíveis. Retoma, então, a comparação entre o devir histórico e os fluxos da natureza:

> Os destinos da espécie humana seguem em frente como as cascatas se lançam das montanhas ao mar, como o campo faz eclodirem plantas e ervas, como os insetos formam casulos e se transformam em borboletas, como os povos oprimem e são oprimidos, aniquilam e são exterminados. A força do universo, considerada do ponto de vista do tempo que é aquele em que somos tomados, é um arrastão irresistível; é por isso que não são intenções ruminadas por alguns pobres milhares de anos e emprestadas a um ser estrangeiro [...] mas sim a força da natureza e da humanidade que se deve reconhecer na história mundial. Entretanto, como o todo só pode ser reconhecido através do particular, devemos estudar as nações e os indivíduos.[225]

Por certo, Humboldt reconhece a existência dos elementos comuns, evocados por Kant em sua obra sobre a finalidade da história.[226] O ser humano, considerado sobretudo como ator global, como massa, atém-se a certa uniformidade. O que significa que a natureza abarca igualmente o caráter moral da pessoa. Se examinamos em série acontecimentos aparentemente fortuitos – como os casamentos, os falecimentos, os nascimentos ilegítimos ou os delitos –, identificamos regularidades surpreendentes, explicáveis unicamente pelo fato de que, nas ações dos homens, existe também uma componente natural que se manifesta ciclicamente, de acordo

---

[224] Wilhelm Von Humboldt. *Considérations sur l'histoire mondiale*, op. cit., p. 47.
[225] *Ibid.*, p. 55-56.
[226] Immanuel Kant, *Idée d'une histoire universelle au point de vue cosmopolitique*, op. cit.

com leis uniformes: "A espécie humana é uma planta natural, como a espécie dos leões e dos elefantes; suas diferentes etnias e nações são produtos naturais, como as raças de cavalos árabes e islandeses".[227] O mesmo acontece com certos aspectos importantes da vida histórica:

> Na maior parte dos povos, o crescimento e a ruína deixam perceber um movimento praticamente uniforme; quando se considera o estado do mundo imediatamente após o fim da segunda guerra púnica e o caráter dos romanos, a dominação mundial de Roma se deixa deduzir passo a passo com uma necessidade quase perfeita.[228]

Mas a história não é apenas um produto da natureza. É igualmente dominada pela potência criadora do caráter humano: o indivíduo, insondável e autônomo, está na origem de sua atividade e

> [...] não é explicável por nenhuma das influências que sofre (pois, antes, determina-as todas por sua reação). Mesmo se a matéria da ação é idêntica, a forma individual a torna diferente, de acordo com a facilidade ou o esforço, se a força é apenas suficiente ou desbordante, e todas as pequenas determinações, impossíveis de nomear, que constituem o selo da individualidade, e que percebemos a cada instante da vida cotidiana.[229]

Dito de outra forma, a natureza é incessantemente modificada, por vezes mesmo de maneira imprevisível e desconhecida, pela atividade humana: "Existe um momento de procriação moral, em que o indivíduo (nação ou pessoa singular) se torna o que deve ser, não por graus, mas subitamente e num só lance", escreve Humboldt em 1814.[230] E quatro anos mais tarde:

> Quando [a conexão] toca no domínio da liberdade, todo cálculo se interrompe; a novidade e o inaudito podem surgir subitamente de um grande espírito ou de uma vontade potente, que só podem ser julgados num quadro extremamente amplo e de acordo com

---

[227] Wilhelm Von Humboldt, *Considérations sur l'histoire mondiale, op. cit.*, p. 49.
[228] Wilhelm Von Humboldt, *Considérations sur les causes motrices dans l'histoire mondiale* (1818), in *La tâche de l'historien, op. cit.*, p. 60.
[229] *Ibid.*, p. 64.
[230] *Ibid.*, p. 49.

um critério totalmente diferente. É esta a parte da história mundial que podemos propriamente chamar bela e entusiasmante, porque é dominada pela força criadora do caráter humano.[231]

Basta que um espírito forte, dominado, mais ou menos conscientemente, por uma grande ideia, medite sobre um material suscetível de tomar forma, para que o resultado seja aparentado à ideia e seja por conseguinte estranho ao curso habitual das coisas. E, quando fala da atividade humana, Humboldt não pensa apenas nas ações realizadas por grandes homens: "É inegável que a atividade do gênio e da paixão profunda pertence a uma ordem de coisas diferente daquela do curso mecânico da natureza; mas, a rigor, este é o caso de toda emanação da individualidade humana".[232]

Em face da violência da história filosófica, sempre pronta a nos recordar o caráter global e necessário do processo histórico, Humboldt introduz dois aspectos importantes. Em primeiro lugar, a dimensão ética da história. Ela nada tem de moral: não deve oferecer exemplos a seguir ou recusar, não servindo esses para nada ou podendo mesmo ter um efeito enganador. Mas é ética, uma vez que desvela o drama da liberdade: "O elemento em que se move a história é o sentido da realidade (*das Sinn für Wirklichkeit*), que inclui o sentimento da fugacidade da existência no tempo, aquele de uma dependência das causas antecedentes e concomitantes, mas também, ao contrário, a consciência da liberdade espiritual interior e o conhecimento racional de que a realidade, a despeito de sua aparente contingência, está bem ligada por uma necessidade interior".[233]

Ao mesmo tempo, Humboldt nos recorda que o todo do historiador não corresponde ao conceito de uma totalidade ideal: não é único nem reconciliado, mas antes múltiplo, cheio de vida, conflituoso, feito de diferenças e de contrastes. Como escrevera em 1792, a modernidade faz explodir em mil fragmentos a integridade inicial: a perfeição ingênua, instintiva e irrefletida da Antiguidade desapareceu. Mas tal decomposição não é necessariamente uma perda.

---

[231] *Ibid.*, p. 63.
[232] *Ibid.*, p. 64.
[233] Wilhelm Von Humboldt, *La tâche de l'historien, op. cit.*, p. 71.

Ao contrário, diferentemente de muitos de seus contemporâneos, abalados pelos acontecimentos sociais e políticos que assinalam a passagem do século XVIII ao XIX, Humboldt está convencido de que a principal aposta da modernidade reside justamente na possibilidade de passar de uma unidade originária a uma multiplicidade.[234] Onze anos mais tarde, numa carta ao diplomata sueco Karl Gustav von Brinckmann, formula essa intuição numa expressão deslumbrante, quando diz se sentir "arrastado não para o Um, que seria o todo, um novo conceito errôneo, mas para uma unidade no seio da qual se misturam todas as concepções do homem, todas as oposições entre a unidade e a pluralidade".[235] Ranke retoma o tema por sua vez: para ele, a história se opõe ao conceito, para o qual a variabilidade é dispersiva, enquanto ela se esforça por fazer justiça até às oposições.[236] Ao que Droysen acrescenta que, no mundo histórico, o que move não são as analogias, mas as anomalias.[237]

Mas como dar conta de toda a pluralidade do passado? Tal é a questão mais radical que propõe no célebre discurso sobre a tarefa do historiador pronunciada em 12 de abril de 1821, na Academia de Berlim. A exemplo de Carlyle, Humboldt está dividido entre a admiração e o temor diante do caráter inesgotável da história:

> Infinito é o formigamento prodigioso do que advém no mundo e nele se comprime, em parte provocado pela constituição dos solos, a natureza da humanidade, o caráter das nações e dos indivíduos, e em parte surgido como do nada, miraculosamente semeado, dependendo das forças de que não temos mais do que uma intuição obscura, e submetido à dominação de Ideias eternas e profundamente enraizadas no peito do homem: infinito que o espírito não pode jamais reconduzir a uma forma única.[238]

---

[234] Cf. Wilhelm Von Humboldt, *Über das Studium des Altertums und des griechschen insbesondere* (1793), in *Gesammelte Schriften, op. cit.*, t. 1, p. 255-281; Wilhelm von Humboldt, *Über den Geschlechtsunterschied und dessen Einfluss auf die organische Natur* (1794), in *Gesammelte Werk, op. cit.*, t. I, p. 311-334.

[235] Wilhelm Von Humboldt, *Briefe*, Ed. por Wilhelm Rössle, Munique, Carl Hanser Verlag, 1952, p. 243-244.

[236] Leopold von Ranke, *Zur Geschichte*, in *Tagebücher*, Ed. por Walther Peter Fuchs, Munique, Oldenbourg, 1964, p. 232-242.

[237] Johann Gustav Droysen, *Historik, op. cit.*, p. 21.

[238] Wilhelm Von Humboldt, *La tâche de l'historien, op. cit.*, p. 70.

Eis porque nada é tão raro quanto uma narração efetivamente verdadeira: "Ainda que a verdade do que se produziu pareça uma coisa simples, não se poderia pensar nada de mais alto".[239] Do passado, jamais percebemos mais do que alguns fragmentos, destacados, isolados: "O que se produziu só é visível em parte no mundo sensível, o resto deve ser sentido, concluído, e mesmo adivinhado".[240] Por trás da ossatura do acontecimento, por trás do laço exterior e aparente que amarra cada um dos elementos, existe um resto e é esse resto que é verdadeiramente essencial, incontornável, já que é ele que liga todos os fragmentos e dá uma forma ao todo.

Quando nos encontramos no coração desse labirinto que é o passado, é preciso tentar dar forma aos acontecimentos e religá-los entre si: "A verdade de todo acontecimento se funda na integração produzida pela parte invisível de cada fato". Desse ponto de vista, além de sua capacidade receptiva, o historiador "possui uma atividade autônoma, e mesmo criadora, não que produza o que não existe, mas [...] dá forma, com suas próprias forças, àquilo que não poderia perceber tal como realmente é pela simples receptividade".[241] Alguns anos mais tarde, Droysen se expressará, também ele, neste sentido: "Trata-se de reconhecer, nesses elementos subsistentes, as totalidades espirituais de que eram a expressão, de projetá-los, como se se tratasse de curvas, de fragmentos de círculo, sobre seu centro e vê-los em seu conjunto a partir desse centro que lhes é próprio".[242] Está aí um gesto difícil e arriscado, mas inevitável: se o fazemos, corremos o risco de nos enganar, mas, não o fazendo, estamos certos de nos enganar. Para além da metáfora, a história é uma atividade morfológica, fundada num duplo movimento: reconstituir de maneira imparcial e crítica dado elemento singular e, ao mesmo tempo, captar seu encadeamento profundo. Humboldt compreende, depois de Schleiermacher e antes de Dilthey, a relação circular que existe entre as partes e o todo: "A inteligência integral do particular supõe sempre o conhecimento do geral sob o qual

---

[239] *Ibid.*, p. 69.
[240] *Ibid.*, p. 67.
[241] *Ibid.*, p. 68.
[242] Johann Gustav Droysen, *Historik, op. cit.*, p. 27.

está compreendido".²⁴³ Se nos limitamos à análise de cada parte, produzimos imagens deformadas, verdadeiras em aparência, mas destituídas de seu sopro vital: "Um historiador digno desse nome deve expor cada acontecimento como parte de um todo, ou, o que dá no mesmo, expor através de cada um a forma da história em geral".²⁴⁴ Sob esse aspecto, o historiador está na mesma posição que o pintor. Com uma desvantagem, entretanto, como recordará Droysen: enquanto o pintor tem sob os olhos o protótipo, o historiador se assemelha a um artista que deve pintar um retrato ou uma paisagem de memória. Com base nos relatos dos outros.²⁴⁵

Para transformar os fragmentos esparsos numa totalidade, para encontrar a verdade da forma, a observação imediata não basta. É preciso, para Humboldt, imaginação:

> Os acontecimentos da história, ainda mais do que os fenômenos do mundo sensível, estão longe de se prestarem a uma leitura direta; sua compreensão é o produto de uma unificação entre seu modo de ser e o sentido que o observador traz de acréscimo, e, como em arte, nem tudo neles se deixa deduzir logicamente por uma simples operação do entendimento, ou se analisar em conceitos. Não se compreende o que é justo, sutil ou dissimilado a não ser que o espírito se encontre numa justa disposição para o compreender.²⁴⁶

O que não significa, de modo algum, que possamos ou devamos inventar o que teve lugar. Isso somente quer dizer – mas é um "somente" que está longe de ser simples" – que a compreensão do passado requer essa "imaginação para a verdade do real", *eine Phantasie für die Wahreit des Realen*, de que falará Goethe quatro anos mais tarde.²⁴⁷ O historiador deve ampliar o máximo possível seu eu, a fim de se deixar penetrar pelas realidades passadas: ele se desincumbe tanto mais perfeitamente de sua tarefa quanto mais deixa agir

---

[243] Wilhelm Von Humboldt, *La tâche de l'historien, op. cit.*, p. 77.
[244] *Ibid.*, p. 72.
[245] Johann Gustav Droysen, *Historik, op. cit.*, p. 229.
[246] Wilhelm Von Humboldt, *La tâche de l'historien, op. cit.*, p. 76.
[247] Cf. *Conversations de Goethe avec Eckermann*, traduzido do alemão por Jean Chuzeville, Paris, Gallimard, 1988, p. 157 (25 de dezembro de 1825).

sua humanidade.[248] Como o artista, realiza uma obra de imitação e busca, ele também, a verdade profunda, obscurecida pela realidade fenomenal. Mas seu desígnio é totalmente diferente. Em vez de se elevar acima da realidade, mergulha nela: assim subordinada, a *Phantasie* "não age como imaginação pura, e se nomeia portanto mais justamente intuição e talento de coordenação".[249]

No curso desse mergulho no passado, o historiador visa à ideia. Por trás dos fatores estruturais (seja de ordem mecânica, seja de ordem biológica), que dessecam a vida histórica, e por trás das paixões humanas, que reduzem a tragédia da história a um drama da vida cotidiana, há sempre a força imprevisível da ideia. Esta se exterioriza como um prodígio (*"wie ein Wunder"*).[250] Estão aí proposições muito complexas que, ao longo dos decênios seguintes, favoreceram uma leitura idealista do célebre discurso de 1821: o próprio Wilhelm Dilthey falará de visão antiquada, ainda ligada a uma abordagem metafísica. Esse julgamento me parece excessivamente severo. Não há dúvida de que, para Humboldt, a ideia é a parte mais viva e mais durável da realidade, aquela que se situa fora do círculo do finito. Como escreve desde 1814:

> A humanidade só pode viver e agir no seio de uma natureza inteiramente corporal em sua manifestação, e leva em si mesma uma parte dessa natureza. O espírito, que a domina, sobrevive ao indivíduo singular, e o mais importante na história mundial é portanto a observação desse espírito que perdura, toma formas diversas, e muitas vezes desaparece novamente.[251]

Sua concepção da ideia é, no entanto, bem menos idealista do que parece à primeira vista. Ele mesmo o diz, incidentalmente, quando declara que a ideia não provém do exterior, não precede a vida, mas que se trata de uma força profundamente enraizada no seio do homem, que se revela no coração dos acontecimentos. É por isso que o momento inicial, no curso do qual se manifesta o novo,

---

[248] Wilhelm von Humboldt, *La tâche de l'historien*, op. cit., p. 70.
[249] *Ibid.*, p. 68-69.
[250] *Ibid.*, p. 82.
[251] Wilhelm von Humboldt, *Considérations sur l'histoire mondiale*, op. cit., p. 51.

reveste uma importância crucial. Porque estima que os grandes acontecimentos não aparecem gradualmente, e sim sob a forma de súbitos impulsos criativos, Humboldt visa sobretudo à ideia em estado nascente, sua primeira fagulha: "O ofício do historiador consiste, em sua determinação última, que é também a mais simples, em expor como uma Ideia tende a ganhar existência na realidade".[252]

IV

O elemento em que evolui a história é o sentido da realidade, diz Humboldt. Johann Gustav Droysen, autor da *História de Alexandre, o Grande* (1833) e da *História do helenismo* (1836-1843), retoma a fórmula colocando-a no plural: a história deve reavivar e alimentar o sentido das realidades. Por ocasião do *Historik*, curso sobre o método histórico que ficou célebre, proferido dezoito vezes entre 1857 e 1882, diante de seus estudantes de Iena e de Berlim, Droysen sublinha reiteradas vezes o caráter antropomórfico de sua reflexão.[253] Para ele, a história só existe em presença do ser humano, que chega, através de seus tormentos, a escolhas:

> Pode-se dizer que cada grão de trigo é [histórico], uma vez que contém idealmente toda a vida da planta; o mesmo se dá para cada pedra, uma vez que resulta de uma multiplicidade de momentos físicos, químicos, telúricos, que nela se perfizeram. Não existe ente que não tenha seu devir, sua história. É, consequentemente, totalmente normal que se fale de história natural, de história evolutiva do animal, da planta, da doença, etc. Mas uma sensação imediata nos diz que não é a história no sentido em que a entendemos; que a pedra e o grão de trigo têm é claro uma história, mas sem memória nem esperança, sem consciência; uma história que só podemos chamar história metaforicamente, pois se trata de um processo essencialmente marginal, uma simples sucessão de mutações exteriores, desprovidas de um eu.[254]

---

[252] Wilhelm von Humboldt, *La tâche de l'historien*, op. cit., p. 87.

[253] Para uma apresentação da teoria da história de Droysen, cf. Horst Walter Blanke, Dirk Fleischer e Jörn Rüsen, "Theory of History in Historical Lectures: The German Tradition of Historik, 1750-1900", *History and Theory*, 1984, 23, 3, p. 331-356; Alexandre Escudier, "Refonder les sciences historiques. L'odyssée du monde éthique chez Droysen", introduction à Johann Gustav Droysen, *Précis de théorie de l'histoire*, Paris, Éditions du Cerf, 2002, p. 7-28.

[254] Johann Gustav Droysen, *Historik*, op. cit., p. 12-13.

Diferentemente da planta e do animal, o ser humano não é simplesmente um exemplar de sua espécie, porque está escrita em sua essência a capacidade de começar e de desviar: "Ele não tem apenas uma vida marginal na natureza, mas é, por assim dizer, um novo início".[255] Trata-se de uma singularidade, de um "impulso infinito para ser eu", capaz de cultivar sua diversidade: "Ele constrói seu corpo físico segundo as leis da natureza, [...] mas a parte mais tênue, seu corpo morfológico, ético, ele o constrói a partir da essência que *está* nele, ou melhor, que não está, mas que devém e quer incessantemente devir".[256] Por um trabalho sustentado e progressivo, ele encontra a força, não sem dor, de escolher: "Todo seu ser evolui no quadro das *relações éticas*". Esse impulso do querer é comum a todos, concerne ao eu de um pensador ou de um artista tanto quanto àquele "de um negro inculto ou de um indolente copta (*kopthen*)".[257]

O que interessa Droysen é justamente esse tipo de forma (*Formgebung*) individual:

> As cores, o pincel, a tela de que se servia Rafael, eram feitos de matérias que ele próprio não havia criado: aprendera com tal ou tal pintor, desenhando e pintando, a utilizar esse material; a representação da Virgem, dos santos, dos anjos, encontrava-a na tradição da Igreja; tal monastério encomendava-lhe uma imagem em troca de uma justa retribuição; mas, segundo a fórmula $A = a + x$, o mérito de que nessa ocasião, a partir destas condições materiais e técnicas, sobre a base de tais tradições e de tais ideias, tenha vindo à luz a [Madona] Sistina recai sobre o infinitamente pequeno x. E é sempre assim.

Embora infinitamente pequeno, o x é fundamental, já que é ele que dá à história seu movimento:

> Mesmo se as estatísticas indicam que num país dado nascem numerosos filhos ilegítimos, se na fórmula $A = a + x$ o a compreende todos os momentos que explicam como, entre mil moças, vinte, trinta ou mais procriam fora do casamento [...], entre estas vinte, trinta culpadas, será difícil que uma só se console com

---

[255] *Ibid.*, p. 23.
[256] *Ibid.*, p. 27.
[257] *Ibid.*, p. 365.

a ideia de que a lei estatística "explica" seu caso; nos remorsos das noites passadas a chorar, algumas delas convirão em seu mais íntimo que na fórmula $A = a + x$, o infinitamente pequeno x tem um peso desmesurado, que abarca todo o valor moral da pessoa humana, isto é, seu único valor.[258]

Atento ao caráter voluntário da vida humana, Droysen recusa toda conotação objetiva do povo e, especialmente, aquela que se refere à raça: a transferência de critérios exteriores à etnografia e à história foi para ele uma das piores aplicações do método das ciências da natureza, e foi particularmente nociva em seus efeitos.[259] Droysen não podia imaginar o que adviria, em nome do índice cefálico, alguns decênios mais tarde. Mas observa que repertoriar três, cinco, sete raças diferentes, repartindo-as segundo a forma da cabeça (dolicocéfala, braquicéfala, etc.), não faz sentido algum, já que existem mil variantes e formas intermediárias. Sem contar, recorda ainda, que cada povo se transforma no tempo: sua essência não é um fato natural, originário, mas o produto de mediações sociais e políticas. É por isso que "o que veio a ser [e foi produzido] historicamente se torna uma natureza inata dos homens". Assim, os judeus "não são, mas apenas se tornam algo de naturalmente unitário": "O desejo da unidade é um resultado histórico e, uma vez presente enquanto resultado histórico, compreende e abarca todos aqueles que dele fazem parte com toda a força da determinação natural".[260] Também nesse caso, a identidade do povo consiste na consciência, no desejo de unidade, seja lá de que natureza for. É evidente aos olhos de todos que um povo tem bem pouco de originário e nada de intangível, e que se trata de uma estratificação histórica: "O que poderia convencer os Magiares da Hungria e os habitantes da Venécia a se desfazerem de seu caráter popular para ajudar a construir um novo povo imperial austríaco? Eles têm em seu caráter popular certo tesouro, mesmo se a perspectiva neoaustríaca está à espreita, ansiosa para se desdobrar como sempre está o novo. Tanto melhor para eles se o perigo que os ameaça assim tem a força de arrastá-los em si

---

[258] Johann Gustav Droysen, "Die Erhebung der Geschichte zum Rang einer Wissenschaft", *op. cit.*, p. 13-14.
[259] Johann Gustav Droysen, *Historik, op. cit.*, p. 311.
[260] *Ibid.*, p. 305.

mesmos para um novo impulso vital; se não fosse assim, esgotariam suas últimas forças na batalha contra o novo".[261] Ademais, o próprio conceito de origem lhe parece suspeito, especialmente quando se crê encontrar na origem a essência da coisa, o núcleo vital decisivo de um povo ou de uma religião. Mas o que é o último e o mais interno? De fato, o começo não é mais que uma abstração: "Não é apenas um começo, mas ao mesmo tempo o fim e a conclusão de uma série de mediações". Na história, assim como na biografia, nada jamais começa de nada, cada novo nascimento amalgama resíduos e fragmentos precedentes: "Se quiséssemos observar a vida de um homem, de Napoleão, de Goethe, sua primeira obra, sua juventude, mesmo seu nascimento seria um início muito relativo; ele vive já no ventre materno sua história embrionária, a saber, uma quantidade de influxos que são, é claro, inconscientes".[262]

Desejoso ele também, como Humboldt, de defender o direito de cada um a *criar*, Droysen superpõe os conceitos de ético e de histórico:

> A geologia ensina como, por imensas convulsões, tudo agiu na direção de uma individualização da massa planetária inerte do corpo terrestre a partir do movimento sideral [...] A história é, por assim dizer, a continuação amplificada desse processo, não é mais do que uma nova, uma mais intensa oxidação, de certa forma a ferrugem nobre (*aerugo nobilis*) da superfície terrestre; recobre essa superfície com um estrato espiritual e ético, grava nela a marca do ser humano consciente.[263]

Mas superposição não significa coincidência. Sendo um prodigioso encavalamento de casos, de situações, de interesses, de conflitos, o mundo ético pode ser considerado a partir de vários pontos de vista diferentes: técnico, prático, moral, etc. A história o apreende em seu devir, em seu impulso, em seu movimento: "Ela concebe os fenômenos do mundo ético segundo seu ter-se-tornado; propõe-lhes, ainda que presentes *hic et nunc*, o olhar retrospectivo graças ao qual eles aprendem a conhecer a si mesmos".[264] Nessa perspectiva, a ideia

---

[261] *Ibid.*, p. 306-307.
[262] *Ibid.*, p. 161.
[263] *Ibid.*, p. 15.
[264] *Ibid.*, p. 61.

de inevitabilidade histórica não tem sentido algum. Se a história quisesse verdadeiramente fazer valer que é preciso explicar o que é a partir do que foi, excluiria então a livre ação ética. Eis porque o historiador deve renunciar a explicar (*erklären*) o passado:

> Não explicamos. A interpretação não é a explicação do que é subsequente a partir do que é antecedente, do que veio a ser como resultado *necessário* das condições históricas, mas a interpretação do que está presente, desatando e decompondo de certa forma esse material opaco em toda a riqueza de seus momentos, dos inumeráveis fios que se ligaram num nó que, por assim dizer, se reaviva e chega à palavra através da arte da interpretação.[265]

Podemos compreender porque em nós, os sucessores, encontram-se as mesmas categorias éticas e intelectuais que inspiraram as condutas humanas no passado.[266] Mas não podemos nem explicar nem mesmo atingir os fatos puros: "O fato que denominamos batalha, congresso ou concílio, grande tratado de paz, não é de maneira alguma um fato, mas antes uma abstração pela qual a consideração humana resume uma quantidade de fatos".[267] Persuadidos de que a originalidade e a originariedade coincidem, Niebuhr e Ranke haviam atribuído ao historiador a tarefa de encontrar a experiência primeira – a objetividade do fato –, dissolvendo os estratos sucessivos acumulados no curso do tempo. Trata-se para Droysen de uma concepção ingênua e acanhada do fato histórico: "Infatigável na 'crítica das fontes', [a escola crítica] acreditava poder chegar até os fatos puros".[268] Ele afasta a ideia de pesquisa objetiva em que vê apenas uma banalidade extraviadora:

> Só o que é destituído de pensamento é efetivamente objetivo. A partir do momento em que o pensamento toca e abarca as coisas, estas cessam de ser objetivas. [...] Aqueles que veem como tarefa suprema do historiador o fato de nada acrescentar de pessoal, mas de dar simplesmente a palavra aos fatos, não se

---

[265] *Ibid.*, p. 163.
[266] *Ibid.*, p. 22. Cf. Thomas Burger, "Droysen and the Idea of *Verstehen*", *Journal of History of the Behavioral Sciences*, 1978, XIV, 1, p. 6-19; Michael MacLean, "Johann Gustav Droysen and the Development of Historical Hermeneutics", *History and Theory*, 21, outubro de 1982, p. 347-365.
[267] Johann Gustav Droysen, *Historik*, *op. cit.*, p. 114.
[268] *Ibid.*, p. 11.

dão conta de que os fatos não falam a não ser pela voz daqueles que os conceberam e compreenderam.[269]

Observa igualmente que o caráter original da fonte não é forçosamente uma garantia de verdade, a tal ponto que as falsificações históricas podem se tornar testemunhos extremamente preciosos: "A crítica [...] torna em certo sentido novamente autêntico o que foi reconhecido como inautêntico, o que quer dizer que ela lhe atribui seu lugar, as relações que lhe cabem e no seio das quais ele assume toda sua significação".[270]

Apesar de sua importância, a crítica das fontes não constitui, portanto, a essência da pesquisa histórica: "É lá que me afasto cientemente do método hoje em voga entre meus confrades: eles o qualificam de método crítico, enquanto eu coloco em primeiro plano a interpretação".[271] Com efeito, o material histórico é sempre, ao mesmo tempo, rico e lacunar demais: "Se colocássemos junto todas as *memórias* que é possível encontrar, todos os tratados e as correspondências da época napoleônica, não obteríamos nem mesmo uma imagem fotograficamente correta da época; o que encontramos nos arquivos não é a história, mas são os negócios do Estado e da administração em sua desoladora extensão, que estão tão longe de ser história quanto algumas manchas de cores numa paleta estão de formar um quadro".[272] Com mais forte razão, a ideia de que os fragmentos do passado sobreviveram em virtude de seu valor e de sua significação é uma ilusão, uma vez que os próprios processos de conservação são extremamente aleatórios. Desta forma, não podemos nos contentar em compreender *a* documentação, é-nos preciso pensar *a partir da* documentação.[273]

---

[269] *Ibid.*, p. 218.
[270] *Ibid.*, p. 127.
[271] *Ibid.*, p. 11.
[272] *Ibid.*, p. 21. De fato, em *Vorwort*, in *Weltgeschichte*, Leipzig, 1888, t. IX, parte II, p. VII-IX, Ranke opõe o elemento singular às abstrações da filosofia da história. Mas contesta os historiadores que consideram a história como "uma enorme barafunda de fatos" e sublinha que o historiador parte do elemento singular para chegar a uma "visão geral dos acontecimentos, ao conhecimento da conexão que existe objetivamente nestes".
[273] Hippolyte Taine, *Histoire de la littérature anglaise*, Paris, Hachette, 1885, exprime-se em termos similares quando compara o documento histórico a uma concha fóssil, simples meio para remontar a uma totalidade viva.

A esse respeito, Droysen afirma que o elemento singular só pode ser apreendido no momento em que é ultrapassado: "Nossa compreensão se endereça inicialmente ao elemento singular. Mas este é a expressão de uma totalidade que se nos torna compreensível justamente graças a ele, enquanto exemplo; e nós a compreendemos na medida em que conseguimos atingir, a partir destas totalidades marginais, o centro determinante da totalidade".[274] A exemplo de um profeta voltado para o passado (como o via Schelling), o historiador usa o fragmento para deixar filtrar um presságio do todo.[275] É por essa razão que deve renunciar aos diferentes eus reais, imediatos, que povoam o passado. Droysen imagina um ateliê onde gravadores, cinzeladores, soldadores trabalhariam em concerto na criação de uma escultura metálica e comenta que, querendo descrever o que cada um faz exatamente, não se obtém nenhum conhecimento efetivo da estátua que todos contribuem, no entanto, a construir. Isso equivale a postular que o eu empírico deve ser tratado como forma fenomenal do eu universal: se existe uma história "podendo legitimamente ser definida como história, [...] só pode ser aquela em que o eu universal se manifesta em seu devir".[276] Como escreve abruptamente em *Grundriss der Historik*, a história se situa acima das histórias: "Tal casamento, tal obra de arte, tal Estado particular, são – respectivamente – para a ideia da família, do Belo e da potência o que o eu empírico efêmero é para o eu em cujo elemento o filósofo pensa, o artista cria, o juiz julga, e o historiador conduz suas pesquisas. É este eu geral, o eu da humanidade, que é o sujeito da história".[277]

Resolvido a defender a *história* contra as *histórias*, Droysen renega, nas últimas páginas do *Historik*, todas suas reflexões sobre a natureza multiforme do passado. O Homem universal se sobrepõe aos seres humanos, e a história é recentrada, uma vez ainda, sobre a ideia de progresso: "O que importa, é a corrente das águas, a direção

---

[274] Johann Gustav Droysen, *Historik*, op. cit., p. 28.
[275] *Ibid.*, p. 38.
[276] *Ibid.*, p. 392. Nessa óptica, Droysen emprega o termo de *micro-história* e a define como "a micrologia que vê em pequeno as grandes coisas e em grande as pequenas; é o tipo de consideração própria à falta de cultura, que aceita apreender o que a concerne sem conexão com o que é elevado e supremo, e tê-lo como importante pelo simples fato de a concernir".
[277] Johann Gustav Droysen, *Précis de Théorie de l'Histoire*, op. cit., p. 86.

da corrente, e não as massas deslocadas em tal ou tal momento, nem mesmo os bancos de areia. Não é portanto tal povo, tal país que conta [...], mas apenas aqueles que estão inseridos no movimento da história".[278] Trata-se aí de uma virada maior que lhe permite, entre outras coisas, manter a ilusão da preeminência histórica do mundo ocidental: "No plano etnográfico, é importante conhecer todos os povos e suas condições e, se o gênero humano fosse semelhante a qualquer outra espécie de criaturas, isso poderia bastar. Mas o gênero humano tem sua essência no progresso, na história. A história é o conceito genérico da humanidade. E o movimento ascendente contínuo, o *summum* que guia o processo, é inerente a esse conceito. Eis porque – se essa tautologia não nos repugna – reivindicamos a história da civilização unicamente para os povos civis".[279]

V

Na virada do século XX, em pleno debate sobre o método histórico, o *Methodenstreit*, os pensamentos de Humboldt, de Ranke e de Droysen reencontram sua importância. Filósofos, sociólogos, economistas, historiadores se interrogam sobre o estatuto de suas disciplinas. Existe um só tipo de conhecimento? As ciências humanas devem se conformar ao modelo das ciências da natureza? Devem privilegiar o princípio de causalidade? E se as generalizações não fossem mais do que lugares-comuns?

A polêmica explode entre os historiadores em 1896, quando Karl Lamprecht, que acaba de terminar uma monumental *Deutsche Geschichte*, publica um artigo complexo em que assimila a história à psicologia aplicada, que estaria assim em condições de estabelecer as leis gerais do devir.[280] A intervenção mais notável, por sua riqueza, mas também por sua inoportunidade, é sem dúvida aquela de Eduard Meyer. Esse historiador é célebre sobretudo fora de sua disciplina por ter assinado, assim como o filólogo

---

[278] Johann Gustav Droysen, *Historik, op. cit.*, p. 372.
[279] *Ibid.*, p. 380-381.
[280] Cf. "Was ist Kulturgeschichte?", *op. cit.* Quanto à reflexão de Lamprecht, cf. o capítulo "O limiar biográfico".

Ulrich von Wilamowitz-Moellendorff, o físico Max Planck e o filósofo Wilhelm Windeband, o *Manifesto dos 93* que, em 4 de outubro de 1914, defendia a invasão alemã da Bélgica. Ele foi um dos mais ferventes e irredutíveis *adoradores do Estado* que a Alemanha produziu antes da grande catástrofe. Por estimar que o homem singular, postulado pela doutrina do direito natural e pelas doutrinas contratuais, é uma construção abstrata, afirma que a humanidade se constituiu em formas associativas desde a origem. Em outros termos, na querela, política por definição, sobre a origem do Estado, sustenta que esse não é uma construção histórica, mas prolonga uma forma originária e eterna da coletividade humana.[281] A Primeira Guerra Mundial teria tido assim o grande mérito de manifestar a centralidade absoluta do Estado e de obrigar os seres humanos a finalmente sentirem na pele sua insignificância enquanto indivíduos...[282] Mas Meyer é igualmente um grande antiquizante, um profundo admirador de Tucídides e o autor de uma obra notável, *História da Antiguidade*,[283] que, durante os decênios precedentes, defendeu vigorosamente o valor da autonomia pessoal. Convidado à Universidade de Halle, em 14 de junho de 1902, pronuncia uma conferência em que critica Lamprecht por ultrajar a riqueza infinita da história: "As figuras vivas são suplantadas por pálidos fantasmas e vagas generalidades. Ainda que as novas fórmulas fossem escolhidas com primor e conseguissem evocar imagens mais precisas, ganharíamos bem pouco com isso, justamente porque elas devem deter-se naquilo que é mais geral, jamais podendo assim fazer justiça à infinita multiplicidade da vida".[284]

---

[281] Cf. Luigi Capogrossi Bolognesi, "Eduard Meyer e le teorie sull'origine dello Stato", *Quaderni Fiorentini per la storia del pensiero giuridico*, 1984, XIII, p. 451-469.

[282] Sobre a posição política de Meyer, cf. Luciano Canfora, *Ideologie del classicismo*, Turin, Einaudi, 1980; Luciano Canfora, *Intelettuali in Germania tra reazione e rivoluzione*, Bari, De Donato, 1979. A propósito dos constantes amálgamas entre história e política, Francesco Bertolini ("Eduard Meyer, uno storico universale", *Quaderni di storia*, 1991, XVII, 34, p. 165-182) sublinha que em 1914 Meyer compara a Primeira Guerra Mundial à guerra anibaliana, sustentando que a Alemanha tem o mesmo papel que Roma (sua derrota significaria o advento da supremacia continental da Rússia), enquanto que, já no fim do conflito, descreve a Alemanha como Cartago e Paul von Hindenburg como o defensor do pluralismo de Estado em face do poder mundial, encarnado pelos Estados Unidos.

[283] Eduard Meyer, *Histoire de l'Antiquité* (1884-1902), traduzido do alemão por Maxime David, Paris, E. Geuthner, 1912.

[284] Eduard Meyer, *Zur Theorie und Methodik der Geschichte*, op. cit, p. 12.

Para Meyer, a livre vontade (*freie Wille*) e o acaso (*Zufall*) assumem importância crucial.[285] Apesar do peso das circunstâncias exteriores, os indivíduos estão livres para efetuar escolhas voluntárias: "Na vida real imputamos a causa de nossas ações e daquelas de outrem a uma vontade que é, por certo, influenciada por reflexões, por disposições psíquicas, pela pressão dos outros, mas que não é menos livre em sua decisão".[286] A conquista da Ásia repousa sobre uma decisão de Alexandre que Felipe ou Parmênio não teriam tomado, assim como a guerra dos Sete Anos e a de 1866 são o fruto da personalidade de Frederico II e de Bismarck: outras personalidades teriam procedido diversamente, e o curso da história teria tomado uma direção totalmente diferente. Ademais, existem milhares de exemplos concretos de incidentes fortuitos que marcaram o curso da história e cujos efeitos ainda são constatados séculos mais tarde. O acaso quis que os atentados contra Guilherme I e Bismarck falhassem e que aqueles contra Alexandre, Cesar ou Alexandre II da Rússia dessem certo; o mesmo sucede com Gustave Adolphe, morto no campo de batalha de Lützen, enquanto outros valentes comandantes escapavam; ou com Rafael e Schiller, mortos tão jovens, ao contrário de Michelangelo ou de Goethe. Em suma,

> [...] quem quer expulsar o acaso e o querer da história, ou rebaixá-los à categoria de elementos contingentes, não somente anula toda sua vitalidade florescente, [...] mas destrói completamente sua essência para substituí-la por fórmulas (como individualismo, ou economia natural e monetária, ou luta pela existência, ou luta de classes), às quais falta um conteúdo concreto.[287]

Quando fala de acaso ou de liberdade, Meyer não pensa nem numa força metafísica nem numa substância mítica. Sua óptica é puramente lógica. A oposição entre liberdade e condicionamento causal não está enraizada nas coisas, mas depende dos pontos de vista:

---

[285] Assim como Goethe, ele crê firmemente que "nada acontece de irracional que a razão ou o acaso não possam reconduzir à regra. Nada acontece de racional que a razão ou o acaso não possam fazer desviar". Cf. Johann Wolgang Goethe, *Maximen und Reflexionen, op. cit.*, n. 70, p. 31.
[286] Eduard Meyer, *Zur Theorie und Methodik der Geschichte, op. cit*, p. 20-21. Cf. igualmente, Eduard Meyer, "The development of individuality in Ancient History" (1904), in *Kleine Schriften, op. cit.*
[287] Eduard Meyer, *Zur Theorie und Methodik der Geschichte, op. cit.*, p. 28.

se consideramos o passado como alguma coisa que aconteceu, que se estabilizou, se realizou [*das Gewordene*], ou, ao contrário, como um processo movente e em constante devir [*werdend*]. O historiador deve escolher a segunda opção, já que, no mundo do espírito, os processos causais nada têm de mecânico, não são o efeito de leis naturais agindo cegamente, mas formam um entrelaçamento de representações e de motivos que provocam e determinam a decisão humana. Assim, o resultado jamais é necessário enquanto não tiver ocorrido, ele não é mais do que uma das infinitas possibilidades que existem: "Para que se torne realidade, depende da livre vontade que avalia as razões, estabelece objetivos e age em vista desses objetivos. [...] Em toda ação humana, jamais vamos além do *eu quero* como causa imediata; assim, quando tentamos compreender um ato voluntário que teve lugar como se estivesse em devir, jamais podemos afirmar que a decisão não poderia ter sido tomada em sentido inverso".[288] Pela mesma razão, o acaso e a necessidade não são propriedades inerentes às coisas, mas categorias lógicas relativas. Se todo acontecimento é a um só tempo causa e efeito, de acordo com o ponto de vista de que se o observa, do mesmo modo ele é tão necessário quanto acidental: "Ele nos parece necessário se o consideramos no encadeamento de sua própria série causal, enquanto fim último desta; ele nos parece acidental se o vemos do ponto de vista de uma série causal exterior, com a qual interfere no tempo e no espaço e sobre a qual exerce um efeito".[289]

Sublinhando a importância da livre vontade e do acaso, Meyer corrobora o destino singular da história: "Diferentemente das ciências naturais, a história jamais lida apenas com a água, com o ar e com as leis que os regem, mas se refere a este copo d'água bem real e 'singular' ou a esta chama".[290] Embora fundamentais, as condições gerais nunca são, em si mesmas, fatores históricos. Quando muito, constituem uma base que age em negativo e traça os limites no seio dos quais permanecem as possibilidades infinitas do curso da história: "A mutação de uma dessas possibilidades em realidade, ou em fato histórico, procede dos fatores

---

[288] *Ibid.*, p. 19-20.
[289] *Ibid.*, p. 23.
[290] *Ibid.*, p. 28.

individuais últimos".[291] Nesta perspectiva, a noção de lei histórica fica destituída de sentido. Se a livre vontade e o acaso desempenham papel fundamental na vida humana, religar os fatores individuais às leis gerais não pode então bastar (como o próprio Meyer pensava poder fazer durante certo tempo). Tratar-se-ia de um compromisso hipócrita. É preciso reconhecer que não existem leis históricas, que o conceito de lei histórica é antinômico: "Em verdade, no curso de longos anos de pesquisa histórica jamais descobri uma lei histórica ou tive conhecimento de uma lei histórica encontrada por quem quer que seja".[292] Mesmo no domínio da economia, só existem regras deduzidas por comparação e por analogias. Como o princípio segundo o qual certas formações políticas estão ligadas a certas fases do desenvolvimento econômico; ou a ideia de acordo com a qual um povo incapaz de assegurar suas necessidades alimentares deveria se consumir em lutas intestinas e necessariamente tentar prove-los alhures, através de razias ou do desenvolvimento do comércio e da indústria; ou ainda o postulado de que o aumento do bem-estar acarretaria uma degenerescência da força física da população. O conhecimento histórico não confirma nenhum desses princípios:

> Considerados em si mesmos, sob o aspecto histórico, não são mais do que conceitos vazios: ainda recebem seu conteúdo graças à infinita riqueza da multiplicidade, que está contida nos processos históricos particulares. [...] A necessidade que constitui a essência de uma lei natural (segundo a qual quando *A* se produziu, *B* deve forçosamente ter lugar) está inteiramente ausente em todas essas regras; elas assinalam apenas a possibilidade – e frequentemente várias possibilidades lado a lado – do curso histórico por vir.[293]

Se nenhuma lei do social é identificável, a culpa não é da insuficiência intelectual dos historiadores, nem das deficiências da documentação. A ausência de leis é a própria essência da história: "Em todo momento concorre uma massa de fatores, e cada um é por sua

---

[291] *Ibid.*, p. 55.
[292] *Ibid.*, p. 32.
[293] *Ibid.*, p. 33.

vez o efeito de um grande número de outros fatores; as séries causais se ramificam a contrapelo em cada um deles até o infinito, à imagem da árvore genealógica de cada homem".[294] Dito de outro modo, no mundo histórico a causa não é um fator, mas um processo no qual se entrecruzam incessantemente uma multidão de elementos. Como já escrevera Wilhelm von Humboldt em 1791, cada ação humana é o produto de inumeráveis forças agentes e o mesmo se dá, mas de maneira exponencial, com os acontecimentos coletivos.[295] Sem dúvida, seria possível estabelecer certas regularidades no caso de um homem que vivesse isolado num meio constante, ou de gerações sucessivas sem contato com o exterior. Mas esses casos não existem: na realidade histórica, não são mais do que abstrações, construções ideais inadequadas à compreensão do passado. É por isso que o historiador procede de maneira retrospectiva, ascendente: ele só pode indicar *a posteriori* as razões do que adveio e nunca estará em condições de predizer os acontecimentos por vir, nem mesmo aqueles do dia seguinte.[296]

O acento posto sobre o querer permite a Meyer escapar, por um triz, a uma concepção naturalista, *objetiva*, da nação. Durante os anos difíceis que seguiram a guerra franco-prussiana de 1870, numerosos historiadores alemães (a começar pelo Prêmio Nobel Theodor Mommsen) recusam o princípio de autodeterminação dos povos, sustentando a teoria da nacionalidade inconsciente, segundo a qual o pertencimento nacional tem valor superior e antecedente a toda vontade singular e coletiva.[297] O que significa dizer cruamente que a Alsácia e a Lorena devem fazer parte do novo Reich, pois são alemãs no plano linguístico, cultural, religioso e racial. Ora, a despeito de sua adoração pela Prússia, Meyer não partilha essa ideia. Seguro do fato de que os valores são tais graças à livre vontade do homem, afirma que as nações nada têm de dado, de necessário ou de originário. São, ao contrário, produções históricas extremamente complexas e estratificadas:

---

[294] *Ibid.*, p. 50. Cf. Heinrich Rickert, *Die Grenzen der naturwissenschaftlichen Begriffsbildung*, Tübingen, J. C. B. Möhr, 1902, p. 251-257; Georg Simmel, *Les Problèmes de la philosophie de l'histoire. Une étude d'épistémologie* (1892), traduzido do alemão por Raymond Boudon, PUF, 1984, cap. 2.

[295] Wilhelm von Humboldt, *Über die Gesetze der Entwicklung der menschlichen Kräfte, op. cit.*

[296] Esta ideia, partilhada por Wilhelm Dilthey, é criticada por Max Weber que insiste na previsibilidade do comportamento humano: *Études critiques pour servir à la logique des sciences de la culture* (1906), in *Essais sur la théorie de la science*, traduzido do alemão por Julien Freund, Paris, Plon, 1965, p. 215-324.

[297] Cf. Theodor Mommsen, "Lettere agli italiani (1870)", *Quaderni di storia*, 1876, II, n. 4, p. 197-247. A ideia de nacionalidade inconsciente será retomada a seguir na Itália pelo primeiro-ministro Francesco Crispi.

Todas as nações presentes na Europa são produtos históricos extremamente tardios, constituídos sob a influência dos acontecimentos mais disparatados". Com palavras muito próximas daquelas que usam à mesma época os *inimigos* Ernest Renan e Fustel de Coulanges, Meyer acrescenta que a

> [...] nacionalidade não repousa necessariamente sobre a unidade do grupo étnico, sobre os laços de parentesco estreitos de um ou de vários grupos humanos, ou sobre a homogeneidade da língua, dos costumes, da religião, etc.; ela não é de modo algum [...] a expressão destas manifestações, em que a unidade originariamente inconsciente se teria tornado consciente com a evolução histórica; ao contrário, a maior parte das nações compreende grupos étnicos muito diferentes.[298]

Certamente não é a etnia que faz a nação: existem no Reino Unido ao menos seis diferentes grupos étnicos (ingleses, escoceses, galeses, celtas, judeus, irlandeses de língua inglesa e de língua celta). Não é tampouco a língua: os suíços e os alemães pertencem ao mesmo grupo étnico, falam a mesma língua, mas não querem ser confundidos. E também não é o Estado: os italianos e os alemães perceberam seu pertencimento nacional comum, mesmo provindo de vários Estados diferentes. Em suma,

> A nacionalidade repousa sobre o querer, a saber, uma ideia. Uma nacionalidade é afirmada por esses grupos humanos que, sobre a base de uma tendência qualquer, querem formar uma unidade e querem se engajar ativamente nesse sentido: a atividade faz parte disso; graças a ela distingue-se a nacionalidade do grupo étnico. A unidade política e a independência constituem a atividade suprema e geralmente o objetivo a que tende hoje a nacionalidade, mas não estão necessariamente incluídas em seu conceito.[299]

Essa defesa vibrante do querer individual suscita duas questões bastante delicadas. A primeira concerne à fronteira entre o social e o individual, e a segunda, à seleção do passado. Assim como Droysen,

---

[298] Eduard Meyer, *Zur Theorie und Methodik der Geschichte, op. cit.*, p. 38.
[299] *Ibid.*, p. 40. Cf. Ernest Renan, *Qu'est-ce qu'une nation?* (1882), in *Oeuvres complètes d'Ernest Renan*, Paris, Calmann-Lévy, 1947; Numa Fustel de Coulanges, *L'Alsace est-elle allemande ou française? Réponse à Monsieur Mommsen* (1870), in François Hartog, *Le XIXᵉ siècle et l'histoire. Le cas de Fustel de Coulanges*, Paris, Éditions du Seuil, 1988, p. 398-404.

Meyer pensa que o ser humano é formado de duas partes diferentes, contíguas mas distintas:

> Aos fatores que influem sobre o querer do indivíduo, sejam eles processos naturais ou as ideias de outrem, é preciso acrescentar como fator decisivo o caráter espiritual deste indivíduo; sobre esse caráter repousa com efeito a essência da decisão, tanto o sentido que toma quanto a energia com que é tomada, firmemente mantida, executada – ou também, ao contrário, a falta de uma decisão firme, donde para aquele que é posto em causa o abandono sem vontade aos acontecimentos.[300]

Em outros termos, existe uma substância externa, que tem os traços da uniformidade e que representa a necessidade: aí está tudo o que Napoleão ou Bismarck tinham em comum com os outros homens. E há uma substância interna, fechada, associal, impermeável ao mundo, que se desenvolve em plena e absoluta autonomia: ela varia de uma pessoa a outra, é única e representa a liberdade. A atividade ética é o produto desse fechamento e está, por conseguinte, ligada à natureza transcendente, não empírica, do indivíduo:

> Infinitas impressões e ideias chegam incessantemente a cada um, pelos sentidos, pela educação, através da relação com os outros, o divertimento e a instrução, a leitura: mas em todas as épocas culturais, das mais primitivas às mais evoluídas, cada homem se distingue dos outros pela maneira como as absorve e ainda mais pelo que aí põe de si mesmo. Que ele traga novas ideias criativas, no domínio da arte, do valor ou do pensamento reflexivo e científico, depende *exclusivamente* de sua individualidade: essas novas ideias se manifestam *espontaneamente* nele.[301]

O *social* e o *individual* são apresentados como duas substâncias diferentes, que podem se influenciar reciprocamente, mas que permanecem sempre, o que quer que aconteça, separadas e profundamente estranhas uma à outra, cada uma por sua conta, e mesmo uma contra

---

[300] Eduard Meyer, *Zur Theorie und Methodik der Geschichte, op. cit.*, p. 17-18. Nesses mesmos anos, essa ideia de que no indivíduo coexistem duas consciências, uma individual e a outra coletiva, é partilhada por Émile Durkheim: cf. François-André Isambert, "Durkheim et l'individualité", *in* William S. Pickering e William Watts Miller (dir.), *Individualism and Human Rights in the Durkheimian Tradition*, Oxford, British Centre for Durkheimian Studies, 1993, p. 5-31.

[301] Eduard Meyer, *Zur Theorie und Methodik der Geschichte, op. cit.*, p. 18: grifos meus.

a outra numa relação de tensão. Assim, um limiar íntimo e fugidio reveste os traços de uma fronteira física clara e definitiva. Essa concepção dicotômica se abre sobre um abismo.[302] Insiste na necessidade de estudar o elemento singular, único capaz de expressar a tonalidade dramática da história, ao mesmo tempo, porém, em que decreta a impossibilidade de compreendê-lo historicamente: fechado, autônomo, inacessível, mostra-se estranho ao tempo. Enquanto animal sociável, o ser humano está privado de sua capacidade de agir, e como individualidade, o está de sua historicidade. No entanto, em 1877, Ranke já alertara contra tal oposição, pois o conflito se encontra não fora do homem, mas em seu seio: "Mesmo na história, liberdade e necessidade lutam e se condicionam reciprocamente. A liberdade aparece mais na personalidade e a necessidade sobretudo na vida da comunidade. Mas a primeira é, portanto, um inteiro definido e a segunda um absoluto incondicionado?".[303]

O abismo revela toda sua profundidade na segunda parte dessa mesma conferência de Halle, quando Meyer volta à questão, suscitada em 1894 pelo filósofo neokantiano Wilhelm Windelband, dos critérios que convém adotar na seleção do passado.[304] O primeiro é bastante simples: circunscrever a história apenas e essencialmente àquela do homem. O segundo não depende de nós, mas "da eventualidade de que alguma coisa tenha sido conservada". E depois? Mesmo que uma parte da documentação tenha sido destruída, o número de testemunhos que subsistem estará sempre acima de nossas possibilidades. Como fazer a triagem? O que se deve excluir e o que salvaguardar? Em acordo com Friedrich Schiller, Meyer propõe, como terceiro critério, a eficácia histórica dos fenômenos (*historiche Wirksamkeit*): o que foi não interessa porque foi mas porque continua a agir.[305] Em termos mais simples, trata-se de reter apenas

---

[302] Sobre o pensamento dicotômico, cf. Norbert Elias, *La Société des individus* (1987), traduzido do alemão por Jeanne Étoré, Paris, Fayard, 1991.

[303] Leopold von Ranke, prefácio a *Historisch-Biografische Studien*, in *Sämmtliche Werke*, op. cit., t. 40-41, p. V-VI, citado por Fulvio Tessitore, *Teoria del Verstehen e Idea della Weltgeschichte in Ranke*, introdução a Leopold von Ranke, *Über die Epochen der neueren Geschichte*, Munique – Viena, Oldenboug Verlag, trad. It., *Le epoche della storia moderna*, Nápoles, Bibliopolis, 1971, p. 56.

[304] Wilhelm Windelband, "Histoire et sciences de la nature. Discours prononcé au rectorat de Strasbourg" (1894), traduzido do alemão por Silvia Mancini, *Les études philosophiques*, 2000, p. 1-16.

[305] Friedrich Schiller, "Qu'appelle-t-on histoire universelle?", op. cit.

o que engendrou efeitos marcantes. A seleção não visa à qualidade dos objetos, mas sua potência causal: o historiador não estuda Platão ou a Capela Sistina em sua totalidade, mas se concentra apenas nos aspectos que lhe parecem historicamente eficazes. Está aí a razão da preeminência dos povos civis: eles foram e são os mais operantes... Alguns anos mais tarde, o historiador romeno Alexandru Xenopol, leitor atento da conferência de Halle, proporá algumas ilustrações surpreendentes desta regra historiográfica: por exemplo, a migração dos fenícios para a estreita língua de terra encostada nas montanhas do Líbano representa certamente um fato histórico importante em razão das consequências intelectuais de que foi portadora, mas não se pode dizer o mesmo das migrações dos árabes da península arábica e daquelas dos beduínos do Saara. Mesmo raciocínio quanto à peste: a peste negra que devastou a Inglaterra, no meio do século XIV, teve repercussões sociais e políticas consideráveis, enquanto as epidemias que afligiram o Oriente desde tempos imemoriais produziram *apenas* inumeráveis mortos, e são, portanto, historicamente negligenciáveis.[306]

Como quer que seja, não basta limitar o terreno ao que foi historicamente eficaz. É preciso em seguida introduzir um último princípio de seleção, em nome da atualidade: "A escolha repousa sobre o interesse histórico que todo efeito reveste para o presente". Para Meyer, assim como para Droysen, o passado não é um patrimônio perdido que deve ser recuperado, mas uma herança viva, uma força, uma energia geradora de sentido. Cada fenômeno pode ser digno da história, tudo depende de sua vitalidade e de sua repercussão: "O objeto [de interesse histórico] pode tanto ser um homem particular quanto uma totalidade, um povo, um Estado, uma cultura; mas nenhum objeto interessa por si mesmo, pois de agora em diante ele é ou foi no mundo, mas importa unicamente em razão do efeito que produziu e produz ainda".[307] Isso significa que a história não é um saber independente das paixões do momento, como pensava Ranke,[308] mas uma forma de pensamento aberto, que modifica incessantemente a hierarquia dos fenômenos:

---

[306] Alexandru D. Xenopol, *La Théorie de l'Histoire*, Paris, Ernst Leroux, 1908.
[307] Eduard Meyer, *Zur Theorie und Methodik der Geschichte*, op. cit., p. 110-111.
[308] Leopold von Ranke, "Objektive Geschichtsschreibung" (1845), in *Vorlesungseinleitungen*, op. cit., p. 160-163.

"A obra histórica mais significativa do passado [...] jamais pode satisfazer inteiramente o presente: todo presente coloca problemas diferentes daqueles das gerações precedentes, pois considera outros fatores como determinantes".[309]

Os mesmos critérios de seleção se aplicam à biografia. Meyer se interessa apenas pelas personalidades historicamente determinantes, aquelas de que se pode dizer que, se houvesse outra pessoa em seu lugar, o acontecimento teria tomado outra forma. Todas as outras lhe são indiferentes. A distinção entre *determinante* e *indiferente* nada tem a ver com a grandeza ou o valor espiritual da pessoa. Alguns grandes homens – é este, segundo ele, o caso de Cesar – não deixaram sua marca, à diferença de espíritos inferiores, por vezes mesmo desprezíveis, como Luís XV ou Carlos II da Inglaterra, que influenciaram profundamente o porvir de uma nação:

> Como se pode constatar, não se trata da significação ou do valor da personalidade em si, mas do fato de que tal ou tal personalidade – em razão de sua personalidade, ou pelo fato de seu nascimento, ou ainda em virtude do voto e assim por diante – se encontrou em face dos acontecimentos numa posição que a viu se tornar um fator determinante do processo histórico.[310]

Sobre a seleção do passado não pesa mais o princípio de grandeza, mas aquele de operatividade ou de eficácia. Alguns anos antes, o filósofo Heinrich Rickert escrevera que o fato de Frederico Guilherme IV ter renunciado à coroa imperial era um acontecimento histórico, mas que era perfeitamente indiferente saber que alfaiate confeccionara seu uniforme.[311] Embora partilhando a distinção entre homens determinantes e indiferentes, Meyer não exclui *a priori* a possibilidade de que um alfaiate pertença à primeira categoria: considera óbvio que sua presença é absolutamente insignificante no plano político, mas concebe que ele possa influir na história da moda ou da indústria da costura ou naquela dos preços. Essa perspectiva

---

[309] Eduard Meyer, *Zur Theorie und Methodik der Geschichte*, op. cit., p. 48. Cf. também Johann Gustav Droysen, *Historik*, op. cit., p. 10 sq.
[310] Eduard Meyer, *Zur Theorie und Methodik der Geschichte*, op. cit., p. 62.
[311] Heinrich Rickert, *Die Grenzen der naturwissenschaftlichen Begriffsbildung*, op. cit., p. 325.

supõe ao mesmo tempo um trabalho interminável de demarcação entre o geral e o singular: o historiador deve inicialmente selecionar a realidade, distinguir o indivíduo determinante daquele que é indiferente, para depreender em seguida das profundidades do indivíduo o elemento particular, único, de sua personalidade. Como escrevera o ministro da Guerra Albrecht Roon, em 27 de julho de 1864, pouco antes da assinatura do tratado de paz entre a Prússia e a Dinamarca, o gênio histórico é aquele que sabe "traçar exatamente o paralelogramo das forças, e deduzir da diagonal, isto é, do que teve lugar – que é a única coisa que se conhece verdadeiramente – a natureza e a classe das pessoas que agiram".[312]

Será mesmo essa a tarefa do historiador? Como escreve Max Weber em seu denso texto consagrado justamente às reflexões de Meyer, o projeto que consistia em distinguir o eficaz do insignificante, o determinante do indiferente, e o individual do social, estava destinado a permanecer inacabado:

> Percebe-se [...] que seria impossível levar a termo, mesmo no futuro longínquo, esse exercício de subtração, e que após ter feito abstração de toda uma infinidade de "caracteres comuns" [*Gemeinsamkeiten*], subsistiria sempre uma infinidade de elementos, de maneira que, mesmo que perseguíssemos com zelo durante toda uma eternidade esse esforço de abstração, não teríamos nos aproximado sequer um passo da questão: o que no fundo é "essencial" para a história nessa massa de particularidades.[313]

Mas consideremos por um instante que o impossível seja possível: queremos verdadeiramente nos desfazer de tudo o que não teve consequências práticas particulares sobre *nós*? E se isso pudesse nos ajudar a melhor captar a diversidade do passado? E se isso nos permitisse lançar luz sobre pensamentos, imagens e ações férteis em termos de significação humana? E se isso, justamente graças ao recuo, abrisse o caminho de uma crítica do presente?

Sem dúvida, Meyer poderia ter tomado outra via. É o que fizeram, em seu lugar, dois outros grandes historiadores, eles também muito

---

[312] Eduard Meyer, *Zur Theorie und Methodik der Geschichte*, op. cit., p. 64.
[313] Max Weber, *Études critiques pour servir à la logique des sciences de la culture*, op. cit., p. 241.

críticos para com esse "fanático, destruidor e devastador de tudo o que é a verdadeira história" que era a seus olhos Karl Lamprecht:[314] Otto Hintze, que subtraiu a história constitucional do domínio estritamente jurídico para lhe dar sua dimensão humana, e Friedrich Meinecke, autor de um ensaio fundamental sobre as origens do historicismo.

VI

Hintze intervém no *Methodenstreit* em 1897 com dois textos concisos publicados na *Historische Zeitschrift* e no *Schmollers Jahrbuch*. Neles, reconhece a primazia da componente psicológica na vida histórica: "A abordagem psicossociológica é talvez a aquisição mais importante desde o fim do século precedente no domínio das ciências humanas. Suas raízes se encontram já em nossa época idealista: quando Hegel falava do espírito objetivo e Jacob Grimm da alma do povo (*Volkseele*), ambos evocavam forças mentais coletivas que são o produto de um processo relacionado à psicologia das massas".[315] É por essa razão que o historiador deve estudar, além dos aspectos mais visíveis da política ("as cadeias e os cumes"), o nível sociopsíquico de uma época ("a base das montanhas, a massa continental em seu conjunto").[316] Sua definição da psicologia difere, entretanto, da de Lamprecht.

Para ele também, a gênese dos fenômenos históricos reside nos atos psíquicos coletivos: "Não há outras forças motrizes na história além daquelas de que o homem é o vetor, não só o homem, claro está, em sua existência individual, mas sobretudo em seus laços sociais, no seio dos quais são engendradas essas forças mentais coletivas que são o núcleo vivo de todas as instituições". No entanto, com meias palavras, Hintze estende a iniciativa pessoal a toda vida social:

> O momento individual intervém também no acontecimento coletivo, desempenhando, na transformação da língua e da

---

[314] A definição é de Friedrich Meinecke, *Die deutsche Geschichtswissenschaft und die modernen Bedürfnisse* (1916), in *Zur Theorie und Philosophie der Geschichte, op. Cit.*, p. 173-174. De sua parte, Max Weber chegou mesmo a qualificá-lo de "charlatão desonesto da pior espécie".

[315] Otto Hintze, *Conception individualiste et conception colletiviste de l'Histoire* (1897), in *Feodalité, capitalisme et État moderne*, traduzido do alemão por Françoise Laroche, Paris, Éditions de la Maison des Sciences de l'Homme, 1991, p. 28.

[316] *Ibid.*, p. 32.

ética, da economia e do direito, um papel comparável àquele que desempenha na fundação dos Estados e nas lutas de poder no seio dos povos, de maneira sem dúvida mais discreta, menos visível, mas não menos significativa.[317]

Todo fato coletivo, até o mais institucional, emana, portanto, dos impulsos individuais. As personalidades singulares não se exprimem somente por ações políticas extraordinárias; em geral, manifestam-se, ao contrário, por pequenos gestos ordinários, em aparência insignificantes (considerados individualmente, significam bem pouco, mas reunidos, podem ter consequências históricas decisivas).

Por outro lado, sempre prestando grande atenção às sugestões das outras ciências sociais (diferentemente de Meyer, ele não encara o liberalismo moderno e a sociologia como os inimigos a abater), Hintze também se ergue contra toda forma de naturalização da história:

> Parece que as formas sociais de existência são condicionadas e modificadas pela vida histórica de maneira realmente diferente daquela como as formas biológicas o são pela influência da consciência. Não é apenas a vida orgânica da sociedade que condiciona a vida consciente do Estado, mas também o inverso, de maneira que muitas vezes essa tendência natural de desenvolvimento sofre desvios.[318]

A definição objetiva da nação proposta por Lamprecht não tem, portanto, lugar aí:

> As nações concernidas pela história não são de modo algum formações puramente naturais, são o produto de dados da história universal: isso se aplica particularmente às nações inglesa, francesa e americana. Na história, nação e Estado não podem ser distinguidos um do outro [...]: a nação constitui o Estado, mas o Estado também constitui a nação e influencia sua civilização da maneira mais profunda. Vejam-se os resultados econômicos do mercantilismo! É nas oposições e nas interdependências das nações e dos Estados que progride a história universal; e estes

---

[317] *Ibid.*, p. 30.
[318] Otto Hintze, "Roscherspolitische Entwicklungstheorie", in *Schmollers Jahrbuch für Gesetzgebung, Verwaltung und Volkswirtschaft*, 1897, p. 20-21, citado por Pierangelo Schiera, *Otto Hintze*, Nápoles, Guida, 1974, p. 87.

aparecem aí mais como grandes individualidades coletivas do que como representantes idênticos de uma mesma espécie.[319]

Por certo, pode-se falar em determinados casos de desenvolvimento paralelo (por exemplo, no seio da família dos povos romano-germânicos); entretanto, como já compreendera bem Ranke, não se trata de uma bagagem natural, mas de uma conquista da história.

Todavia, e aí está o ponto essencial, a fronteira entre o individual e o social é traçada em termos profundamente diferentes daqueles propostos por Meyer. Sob certos aspectos, Hintze reencontra a via esboçada por Wilhelm von Humboldt que, setenta e cinco anos antes, escrevera que o indivíduo é um Eu que fala a um Tu. Aspira a um Tu quando age, quando fala e mesmo quando pensa:

> Como o homem é um animal sociável – é esse seu caráter distintivo – porque tem necessidade de um outro, não para a procriação, ou uma vida que repouse sobre o hábito (como certas espécies animais), mas porque se eleva até a consciência do Eu, e o Eu sem o Tu não é para seu entendimento e sua sensibilidade mais do que um absurdo, em sua individualidade (em seu Eu) arranca-se ao mesmo tempo aquela de sua sociedade (de seu Tu).[320]

Não contente em buscar o reconhecimento do outro, espera também se reconhecer no outro: "Mesmo quando tem o espírito alhures, fala unicamente ao outro ou a si mesmo como se falasse a outrem, e traça assim os círculos de sua afinidade espiritual, distinguindo aqueles que falam como ele daqueles que falam diferentemente".[321] Assim, a consciência de si, a possibilidade de tornar-se sujeito, de usar da própria vontade, não se forma *apesar* da experiência social, como pensa Meyer, mas graças a ela: "Como a força pura precisa de um objeto sobre o qual possa se exercer, e a forma simples, o pensamento puro, precisa de uma matéria em que possa durar marcando-a com sua impressão, da mesma forma o homem precisa de um mundo fora de si mesmo".[322] Definitivamente, as relações

---

[319] Otto Hintze, *Conception individualiste et conception collective de l'histoire*, op. cit., p. 33.
[320] Wilhelm von Humboldt, *Considérations sur l'histoire mondiale*, op. cit., p. 53.
[321] Wilhelm von Humboldt, *Über den Dualis* (1827), in *Gesammelte Schriften*, op. cit., t. VI, p. 25.
[322] Wilhelm von Humboldt, *Theorie der Bildung des Menschen* (1793), in *Gesammelte Schriften*, op. cit., t. I, p. 283.

entre eu e eu quase não diferem em qualidade daquelas que existem entre eu e tu.[323]

Infelizmente, essas reflexões essenciais guardam alguma coisa de vago e mesmo de inacabado. Talvez Hintze desejasse voltar a elas ulteriormente ou mesmo voltou no curso dos anos que seguiram. Jamais o saberemos. Em 1933, após a recusa da *Historische Zeitschrift* de publicar um artigo de sua mulher, a *jüdischer Mischling*[324] Hedwig Guggenheimer, demite-se da Academia das Ciências e decide não publicar mais nada. Sete anos mais tarde, em conformidade com suas disposições testamentárias, todos seus papéis serão destruídos.[325]

VII

Já Friedrich Meinecke continuará a escrever até sua morte, em 1954, quando seu sonho de conciliar a herança de Goethe e aquela de Bismarck se terá esvanecido.[326] Suas intervenções no *Methodenstreit* se estendem por mais de cinquenta anos: de 1887, ano em que começa a trabalhar nos Arquivos secretos do Estado de Berlim ao lado de Heinrich von Sybel, a 1939, quando publica uma coletânea de textos sobre o sentido histórico e a significação da história. Ao longo de todos esses anos, não cessou de se interrogar sobre a capacidade do historicismo de se curar de seu ceticismo: terá a força de remediar as feridas que ele mesmo se infligiu? E é justamente nessa perspectiva que, em 1928, na *Historische Zeitschrift*, volta por sua vez à questão da seleção do passado.

A seus olhos está fora de dúvida que o historiador deve escolher o essencial na massa ilimitada do passado. Mas no que consiste o essencial? Simplesmente naquilo que ainda é eficaz, naquilo que preparou nossa vida presente e continua a alimentá-la, como pensava Meyer? A exemplo de Max Weber, Meinecke contesta a

---

[323] Como escreverá alguns anos mais tarde Paul Valéry, *Cahiers*, Paris, Gallimard, 1974, t. II, p. 240: "Estar *só*, é estar *consigo*, é sempre ser *Dois*".

[324] "Mestiça judia". (N.T.).

[325] Cf. George G. Iggers, *Refugee Historians from Nazi Germany: Political Attitudes towards Democracy*, Monna and Otto Weinmann Lectures Series, 14 de setembro de 2005, p. 5-19.

[326] Friedrich Meinecke, *Erlebtes*, in *Autobiografische Schriften, op. cit.*, p. 317-319. Para um retrato intelectual de Meinecke, cf. Philip J. Wolfson, "Friedrich Meinecke (1862-1954)" *Journal of the History of Ideas*, 1956, 17, 4, p. 511-525.

identificação do essencial com o eficaz.[327] Segundo ele, o essencial compreende, além de tudo o que foi e permanece ainda eficaz, os pensamentos e as ações que enriquecem nossa vida:

> Suponhamos que se descubra a obra de um autor desconhecido do passado que se revela de uma força espiritual e de uma profundidade elevadas, embora tendo permanecido desconhecida de seus contemporâneos e, por conseguinte, completamente ineficaz de um ponto de vista *causal*, deveríamos por isso considerá-la *historicamente* inessencial e ineficaz?[328]

Os fenômenos culturais, especialmente, jamais devem ser avaliados pelo seu grau de eficácia, já que são sempre dignos de interesse: sua significação não reside no que decorre deles, mas na própria existência. Não deixam de evocar "o que o poeta diz dessa antiga lâmpada doravante inútil e que no entanto o exalta: 'mas o que é belo aparece feliz em si mesmo'".[329]

A história é assim considerada como conhecimento semântico, pesquisa de valores vitais produzidos pelo passado.[330] Naturalmente, quando Meinecke fala de valores, refere-se, como todos os pensadores de sua época, sobretudo às grandes obras culturais e espirituais, mas é preciso não exagerar essa preferência: "Essas produções e esses valores culturais são extremamente numerosos no seio da história, já que todo espírito humano é capaz de produzir valores culturais". Além do mais, como esclarece algumas páginas adiante, não se deve entender por *espírito* "simplesmente o psíquico, mas antes, numa acepção antiga, a vida psíquica superiormente desenvolvida, ou, dito de outra forma, aquela que 'distingue, escolhe e avalia', e da qual emana a cultura. A cultura é portanto a manifestação, a irrupção de um elemento espiritual no seio da conexão causal universal".[331]

Se não nos contentamos com a grandeza e com a eficácia, a questão da seleção do passado se apresenta em toda sua intensidade

---

[327] Cf. Max Weber, *Études critiques pour servir à la logique des sciences de la culture, op. cit.*, p. 244.
[328] Friedrich Meinecke, *Kausalitäten und Werte* (1925-1928), in *Zur Theorie und Philosophie der Geschichte, op. cit.*, trad. it., p. 67.
[329] *Ibid.*, p. 77.
[330] Cf. também Ernst Cassirer, *Essai sur l'homme* (1944), traduzido do inglês por Norbert Massa, Paris, Éditions de Minuit, 1991, cap. 10.
[331] Friedrich Meinecke, *Kausalitäten und Werte, op. cit.*, p. 75.

dramática. É preciso talvez que nos resolvamos a aceitar o fato de que há no estudo do passado um momento arbitrário inicial, ligado à sensibilidade pessoal do historiador. É o que pensa Meinecke quando evoca o caráter móvel das fronteiras que separam o importante daquilo que não o é. Mas essa tomada de consciência não abala sua confiança no conhecimento histórico. A questão é apenas um preâmbulo; em seguida, vem a escavação. E é justamente quando se encontra numa posição incômoda, sob a superfície, que o historiador tem a possibilidade de verificar a pertinência da questão que colocou, de corrigi-la e – por que não? – de encontrar outra coisa, que não esperava. Nesse ponto, Meinecke reencontra Droysen:

> Tínhamos isto e aquilo; hoje, é como se não possuíssemos mais nada, é preciso recomeçar do zero, é preciso retomar tudo desde o início. Procurando material, verificando-o, interpretando-o, reelabora-se o pensamento e, à medida que este se desenvolve afinando-se cada vez mais, precisa-se em toda a sua riqueza e se transforma; corre-se mesmo o risco de o perder [...]. Muitos se esgotam com a tarefa, perdem-se em vias transversais, lançam-se a novos possíveis, prospectam em extensão mais que em profundidade.

Sob essa luz, é o trabalho que o historiador efetua sobre si mesmo que verdadeiramente importa. Longe de apagar sua subjetividade, como queria Ranke, ele deve aprender a reconhecê-la e a fazer dela uma fonte de conhecimento:

> O conteúdo de nosso eu é algo de recebido (*Empfangenes*), que chegou a nós, que é nosso e não o é. Assim, não estamos ainda livres em relação a nosso saber; ele nos possui mais do que o possuímos. Só tomando consciência de que somos de certa forma mediatizados (*vermitteltes*), é que o separamos de nós mesmos. A partir de então, começamos a ser livres em nós mesmos e a dispor do que era imediatamente nosso conteúdo. Está aí um grande resultado de nosso desenvolvimento interior.[332]

---

[332] Johann Gustav Droysen, *Historik, op. cit.*, p. 106-107. Sobre a história como forma de autoconhecimento, cf. também as considerações de Ernst Cassirer, *Essai sur l'homme, op. cit.*, cap. 10.

CAPÍTULO IV

A pluralidade do passado

*A dizer a verdade, toda coisa movente leva em si
a medida de seu tempo; e este permaneceria mesmo
se não houvesse nada de outro; não há duas coisas
no mundo que tenham a mesma medida de tempo [...].
Existe portanto (pode-se afirmá-lo ousadamente)
no universo, num só tempo, uma multidão de tempos.*
Johann Gottfried Herder[333]

I

Desde Aristóteles, encontram-se de maneira recorrente filósofos para recordar com tom grave o caráter singular do conhecimento histórico. "A história nos diz o que é uma coisa, a ciência e a filosofia porque é assim; aquela considera o que é singular, estas o universal; a primeira se funda sobre o sentido, as duas outras sobre a razão; uma precede, as outras seguem", escrevia Johannes Jonsius na metade do século XVII. Essa disjunção simples, não obstante discutível, entre a história como conhecimento do singular, do *quod sit*, e a ciência (ou a filosofia) como conhecimento do geral, do *cur sit*, não tem apenas valor descritivo. Ela dá a entender que a história é impotente para produzir enunciados de ordem geral. Essa suspeita

---

[333] Johann Gottfried Herder, *Verstand und Erfahrung. Eine Metakritik zur Kritik der reinen Vernunft* [1ª parte, 1799], in *Sämtliche Werke*, 1881, t. XXI, p. 59.

cheia de malignidade desponta claramente sob as proposições de André-François Boureau-Deslandes, discípulo de Malebranche, qualificado por Voltaire, que não gostava nem um pouco dele, de "velho ginasiano precioso": os historiadores, lê-se em seu tratado de historiografia, relataram os pensamentos dos outros e não se preocuparam em pensar por si mesmos.[334] Essa imputação de preguiça conceitual, que não se dá ao trabalho de tomar qualquer precaução, é retomada ao longo de todo o século XIX, no momento mesmo em que o pensamento histórico é valorizado em todas as suas expressões (a história, a filosofia da história, o romance histórico) como jamais o fora. É talvez por essa razão, aliás, que o tom se faz mais zombeteiro. Hegel, de sua parte, declara que os historiadores puros (como os nomeia com desdém, especialmente Leopold von Ranke) contam os acontecimentos "de maneira contingente, exatamente como se apresentam a eles, em sua particularidade, sem relação e sem pensamento", e que semelhante história "não seria mais que a representação de um fraco de espírito, nem mesmo um conto de fadas para crianças".[335] Alguns decênios mais tarde, Benedetto Croce fala abertamente de uma historiografia sem problema histórico: após ter deixado escapar, *en passant*, que Ranke tem "um ritmo pouco rápido de vida interior", regozija-se de que a figura do "historiador desprovido de filosofia cede o passo àquela, bem diferente, do filósofo".[336]

Como é muitas vezes o caso, a antipatia entre os dois campos é recíproca. Desconfiados das generalizações abstratas, numerosos

---

[334] Os textos de Jonsius e de Deslandes são citados por Mario Longo, in *Historiae philosophiae philosophica, op. cit.*, p. 75-94. A propósito da polêmica sobre a história no fim do século XVII, cf. Paul Hazard, *La crise de la conscience européenne, 1680-1715* (1935), Paris, Fayard, 1961, cap. II.

[335] Georg Wilhelm Friedrich Hegel, *Encyclopédie des sciences philosophiques en abrégé* (!830), traduzido do alemão por Maurice de Gondillac, Paris, Gallimard, 1970, § 549, p. 467.

[336] Benedetto Croce, *L'Histoire comme pensée et comme action* (1938), traduzido do italiano por Jules Chaix-Ruy, Genébra, Droz, 1968, p. 102. A preguiça conceitual da história foi por muito tempo denunciada pelas disciplinas sociais mais jovens. Mesmo admirando a obra de Fustel de Coulanges, Alfred R. Radcliffe-Brown (*Structure et fonction dans la société primitive*, traduzido do inglês por Françoise e Louis Marin, Paris, Éditions de Minuit, 1968) afirma o primado da sociologia, que seria capaz de enunciar proposições gerais, sobre a história e a etnografia, as quais só poderiam formular afirmações particulares ou fatuais. Alguns anos mais tarde, Claude Lévi-Strauss (*La Pensée sauvage*, Paris, Plon, 1962, p. 342) estima que o código da história consiste numa cronologia: "Toda sua originalidade e sua especificidade estão na apreensão da relação do antes e do depois".

historiadores defendem o valor do fato ou do fenômeno singular. Sem dúvida, não se trata de um tema novo. Ao longo do século XIX, no entanto, as declarações antifilosóficas se radicalizam. Ranke – mais uma vez – acusa a filosofia da história de querer subordinar a história da mesma maneira que o tentara antes a teologia, e vangloria-se de estar do lado do particular histórico contra o geral filosófico: "O ponto de vista histórico contém um princípio ativo que se opõe sem trégua ao ponto de vista filosófico [...] Enquanto o filósofo [...] busca o infinito unicamente no progresso, no desenvolvimento, na totalidade, a história reconhece em toda existência alguma coisa de infinito; em toda circunstância, em todo ser, um *quid* eterno que emana de Deus; e aí está seu princípio vital".[337]

Mas, felizmente, nesse intenso turbilhão de ideias que agita o século, algumas vozes discordantes se fazem ouvir. Em primeiro lugar, aquela de Wilhelm Dilthey, que se dedica a dar uma envergadura filosófica à reflexão da historiografia alemã do século XIX.[338] Em sua longa existência, situada sob o signo de uma incansável vocação, e por isso não isenta de algumas retratações dolorosas, ele jamais se afastou de um ponto firme: o mundo histórico é produtivo, e essa qualidade não é fruto de um princípio absoluto, transcendente ou imanente à atividade humana, mas da ação recíproca dos indivíduos. Em 1883, escreve que "essa totalidade maravilhosamente entrelaçada" que é a história é constituída pelos indivíduos, unidades psicofísicas, cada um diferente de todos outros e capaz de formar um mundo: "A queda d'água se compõe de partículas homogêneas que se entrechocam; mas uma simples frase, que, no entanto, não é mais que um sopro saído de nossa boca, abala, graças ao jogo dos motivos que suscita em unidades profundamente individuais, toda a alma de uma sociedade em qualquer parte do mundo".[339] Vinte e sete anos mais tarde, durante uma sessão plenária da Academia das Ciências de Berlim, volta, uma

---

[337] Leopold von Ranke, "Manuscrit des années 1830" publicado por Eberhard Kessel na *Historiche Zeitschrift*, 1954, 178, p. 292-293.

[338] Cf. Giuseppe Cacciatore, "Dilthey e la storiografia tedesca dell'Ottocento", *Studi storici*, 1983, 24, ½, p. 55-89.

[339] Wilhelm Dilthey, *Introduction aux sciences de l'esprit* (1883), dans *Critique de la raison historique. Introduction aux sciences de l'esprit et autres textes*, traduzido do alemão por Sylvie Mesure, t. I, Paris, Éditions du Cerf, 1992, p. 186 e 195.

vez ainda, à significação e à tarefa das ciências históricas. Especifica, assim, que a demarcação entre as ciências do espírito (*Geisteswissenschaften*) e as ciências da natureza (*Naturwissenschaften*) não é de ordem ontológica, mas sim transcendental: trata-se de uma distinção que não concerne aos objetos, mas à experiência, que deriva de um fato de consciência, desse sentimento íntimo pelo qual nos sentimos diferentes da natureza.[340] Em apoio de suas convicções, afirma:

> A vida histórica é criadora. Age constantemente produzindo bens e valores, e todos os conceitos desses bens e desses valores não são mais do que reflexos de sua atividade. Os suportes dessa criação constante de valores e de bens no mundo espiritual são indivíduos, comunidades, sistemas culturais em que os particulares colaboram.[341]

Para exprimir a relação vital que liga os seres humanos entre si e os leva a deixar sua marca no mundo, Dilthey elabora o conceito de *Wirkungszusammenhang,* termo complexo em alemão e dificilmente traduzível em outra língua (*dynamic unity, ensemble interactif, connessione dinamica*).[342] Diferentemente da conexão causal, que rege o mundo da natureza, a conexão dinâmica está ligada à vida psíquica e procura significações, produz valores, enfim, realiza objetivos: "A célula primitiva do mundo histórico é a experiência vivida (*Erlebnis*), na qual o sujeito tem por meio o conjunto interativo da vida. Esse meio age sobre o sujeito que, por sua vez, age sobre ele".[343]

II

Quando Dilthey fala do indivíduo, não se trata de uma entidade espiritual nem de um ser racional. Como escreve nos anos 1870, pouco

---

[340] Para uma introdução geral à filosofia de Dilthey, cf. especialmente Bernard Groethuysen, "Dilthey et son école", in *La Philosophie allemande au XIXe siècle*, Paris, Alcan, 1912, p. 1-23; Herbert A. Hodges, *The Philosophy of Dilthey*, Londres, Routledge & Kegan Paul, 1952; Pietro Rossi, *Lo storicismo contemporaneo*, Turin, Einaudi, 1957; Raymond Aron, *La Philosophie critique de l'histoire. Essai sur une théorie allemande de l'histoire*, Paris, Vrin, 1964; Sylvie Mesure, *Dilthey et la fondation des sciences historiques*, Paris, PUF, 1990.

[341] Wilhelm Dilthey, *L'édification du monde historique dans les sciences de l'esprit* (1910), traduzido do alemão por Sylvie Mesure, Paris, Éditions du Cerf, 1988, t. III, p. 106.

[342] Unidade dinâmica, conjunto interativo, conexão dinâmica. (N.T.).

[343] *Ibid.*, p. 113.

tempo após seu casamento com Käte Püttmann, a consciência não é a única realidade, pois no mais profundo dos homens existe intensa riqueza subterrânea: "Discernimos em nós mesmos uma vivacidade psíquica extremamente variada [...], à imagem das plantas, cujas raízes se estendem em profundidade no solo, enquanto apenas algumas folhas despontam".[344] Alguns anos mais tarde, desenvolve seu pensamento evocando a irracionalidade do caráter humano, manifesta em todo herói, em toda verdadeira tragédia, em numerosos criminosos, mas também presente na vida de todos os dias:

> Não há nada a fazer, não somos um aparelho que busca produzir prazer regularmente e impedir o desprazer, avaliando valores de prazeres uns em relação aos outros, e conduzindo assim as volições para a soma acessível do prazer. Para um aparelho deste tipo, a vida seria evidentemente racional, mesmo um exercício de cálculo. Mas não é assim. [...] não buscamos evitar o desprazer, mas o exploramos até o fundo, meditamo-lo sombriamente, com misantropia; arrastados por obscuras pulsões, colocamos em jogo nossa felicidade, nossa saúde e nossa vida para satisfazer nossas antipatias, sem levar em conta o ganho de prazer.[345]

Essa convicção absoluta deslanchará a controvérsia com os filósofos que intelectualizam os fatos de sentimento e de desejo: "Nas veias do sujeito cognoscente tal como Locke, Hume e Kant o construíram, não é sangue de verdade que corre, mas uma seiva diluída de razão, concebida como única atividade do pensamento".[346] A expressão "ciências do espírito", que escande alguns dos textos mais célebres de Dilthey, pode evocar, sobretudo no leitor de hoje em dia, imagens incorporais e cerebrais da existência. Mas certamente não era essa sua intenção. Dilthey emprega o termo "espírito" (*Geist*) para exaltar a capacidade criadora do ser humano. Como recorda numa nota bastante tardia, trata-se de uma noção imperfeita, já que os fatos da

---

[344] Wilhelm Dilthey, *Erkenntnistheoretische Fragmente* (1874-79), in *Gesammelte Schriften*, Stuttgart/Göttingen, Teubner/Vandenboeck & Rumprecht, vol. XVIII, p. 189.
[345] Wilhelm Dilthey, *L'Imagination du poète. Éléments d'une poétique* (1887), in *Écrits d'esthétique*, traduzido do alemão por Danièle Cohn e Évelyne Lafon, Paris, Éditions du Cerf, 1995, t. VII, p. 124. Em 1769, Johann Gottfried Herder escrevera a Moses Mendelssohn que era quimérico supor a existência de uma alma incorporal, de uma natureza humana não sensual.
[346] Wilhelm Dilthey, *Introduction aux sciences de l'esprit*, op. cit., p. 148-149.

vida espiritual não estão destacados da unidade viva (*Lebenseinheit*) psicofísica da natureza humana,

> [...] mas qualquer outra designação aplicada a este grupo de ciências suscita reticências consideráveis. Assim acontece igualmente com a designação das "ciências da cultura" [...]. Exprime-se aí uma concepção demasiado benevolente e otimista da realidade humana, na qual os obscuros instintos que levam a oprimir-se e destruir-se reciprocamente desempenham um papel muito importante.[347]

Ele que, na qualidade de historiador e psicólogo, teve que levar em conta o homem em sua íntegra (*mit dem ganzen Menschen*), considera esse ser como uma totalidade psicofísica, feita de representação (*Vorstellen*), de sentimento (*Gefühl*), de vontade (*Wille*), as três formas essenciais do viver (*Leben*), intimamente ligadas entre si.[348] Assim, a consciência da distinção entre o eu e o mundo exterior não procede somente de um ato do pensamento, mas da própria vida: a realidade permanece sempre um fenômeno para a simples representação, mas aparece como um dado estabelecido e incontornável no todo de nosso ser que quer, sente e representa.[349] Dito de outro modo, o eu só percebe a presença de uma realidade bem distinta, autônoma, quando se depara com algo que resiste a ele. "Por 'vontade' não entendo o ato de querer enquanto situação de consciência, mas antes a atividade de que posso ter consciência e, precisamente, em suas diferentes posições em relação àquilo de que ela se distingue. Sinto-me ora condicionado, ora tomado de assalto, ora sujeito a, ora numa atitude de aspiração e de controle", como escreve num ensaio sobre a psicologia descritiva em 1880.[350] Nos anos seguintes, Dilthey não parou de apresentar o exterior, o fora,

---

[347] Wilhelm Dilthey, *Zusätze zum Aufbau der geschichtlichen Welt*, in *Gesammelte Schriften*, op. cit., vol. VII, p. 323. Pietro Rossi, *Lo storicismo contemporaneo, op. cit.*, p. 63-66, observa que, para Dilthey, o pertencimento do homem ao mundo histórico-social não exclui a relação com o mundo da natureza e que sua recusa de aplicar os critérios das ciências naturais às ciências do espírito não implica necessariamente uma espiritualização da humanidade.

[348] Wilhelm Dilthey, *Introduction aux sciences de l'esprit, op. cit.*, p. 9-10, Cf. certas proposições análogas in William James ("Are we automata?", *Mind*, 1879, p. 1-22), para quem a energia da psique não pode ser captada apenas no nível cognitivo, pois comporta fatores incomensuráveis, tais como as volições, as emoções corporais e as percepções subliminares.

[349] Wilhelm Dilthey, *Croyance à la vérité du monde extérieur* (1890), in *Le Monde de l'esprit*, traduzido do alemão por M. Rémy, Paris, Aubier, 1947, p. 101-102.

[350] Wilhelm Dilthey, *Ausarbeitung der deskriptiven Psychologie* (por volta de 1880), in *Gesammelte Schriften*, op. cit., vol. XVIII, p. 141.

como uma condição áspera e inelutável da experiência humana: "A resistência torna-se pressão, a realidade parece nos cercar por todos os lados com muros que não podemos transpor. E que muros ela não opõe diretamente a nossos desejos! Como pesam sobre nós! Veja-se Schiller quando aluno da Academia militar".[351] E, quando reprova a Heim Helmholtz e Eduard Zeller o fato de definirem a realidade como uma simples projeção do pensamento, observa que o primeiro germe da distinção entre o eu e o mundo se inscreve na experiência da pulsão e da resistência:

> A realidade (*Realität*) do mundo exterior não é tirada dos dados da consciência, ou seja, deduzida por operações puramente intelectuais. Penso antes que os processos conscientes anteriormente indicados *transmitem-nos uma experiência da vontade — a freagem da intenção* — que está implicada na consciência de uma resistência e que, só ela, nos revela a realidade robusta e viva do que não depende de nós.[352]

O indivíduo, esse ser sensível, é também fundamentalmente social e sociável: não é a existência singular e isolada que é compreendida no conceito de ego, não é uma substância impermeável, mas trata-se de "um conjunto que encerra em si, a cada vez, os sentimentos vitais dos outros indivíduos, da sociedade e, mesmo, da natureza".[353] A exemplo de Wilhelm von Humboldt e de Otto Hintze, Dilthey sublinha a dependência essencial do ser humano que não está jamais em condições de ser autossuficiente. "É um ponto quase místico". Mergulhado desde sempre num universo de relações, ligado à mãe bem antes do nascimento, vive na necessidade incessante do outro: "[Ele] se mantém numa contínua relação de trocas espirituais e assim completa sua vida própria graças à vida de outrem".[354] Sua existência só se realiza na *coexistência* — nas relações

---

[351] Wilhelm Dilthey, *Beiträge zur Lösung der Frage vom Ursprung unseres Glaubens und der Realität der Aussenwelt und seinen Recht*, op. cit., p. 110.

[352] Ibid., p. 109-110. Em *Introduction aux sciences de l'esprit*, op. cit., Dilthey faz uma distinção entre a realidade que nos é inacessível (*Wirklichkeit*) e a realidade que possuímos (*Realität*).

[353] Wilhelm Dilthey, *Ausarbeitung der deskriptiven Psychologie*, op. cit., p. 177.

[354] Wilhelm Dilthey, *L'Édification du monde historique*, op. cit., p. 107. Sobre a percepção do mundo exterior no curso da vida embrionária, cf. Wilhelm Dilthey, *Croyance à la vérité du monde extérieur*, op. cit., p. 236-237. Esse ponto será igualmente retomado por Norbert Elias, *La Société des individus*, op. cit., que sustenta não existir um ponto zero da vida social.

entre pais e filhos, homens e mulheres, soberano e súditos. Mas essa coexistência, ou essa comunidade (*Geselschaft*), não é formada apenas por esses mortais de carne e osso – parentes, vizinhos, colegas de trabalho – que o jargão sociológico denominará *os outros situacionais* e que povoam hoje tantos comentários sobre o *network*. Ela se alimenta igualmente de figuras ideais, ou mesmo imaginárias, como o são Prometeu, Antígona, Hamlet, Fausto e Sancho Pança, Tartufo ou Mr. Pickwick. De figuras históricas também:

> A realidade de Lutero, de Frederico, o Grande ou de Goethe recebe uma intensidade e um vigor maiores pelo fato de que eles agem constantemente sobre nosso próprio eu, isto é, pelo fato de que esse eu é determinado pela vontade desses poderosos personagens cuja influência persiste e aumenta. Eles são para nós realidades porque sua poderosa personalidade age energicamente sobre nós.[355]

Nessa perspectiva, o indivíduo é principalmente considerado como uma relação do eu com a história: "Assim como sou natureza, sou também história e é nesse sentido radical que é preciso compreender a expressão de Goethe quando dizia ter vivido ao menos três mil anos", como escreve a Dilthey seu grande amigo Paul Yorck von Wartenbourg em 4 de janeiro de 1888.[356]

É justamente por estar tão intimamente impregnado de relações que o eu não é uma entidade, uma essência, um dado originário, mas antes vida, energia, movimento – Tolstoi diria uma substância fluida, sempre em movimento.[357] Donde a distinção que Dilthey opera entre a noção de identidade (*Identität*), que evoca uma estabilidade de conteúdos, e aquela de "mesmidade" (*Selbigkeit*):

> A mesmidade é a experiência mais íntima que o homem pode fazer de si mesmo. Dessa mesmidade decorre o fato de que nos sentimos pessoas, de que podemos ter um caráter, de que pensamos e agimos com coerência. Em compensação, nela não

---

[355] Wilhelm Dilthey, *Croyance à la vérité du monde extérieur*, op. cit., p. 119.
[356] *Briefwechsel zwischen Wilhelm Dilthey und dem Grafen Paul Yorck von Wartenboug*, op. cit., p. 71-72.
[357] Lev Nikolaïevitch Tolstoï, *Journaux et carnets*, traduzido do russo por Gustave Aucouturier, Paris, Gallimard, 1980, t. 2 (1890-1904), 19 de fevereiro de 1898, p. 644.

está incluído de forma alguma que, em todas as modificações, perdure algo de semelhante a si mesmo.

O eu não permanece rigorosamente idêntico a si mesmo, não cessa de mudar, e, no entanto, sente-se sempre ele mesmo e se reconhece em seu passado: "Aquele que neste momento porta um julgamento sobre si mesmo é totalmente diferente daquele que agia e, no entanto, sabe-se como sendo o mesmo".[358] Nele os processos psíquicos se seguem, "mas não como uma fila de carros em que cada um está separado do precedente, nem como as fileiras espaçadas de um regimento de soldados". Se fosse assim, a consciência seria intermitente:

> Bem pelo contrário, encontro uma continuidade em minha vida desperta. Os processos estão imbricados de tal forma que há sempre algo de presente à minha consciência. Assim, um viajante que avança a bom passo vê desaparecer atrás dele objetos que, pouco antes, estavam diante dele, ao lado dele; outros surgem a seus olhos, mas a continuidade da paisagem não deixa de subsistir.[359]

Uma totalidade aberta, sociável, que não está isolada e se alimenta de relações. Entretanto, o indivíduo é também um mundo em si, único, singular, inteiramente diferente de todos os outros:

> A uniformidade da natureza humana se manifesta no fato de que se encontram as mesmas determinações qualitativas e as mesmas formas de ligações em todos os homens [...]. Mas as condições quantitativas nas quais elas se apresentam são muito diferentes umas das outras; essas diferenças formam incessantemente novas combinações sobre as quais repousa [...] a diversidade das individualidades.[360]

Embora estando profundamente, intimamente, impregnado pelos outros e pelo mundo natural que o cerca, o ser humano não vive

---

[358] Wilhelm Dilthey, *Leben und Erkennen. Ein Entwurf zur erkenntnistheorietischen Logik und Kategorienlehre* (1892-1993 aproximadamente), in *Gesammelte Schriften*, op. cit., vol. XIX, p. 363.

[359] Wilhelm Dilthey, *Psychologie descriptive et analytique* (1894), in *Le Monde de l'esprit*, op. cit., p. 206. A esse respeito, Paul Ricoeur, *Le Soi-même comme un autre*, Paris, Éditions du Seuil, 1990, p. 13, distingue o Si enquanto *ipse*, *Selbst*, *self*, do Si como *idem*, *same*, *gleich*. Essa perspectiva foi retomada por Françoise Dastur, "L'ipséité: son importance em psychopathologie", *Psychiatrie, sciences humaines et neurosciences*, 2005, 12, p. 88-95: "Definir o homem como ipseidade e não mais como sujeito implica a passagem da noção de eu àquela, reflexiva, de si".

[360] Wilhelm Dilthey, *Psychologie descriptive et analytique*, op. cit., p. 234.

em virtude das estimulações exteriores. Ao contrário, é "uma inteligência que pressente e que pesquisa". Ele faz de si mesmo seu centro, e além disso se interroga, pensa e escolhe. À medida que sua vida psíquica se intensifica, vê-se capaz de controlar as energias, de canalizá-las, a partir de seus próprios valores e dos ideais pessoais:

> Pouco a pouco [a unidade viva] não está mais entregue ao jogo das excitações. Ela freia e controla as reações, escolhe, quando pode adaptar a realidade a suas necessidades; e, o mais importante de todos os fatos, quando não pode determinar essa realidade, adapta a ela seus próprios processos vitais e controla pela atividade interior da vontade as paixões desencadeadas e o jogo das representações. É isso a vida.[361]

O *télos* da personalidade é a condição essencial para que se tenha o sentimento da própria história.[362] De natureza subjetiva e imanente, uma vez que não repousa sobre nenhuma finalidade exterior, ele se manifesta sob duas formas. Em primeiro lugar, enquanto capacidade de viver plenamente as diferentes idades da vida:

> O desenvolvimento [da vida humana] se compõe exclusivamente de estados cujo valor vital particular cada um se esforça por adquirir e conservar. Miserável é a infância que é sacrificada aos anos de maturidade. Insensata é essa maneira de calcular a vida que empurra incessantemente o homem adiante e faz do que precede o meio daquilo que o segue.

Em seguida, enquanto força unificante: "[Esses estados] estão unidos uns aos outros por uma ligação teleológica tal que o curso do tempo permite um desabrochar mais amplo e mais rico dos valores vitais". Cada idade da vida tem seu valor, mas, com o tempo, a forma interna da vida se faz mais densa e mais sólida. Rousseau, Herder e Schleiermacher elaboraram teoricamente esse duplo movimento, Goethe o experienciou. O encanto de sua vida deriva justamente dessa excepcional unidade interior:

> Tal era o sentido da palavra de Napoleão a propósito de Goethe: "Eis um homem". O caráter é apenas um aspecto, mas, a dizer

---

[361] *Ibid.*, p. 217.
[362] Cf. Jacques Kornberg, "Wilhelm Dilthey on the Self and History: Some Theoretical Roots of *Geistesgeschichte*", *Central European History*, 5, 1972, p. 295-317.

a verdade, o mais importante, desta realização. Uma alma assim formada aparece como o que há de maior entre as realidades terrestres, e é nesse espírito que Goethe designou a personalidade como o bem supremo dos homens.[363]

Definitivamente, embora múltiplo, o indivíduo não forma um agregado fortuito. Age como um todo, é uma unidade viva, que tem uma significação:

> Os momentos da vida dos indivíduos, tais como são reunidos em torno de uma atividade que os constitui num conjunto, não procedem exclusivamente deste mesmo conjunto, mas é o homem inteiro que está em obra em cada uma de suas atividades, e é assim que ele lhes comunica também sua marca própria.[364]

Está aí, sem dúvida, a fonte maior de dissensão entre as concepções de Dilthey e aquelas da psicologia contemporânea (em particular o associacionismo e o paralelismo psicofísico), habituada a raciocinar em termos de estímulos, de reações, de fatores fisiológicos. Como escreve em 1894, em suas *Ideias concernentes a uma psicologia descritiva e analítica*, à força de decompor os fenômenos psíquicos, de reconduzi-los a unidades atômicas, regidas por leis mecânicas, "essa doutrina da alma sem alma" suscitou uma imagem excessivamente desagregada do comportamento humano: "É impossível compor a vida mental com elementos dados, impossível construí-la por uma espécie de *assemblage*, e as zombarias de Fausto a propósito do *homonculus* fabricado quimicamente por Wagner visam também toda tentativa deste gênero".[365] A respeito de psicólogos associacionistas, tais como Johann Friedrich Herbart, Herbert Spencer ou Hippolyte Taine, e mesmo de encontro a eles, Dilthey faz valer o caráter holístico da psique. Coloca o acento não mais sobre estados psicofísicos particulares, mas sobre a personalidade individual em sua íntegra e propõe, assim como William James, que não se leve

---

[363] Wilhelm Dilthey, *Psychologie descriptive et analytique*, op. cit., p. 224-225. Sem dúvida, Dilthey se refere aqui à distinção entre talento e caráter estabelecida por Goethe em uma de suas célebres máximas: "Um talento se forma na calma e no silêncio, um caráter no rio do mundo" (Johann Wolfgang Goethe, *Maximes et pensées*, Paris, Éditions André Silvaine, 1961, p. 40).

[364] Wilhelm Dilthey, *L'Édification du monde historique*, op. cit., p. 122.

[365] Wilhelm Dilthey, *Psychologie descriptive et analytique*, op. cit., p. 181.

em conta uma sensação, mas um eu que sente: "A vida psíquica é originalmente e em toda parte, de suas formas mais elementares às mais elevadas, uma unidade. Não é feita de partes; não se compõe de elementos; não é um composto, não é um resultado da colaboração de átomos sensíveis ou afetivos: é uma unidade primitiva e fundamental".[366] Em 1910, ainda, precisa:

> No curso da vida, cada experiência vivida particular é remetida a uma totalidade. Esse conjunto vital não é uma soma ou uma adição de momentos sucessivos, mas é uma unidade constituída por relações que religam todos os elementos. A partir do presente, percorremos de maneira regressiva uma série de lembranças até o ponto em que nosso pequeno eu ainda não fixado e formado se perde nos limbos, e a partir desse presente lançamo-nos em direção a possíveis inscritos nele e que tomam dimensões vagas e longínquas.[367]

III

A faculdade teleológica não é nem um pouco excepcional, ela deriva da experiência comum. Mas, de acordo com Dilthey, só se revela plenamente no grande homem. Pode-se mesmo dizer, sob certos aspectos, que está aí o segredo da grandeza: "Cada vida, por sua estrutura interna, é formada, já sobre o plano físico, de contrastes. E cada vida é um processo de recomposição. Os contrastes históricos [...] *requerem* uma força sintética, diria mesmo sobrenatural, que só os heróis possuem".[368] Convencido de que o ser humano é espontaneamente inclinado a dar uma significação, um valor à vida, Dilthey é otimista: não receia soçobrar incessantemente na confusão e na dispersão. Acontece-lhe, porém, por vezes anotar com tonalidades mais dramáticas as discordâncias da história. Assombra-o a dúvida e

---

[366] *Ibid.*, p. 216.
[367] Wilhelm Dilthey, *L'Édification du monde historique, op. cit.*, p. 94-95. Algumas considerações de Dilthey sobre o caráter holístico da psique serão partilhadas pela psicanálise freudiana, mas também pela psicologia analítica de Carl Gustav Jung e pela psicopatologia fenomenológica de Karl Jaspers: cf. Pieter Cornelius Kuiper, "Diltheys Psychologie und ihre Beziehung zur Psychoanalyse", *Psyche*, 1965, 19, 5. Sobre esse ponto, ver igualmente Jürgen Habermas, *Connaissance et intérêt* (1968), traduzido do alemão por Gérard Clémençon, Paris, Gallimard, 1976.
[368] *Briefwechsel zwischen Wilhelm Dilthey und dem Grafen Paul Yorck von Wartenbourg, op. cit.*, p. 61.

o temor de que os fatos possam ir-se daqui e de lá, cada um de seu lado, sem direção precisa. O mundo está sob pressão há tempo demais: após a Revolução, o capitalismo demonstrou sua potência ilimitada, as massas atulham cada vez mais o mundo sem por isso tornarem-se mais decifráveis, a história vai sempre mais rápido... Nos anos 1890, escreve com acentos proféticos que "a decadência dos grandes povos civilizados da Europa" começou.[369] Treze anos mais tarde, a flutuação cultural faz eco à incerteza social: a metafísica não é mais possível, a filosofia é incapaz de propor qualquer afirmação, a estética vive em plena anarquia, a arte figurativa não conhece mais o código da beleza ideal, a poesia perdeu sua aura. Resta a consciência histórica, sem dúvida alguma o resultado essencial das transformações dos dois séculos precedentes, que conduziram à beira do abismo do relativismo:

> Uma contradição aparentemente insolúvel surge quando o sentimento da história é levado a suas últimas consequências. A finitude de todo fenômeno histórico, seja uma religião, um ideal ou um sistema filosófico, e, por conseguinte, a relatividade de toda interpretação humana da relação das coisas é a última palavra da concepção histórica deste mundo, onde tudo flui, onde nada é estável. Em face disso erguem-se a necessidade que o pensamento tem de um conhecimento universalmente válido e os esforços que a filosofia faz para chegar a ele. A concepção do mundo (*Weltanschauung*) histórica libera o espírito humano da última cadeia que as ciências da natureza e a filosofia não quebraram, mas onde encontrar os meios para superar a anarquia das convicções que ameaça se difundir?[370]

Nos momentos de desencorajamento, quando a sensação de desfiamento o toma, Dilthey busca, ele também, o antídoto no grande homem, aquele que está disposto a partilhar seu eu com seus contemporâneos. Resolvido a defender a todo custo a possibilidade de dar uma forma ordenada à vida histórica, admira os estoicos, Santo Agostinho, Petrarca, Lutero ou Goethe, figuras de seres íntegros, plenamente mestres de sua existência. Mas é atraído sobretudo por sua força sintética, sua aptidão a prestar atenção nos

---

[369] Wilhelm Dilthey, *Leben und Erkennen, op. cit.*, p. 379.
[370] Wilhelm Dilthey, *Discours du soixante-dixième anniversaire* (1903), in *Le Monde de l'esprit*, op. cit., p. 15.

diferentes pensamentos vitais, sua capacidade de recompô-los e aliá-los num conjunto harmonioso:

> O gênio próprio ao soberano ou ao homem de Estado faz mesmo os fatos refratários entrarem numa unidade teleológica permitida por sua coordenação. [...] Assim, é necessária a ação do gênio para construir, a partir do que é originalmente diverso, ou seja, a partir de elementos e de suas relações particulares, a unidade que chamamos o espírito de uma época.[371]

Infelizmente, o desejo de salvaguardar o sentido unitário do mundo engendra imagens um pouco afetadas demais. Especialmente em seus ensaios históricos, reina como que alguma coisa de irreal. Ele peca talvez por excesso de sagacidade, de vontade, de saúde psíquica, sobretudo para um filósofo capaz de apreender, desde os anos 1870, as sombrias turbulências do inconsciente. Pode-se certamente reprovar-lhe alguns passos estilísticos em falso e uma profusão de adjetivos: "Um coração intrépido", "imbuído do sentimento de sua própria força", "nascido para agir e dominar" e assim por diante.[372]

IV

Mas de onde procede a autonomia individual? Se o pequeno x não é uma parte impermeável ao exterior, como o pensam Johannes Gustav Droysen e Eduard Meyer, se mesmo a vida íntima não é *livre*, mas penetrada pela presença do outro, a que se deve a diferença humana, o fato de que os homens diferem uns dos outros? Para retomar as palavras de Johann Gottfried Herder, por que "não há na natureza duas folhas de árvore perfeitamente semelhantes uma à outra, e menos ainda duas figuras de homens?".[373]

Para Dilthey, a possibilidade de "permanecer para si mesmo" não é inata. Ela é fruto da coexistência, no espaço e no tempo, de diferentes conjuntos interativos: os grupos, as comunidades, as instituições, frequentemente em competição ou em conflito

---

[371] Wilhelm Dilthey, *L'Imagination du poète, op. cit.*, p. 163.

[372] Max Horkheimer enuncia considerações críticas nesse sentido em "The Relation between Psychology and Sociology in the Work of Wilhelm Dilthey", *Studies in Philosophy and Social Science*, 1940, VIII, p. 430-443.

[373] Johann Gottfried Herder, *Idées pour la philosophie de l'histoire de l'humanité, op. cit.*, t. II, p. 1.

entre si, impregnam o indivíduo de ideias, de emoções, de imagens heterogêneas. No fundo, não há contradição entre dependência e autonomia. Ao contrário, poderíamos dizer, sob certos aspectos, que a autonomia está fundada na dependência. Como escreve num ensaio de 1890, experimentamos, a cada momento de nossa vida, "que o 'eu querente' se revela autônomo sem deixar de estar entravado em suas volições, o que lhe confere um caráter condicional e dependente".[374] O indivíduo é tanto mais capaz de se afirmar como sujeito e de sentir, por conseguinte, prazeres e dores, quanto mais é alimentado pelo mundo: torna-se um sujeito psíquico ativo, independente, capaz de elaborar as solicitações da realidade exterior, graças à sua relação com os outros. Nessa perspectiva, a socialização não tem apenas esse efeito de homologação e de homogeneização, tantas vezes dramatizado no século XX (de Erving Goffman a Michel Foucault), mas é em primeiro lugar um processo de diferenciação: os indivíduos se distinguem uns dos outros justamente ao interiorizarem as normas sociais e as regras institucionais.[375]

A esse respeito, toda a reflexão de Dilthey sublinha o quanto o mundo histórico não é compreensível em termos de pertencimento, e ainda menos em termos de propriedade ou de assimilação. Um indivíduo não pode *explicar* um grupo, uma comunidade ou uma instituição, e, inversamente, um grupo, uma comunidade ou uma instituição não permitem *explicar* um indivíduo. Entre esses dois polos, existe sempre um resíduo, e esse resíduo é inesgotável. As criações da vida coletiva são atormentadas, vividas e realizadas por cada indivíduo, mas escapam a seu controle, abarcando um espaço humano mais amplo que o simples espaço biográfico. Elas existiam antes de nós e continuarão após nós:

> [Elas] agem como costumes, condutas, e, através de sua aplicação ao indivíduo, enquanto opinião pública: em virtude da

---

[374] Wilhelm Dilthey, *Croyance à la vérité du monde extérieur, op. cit.*, p. 141.
[375] Nos mesmos anos, Émile Durkheim sublinha que o individualismo, longe de o desagregar, intensifica o laço social: cf. "L'individualisme et les intellectuels" (1898), dans *La Science sociale et l'action*, Paris, PUF, 1987, p. 274. O laço entre individualização e socialização será em seguida retomado por Norbert Elias, La *Société des individus, op. cit.*, p. 37-56, para quem a sociedade não tem somente a função de igualar e normalizar, mas também de individualizar.

superioridade do número e pelo fato de que a comunidade dura mais tempo do que a vida individual, exercem um poder sobre o indivíduo, sobre sua experiência e sua potência vitais.[376]

Basta pensar na Igreja católica: quantas gerações de homens ela viu nascer e desaparecer "desde os tempos em que escravos se esgueiravam ao lado de seus senhores rumo às tumbas subterrâneas dos mártires [...] até hoje, quando essa hierarquia complexa desapareceu quase totalmente no Estado moderno!".[377] Por outro lado, o indivíduo é sempre um ser bastardo, no cruzamento (*Kreuzungspunkt*) de diferentes grupos históricos. Embora seja modelado, até a moela, por suas experiências sociais, jamais é redutível a uma só dessas: jamais se dá completamente, nem mesmo à sua família, a matriz de todas as outras formas de vida social. Tomemos o caso de um juiz. Ele pode pertencer ao mesmo tempo a uma família, a um partido político, a uma Igreja, etc.: além do fato de que satisfaz

> [...] a função que ocupa no espaço jurídico, ele é fruto de diversos outros conjuntos interativos; age no interesse de sua família, deve cumprir uma atividade econômica, exerce suas funções políticas, e talvez, de quebra, componha versos. Assim, os indivíduos não estão inteiramente ligados a tal conjunto interativo, mas, na diversidade das relações de causa e efeito, só são postos em relação uns com outros os processos que derivam de um sistema determinado, e o indivíduo está imbricado em conjuntos interativos diferentes.[378]

Por sorte, mesmo quando não é possível, como nas situações extremas, habitar simultaneamente diversos espaços, resta-nos ainda a possibilidade de haurir recursos atrás de nós e à nossa frente, em outros tempos: "Numerosas são em nós as possibilidades da vida em relação à memória e ao querer projetado para o porvir, [...] de tal forma que nossa imaginação vai além do que podemos viver

---

[376] Wilhelm Dilthey, *L'Édification du monde historique*, op. cit., p. 88.
[377] Wilhelm Dilthey, *Introduction aux sciences de l'esprit*, op. cit., p. 224.
[378] Wilhelm Dilthey, *L'Édification du monde historique*, op. cit., p. 118. O grupo a que Dilthey atribui a mais forte capacidade de unificar a experiência é, sem dúvida alguma, a geração, entendida como círculo restrito de indivíduos que, no curso de seus anos de formação, foram confrontados a e participaram dos mesmos acontecimentos. Ela exprime uma relação de contemporaneidade dos indivíduos. Esse ponto será retomado por Sigfried Kracauer, *L'Histoire: des avant-dernières choses* (1969), traduzido do inglês por Claude Orsoni, Paris, Stock, 2006, cap. 1.

imediatamente ou realizar no seio de nosso eu". O que equivale a dizer que o presente nunca é apenas presente, um estado temporal fechado em si mesmo, mas que ele é de uma natureza mais flexível e não cessa de solicitar o passado e o porvir: "O presente não *é* jamais; o que vivemos no imediato como presente encerra sempre em si a lembrança do que era justamente presente".[379] A exemplo de Friedrich Nietzsche, Dilthey pensa que o homem é uma criatura do tempo, inelutavelmente ligada à cadeia do passado e que é precisamente essa que faz nascer nele a necessidade de se exprimir de maneira durável: "O animal vive tudo no presente. [...] Nada sabe do nascimento e da morte. Assim, sofre bem menos do que o homem. Embora se observe por toda parte, no reino animal, crueldades, mutilações ferozes, a luta pela vida e pela morte, a vida do homem está exposta a uma dor bem maior e mais permanente". Nossa vida se estende atrás de nós, rumo ao passado, pelo viés da lembrança, e adiante, numa expectativa, cheia de temor ou esperança, voltada para o porvir: "Dos dois lados ela se perde na obscuridade".[380] Contrariamente ao que dirão, nos decênios seguintes, numerosos sociólogos (especialmente alguns defensores do interacionismo simbólico[381]), o eu não é um produto *hic et nunc*, determinado por uma situação contingente. Suas ações são fundadas na duração e se alimentam de imagens do passado e de antecipações do porvir: "Diferença entre a alma e as menores partes do corpo", escreve Dilthey no fim dos anos 1870,

> [...] estas tendem, na flutuação de condições que aparecem e desaparecem, a voltar a seu estado primeiro. A alma, ao contrário, guarda nela as consequências dos influxos recebidos, mesmo após a chegada de influxos de sentido oposto: segundo

---

[379] Wilhelm Dilthey, *Plan der Fortsetzung zum Aufbau der geschichtlichen Welt in den Geistwissenschaften* (1907-1910), in *Gesammelte Schriften, op. cit.*, t. VII, p. 194, 259. Sobre o tempo real, cf. igualmente Wilhelm Dilthey, *Studien zur Grundlegung der Geistwissenschaften* (1905-1910), in *Gesammelte Schriften, op. cit*, vol. VII, p. 70-75.

[380] Wilhelm Dilthey, *Leben und Erkennen, op. cit.*, p. 357.

[381] Segundo Herbert Blumer, "A ação específica tem lugar no seio de uma situação e se refere a esta [...]: qualquer que seja a unidade – um indivíduo, uma família, uma escola, uma igreja, uma empresa, um sindicato, etc. – cada ação específica se forma com base na situação no seio da qual se desenrola": Herbert Blumer, Society as Symbolic Interacton, in Arnold M. Rose (dir.), *Human Behavior and social Processes: An Interaction Approach*, Boston, Houghton Mifflin, 1962, p. 187

a bela frase de Schleiermacher que diz que nela nada perece. É por esta razão que ela pode se desdobrar.[382]

Enquanto isso, mesmo a relação que existe entre uma comunidade ou uma instituição e uma época ou uma civilização não é definível em termos de pertencimento. Sem dúvida, toda época exprime uma figura dominante. É unilateral e, em certos momentos, a consonância entre os diferentes domínios da vida é particularmente forte: por exemplo, o espírito racional e mecanicista do século XVII influenciou a poesia, a ação política e a estratégia de guerra. Mas trata-se de exceções, já que os diferentes campos gozam de certa autonomia: "Cada conjunto particular contido [no mundo histórico] possui, através da posição de valores e da realização de fins, seu próprio centro".[383] Como Wilhelm von Humboldt escrevia já em 1791, há sempre fragmentos de história que resistem ou recusam conformar-se ao movimento geral.[384] Disso resultam irregularidades, diferenças, discordâncias:

> Esse conteúdo [histórico] se apresenta como uma unidade. É o que pôde fazer nascer a ideia de que era possível expor o conjunto da história sob a forma de relações lógicas entre pontos de vista homogêneos. Assim, os hegelianos estragaram a inteligência da filosofia moderna pela ficção segundo a qual os pontos de vista decorreriam logicamente uns dos outros. Em realidade, uma situação histórica contém inicialmente uma diversidade de fatos particulares. Refratários, estes são simplesmente justapostos e não se deixam reconduzir uns aos outros.[385]

Uma civilização não constitui, portanto, uma entidade compacta e não é feita de uma única substância, redutível a um princípio primordial. Deve antes ser compreendida como um entrelaçamento ou uma mistura instável de aspirações diferentes e de atividades que se contradizem. Acolhe diversos conjuntos interativos em perpétuo movimento (a economia, a religião, o direito, a educação, a política, o sindicato, a família, etc.):

---

[382] Wilhelm Dilthey, *Erkenntinstheorische Fragmente*, op. cit., p. 63.
[383] Wilhelm Dilthey, *L'Édification du monde historique*, op. cit., p. 92.
[384] Wilhelm von Humboldt, *Uber die Gesetze der Entwicklung der menschlichen Kräfte*, in *Gesammelte Schriften*, op. cit., vol. I.
[385] Wilhelm Dilthey, *L'Imagination du poète*, op. cit., p. 162.

> E como a organização política contém em si uma diversidade de comunidades que descem até a família, a vasta esfera da vida nacional compreende, ademais, comunidades, conjuntos mais restritos que têm em si seu movimento próprio. [...] Cada um desses conjuntos interativos está centrado sobre si mesmo de uma maneira particular e é aí que se encontra fundada a regra interna de sua evolução.[386]

Profundamente insensível à magia da cronologia, Dilthey não deixa de conceitualizar a pluralidade fundamental do mundo histórico em sua dimensão temporal. Na esteira de Herder, que afirmava que todo fenômeno *é* o próprio relógio, escreve, em 1910, que o tempo histórico não é nem um movimento retilíneo nem um fluxo homogêneo.[387] Assim, o século XVIII é habitado, ao mesmo tempo, pelas Luzes, por Bach e pelo pietismo:

> Esse conjunto homogêneo, em que se exprime, em diferentes domínios da vida, a orientação dominante das Luzes alemãs, não determina por isso todos os homens que pertencem a esse século, e, mesmo lá onde sua influência se exerce, outras forças agem muitas vezes a seu lado. As resistências do século precedente se fazem sentir. As forças ligadas às situações e às ideias anteriores são particularmente ativas, mesmo se buscam dar-lhes uma forma nova.[388]

De certa maneira, Dilthey desenha o todo histórico como um conjunto maleável, conflituoso, no seio do qual coexistem forças discordantes que se rebelam contra a unidade forçada do *Zeitgeist*: "Não se trata de uma unidade que seria exprimível por uma ideia fundamental, mas antes de um conjunto que se edifica entre as tendências da própria vida".[389] Definitivamente, as considerações de Dilthey sobre a natureza heterogênea e descontínua do tempo histórico propõem uma imagem musical da relação entre as partes

---

[386] Wilhelm Dilthey, *L'Édification du monde historique*, op. cit., p. 122-124.

[387] Provavelmente, como o dirá Siegfried Kracauer (*L'Histoire*, op. cit., p. 216), seria melhor substituir a expressão "a marcha do tempo" por "a marcha dos tempos". Cf. igualmente Walter Benjamin, *Origine du drame barroque allemand* (1925), traduzido do alemão por Sibyle Muller, Paris, Flammarion, 1985, p. 38-39.

[388] Wilhelm Dilthey, *L'Édification du monde historique*, op. cit., p. 132.

[389] *Ibid.*, p. 133. Um ano mais tarde, ele voltará a esse ponto, in *Die Typen der Weltanschauung und ihre Ausbildung in den metaphysischen Systemen*, in *Gesammelte Schriften*, vol VIII, p. 89-90.

e o todo, num jogo infinito de harmonias e de dissonâncias não previsíveis: não existe um núcleo único, que seria ao mesmo tempo a melodia e o acompanhamento (o século das Luzes), mas uma alternância de temas que se encadeiam e se entrecruzam.[390]

V

Desejoso sobretudo de descobrir as diferentes maneiras como a humanidade realiza sua liberdade interior, Dilthey volta muitas vezes à biografia, a forma de historiografia mais filosófica segundo ele:

> É a vontade de um homem, em seu desdobramento e em seu destino, que é aqui apreendida em sua dignidade como fim em si, e o biógrafo deve perceber o homem *sub specie aeterni*, tal como ele mesmo se sente nos momentos em que, entre ele e a divindade, tudo é tão somente transparência quase não velada, signos e intermediários, e em que se sente tão próximo do céu estrelado quanto de qualquer parte da terra.[391]

Desse ponto de vista, a biografia privilegia o grande homem na medida em que esse é capaz de amalgamar experiências duráveis. Mas tal propensão não é nem um pouco exclusiva. É possível contar qualquer vida, da mais insignificante à mais notável, da cotidianidade aos mais altos feitos: "A família guarda suas lembranças, a justiça criminal e suas teorias nos fazem conhecer a vida de um malfeitor, a patologia psíquica a de um anormal. Cada elemento humano se torna para nós um documento que nos apresenta algumas das possibilidades infinitas de nossa existência".[392]

A dizer a verdade, no que concerne à biografia, Dilthey coloca uma única condição: considerar o ser humano em sua íntegra. Se o eu é holístico, a biografia também deve sê-lo. Não chegamos a

---

[390] Jorge Luis Borges perguntará: como se pode imaginar que Cervantes era contemporâneo da Inquisição? Cf. Jorge Luis Borges, *In Memory of Borges*, compreendendo textos de Borges, Graham Green, Vargas Llosa, 1988. Cf. igualmente os protestos de Alberto Savinio, *Fine dei modelli* (1947), in Opere, p. 479, contra a indiferença de Cronos que lançou Gioacchino Rossini num século que lhe é estranho. Sobre o valor do anacronismo, cf. igualmente Hans Magnus Enzensberger, *Feuilletage. Essais* (1997), traduzido do alemão por Bernard Lortholary, Paris, Gallimard, 1998.

[391] Wilhelm Dilthey, *Introduction aux sciences de l'esprit*, op. cit., p. 191.

[392] Wilhelm Dilthey, *Plan der Fortsetzung zum Aufbau der geschichtlichen Welt in den Geistwissenschaften*, in *Gesammelte Schriften, op. cit.*, p. 247.

compreender um edifício observando cada um dos tijolos que o compõem, examinando o cimento e identificando a mão de obra que o construiu, pois o que importa verdadeiramente é a ordenação arquitetural. O mesmo se dá com a vida. Não podemos decompô-la em mil pedaços, precisamos apreender sua conexão psíquica dominante: "Toda vida tem seu sentido próprio: ele reside na conexão significativa no seio da qual cada momento evocado possui seu próprio valor e tem também [...] uma relação com o sentido da totalidade".[393] Infelizmente, não se trata mais aí de um edifício, e a tarefa é bem mais árdua. A conexão psíquica dominante se exprime plenamente na duração, já que é uma "forma gravada que se desenvolve vivendo"; por conseguinte, não podemos compreender plenamente o indivíduo, por mais próximo que esteja, senão observando como ele se tornou o que é. É por essa razão que Dilthey se pergunta, repetidamente, se a biografia não assume todo seu sentido somente na idade adulta, quando o processo de individuação é completado. Considera mesmo a necessidade de esperar o fim do curso da vida: talvez somente na hora da morte pode-se contemplar a totalidade de uma vida. Em todo caso, cada elemento particular da existência adquire uma significação essencialmente por sua conexão com a totalidade. Nessa perspectiva, que será mais tarde retomada por Hannah Arendt, a verdade e a significação (*Bedeutung*) não coincidem: a primeira descreve um pensamento, uma sensação ou uma ação, enquanto a segunda indica a relação desse pensamento, dessa sensação ou dessa ação com uma vida em seu conjunto (pessoal ou histórica). E, na biografia, assim como na história, é a significação que deve predominar, uma vez que uma miríade de fatos verdadeiros não basta para nos revelar uma vida: como escrevera, uma vez ainda, Goethe, "um fato de nossa vida não vale por ser verdadeiro, mas porque significava alguma coisa".[394]

Dilthey não se contenta em defender a natureza holística da biografia; ele sublinha igualmente o laço vital profundo que existe entre a obra de arte, a biografia e a história. Em suas obras de

---

[393] *Ibid.*, p. 199.
[394] *Conversations de Goethe avec Eckermann, op. cit.*, 30 março de 1831, p. 413. Sobre a distinção entre verdade e significação, ver igualmente Hannah Arendt, *La Vie de l'esprit* (1978), traduzido do inglês por Lucienne Lotringer, Paris, PUF, 1981, p. 30.

estética, toma por alvo de suas críticas "todas as finezas artificiosas que gostariam de separar o belo da experiência da vida". Para ele, o poeta é uma alma impregnada de vida: "É preciso procurar antes de mais nada o fundamento dos efeitos específicos do poeta no ambiente, na riqueza e na energia de suas experiências".[395] Essas estão intensamente vivas tanto na matéria quanto no estilo, já que existe uma relação estreita entre o estado psíquico que engendra a obra poética e a forma que lhe é própria: "As imagens e suas relações ultrapassam, por essa razão, a experiência vivida ordinária; mas o que nasce dessa forma representa, entretanto, essas experiências, ensina a captar suas *significações* e a aproximá-las de nosso coração".[396] Contrariamente ao que afirma Marcel Proust, exatamente na mesma época, a obra de arte não é para Dilthey o fruto de outro *eu*, mais profundo, que escaparia, e mesmo se recusaria à experiência de vida.[397] Para ele, nenhum abismo separa o poeta do homem. Mais ainda, Hyperion *é* Hölderlin, Empédocles *é* Hölderlin: mesmo distanciamento da agitação do mundo, mesmo peso do passado... "Se essa fórmula é um pouco estreita, temos mesmo assim o direito de dizer: é somente na medida em que um elemento psíquico, ou uma combinação de tais elementos, está em relação com um acontecimento vivido, e com a representação deste, que ele pode ser elemento constitutivo da poesia".[398] Mas há mais. Porque o poeta não vive nas nuvens, sua obra tem igualmente sua historicidade e, em certos casos, exprime as inquietudes de toda uma geração: "A arte pinta o céu e o inferno, os deuses e os fantasmas com cores emprestadas à realidade. Ela se contenta em intensificar os elementos desta".[399] Dessa vez a referência

---

[395] Wilhelm Dilthey, *L'Imagination du poète, op. cit.*, p. 115.

[396] *Ibid.*, p. 94 e 164. A esse propósito, Cf. também Hans Georg Gadamer, *Vérité et méthode. Les grandes lignes d'une herméneutique philosophique* (1960), traduzido do alemão por Pierre Fruchon, Jean Grendin e Gilbert Merlio, Paris, Éditions du Seuil, 1996, p. 325-329.

[397] Marcel Proust, *Contre Sainte-Beuve, op. cit.*, p. 121-147.

[398] Wilhelm Dilthey, *L'Imagination du poète, op. cit.*, p. 104. Cf. igualmente as proposições sobre a filosofia considerada como uma essência viva, "um organismo alimentado pelo sangue de um filósofo": Wilhelm Dilthey, *Das geschichtliche Bewusstsein und die Weltanschauungen*, in *Gesammelte Schriften, op. cit.*, vol. VIII, p. 30 *sq*. Sobre a ligação entre experiência vivida e visão filosófica, cf. Wilhelm Dilthey, *L'Histoire de la jeunesse de Hegel* in *Leibniz et Hegel*, traduzido do alemão por Jean-Cristophe Merle, t. V, Paris, Éditions du Cerf, 2002.

[399] Wilhelm Dilthey, *Contributions à l'étude de l'individualité* (1895-1896), in *Le monde de l'esprit, op. cit*, p. 278.

que invoca não é mais Goethe ("Tudo se liga a isto: para fazer alguma coisa, é preciso ser alguma coisa"), mas Shakespeare, que, pela voz de Hamlet, recorda que o fim do drama sempre foi "tanto na origem quanto agora apresentar de certa forma o espelho à natureza; mostrar à virtude seus próprios traços, à vergonha sua própria imagem, ao século e ao corpo do tempo a impressão de sua forma".[400]

A relação entre a obra de arte, a biografia e a história, porém, está longe de ser simples: cada uma das linhas das *Afinidades eletivas* foi vivida, mas nenhuma delas é tal como foi vivida.[401] Nesse sentido, toda catalogação biográfica é inadequada. Não basta repertoriar os hábitos do poeta, reconstruir suas frequentações ou escutar as declarações de seus amigos, como pensava Sainte-Beuve. É mesmo inútil interrogá-lo sobre o que pensa de tal ou tal coisa, porque a inteligência artística é inconsciente, muitas vezes incapaz mesmo de se explicar: "O trabalho criador do poeta repousa em toda parte sobre a energia com que vive as coisas. Em sua organização, que oferece poderosa ressonância aos sons da vida, a noticiazinha sem alma de um jornal, na rubrica "O mundo do crime", o seco relato de um cronista ou a lenda grotesca se transformam em experiência vivida".[402] Mozart abandonava-se às impressões suscitadas pela vida, como um peregrino em terra estrangeira, com um prazer profundo e em toda liberdade. O mesmo poderia ser dito de Lessing, de Goethe, de Novalis e de Hölderlin, os elos do movimento espiritual alemão. Ei-los, indefectivelmente impregnados das vivências mais disparatadas, "pois a vida de um homem está tão entrelaçada com os destinos de muitos outros que um dia ele os vê subitamente com uma força visionária em face dele para, em geral, voltar a perdê-los no tumulto do mundo, ou senão é tocado de maneira mais efêmera, talvez somente pela expressão de um indiferente ou a notícia

---

[400] Wilhelm Dilthey, *L'Imagination du poete, op. cit.*, p. 163. Cf. William Shakespeare, *Hamlet*, ato III, cena II, linhas 19-23. No curso do discurso proferido em Viena, em 1936, por ocasião dos cinquenta anos de Hermann Broch, Elias Canetti definiu o escritor como um fino cão de caça, tendo o vício de meter o nariz nos recônditos de sua época.

[401] Recentemente, Amos Oz declarou: "Qual é a parte da autobiografia e da invenção em minhas histórias? Tudo é autobiografia: se um dia escrevesse uma história de amor entre Madre Teresa e Abba Eban, seria certamente uma história biográfica – embora não confessada. Todas as histórias que escrevi são autobiografias. Nenhuma é uma confissão".

[402] Wilhelm Dilthey, *L'Imagination du poete, op. cit*, p. 60.

de um jornal empanturrado de fatos".[403] Estranho à mentalidade aritmética do dois e dois são quatro, Dilthey sabe muito bem que a obra de arte não é uma representação direta e fiel da experiência vivida, nem mesmo a imitação de uma realidade efetiva, dotada de uma existência independente, mas antes um momento de criação de que surge algo de imprevisível, que permanecera até então latente.

Embora penetrada de vida, a poesia transcende a realidade e se serve da experiência para enriquecê-la com novos temas: "As imagens e suas combinações se desdobram livremente [no poeta] *para além das fronteiras do real*".[404] Tudo se passa como no sonho ou no delírio, dois estados psíquicos em que se realiza "a livre modelagem das imagens". Essa afinidade entre a poesia, a fantasia onírica e a loucura é evidente em Rousseau e em Byron, os mais eminentes poetas subjetivos dos dois últimos séculos: "Se lemos a história de Rousseau a partir desse 9 de abril de 1756, data de sua instalação no eremitério do parque *de La Chevrette*, em que ele 'começou a viver', até sua morte, que só ela pôs fim a seus sonhos, a suas decepções, e mesmo à sua mania de perseguição, é impossível separar seus fantasmas de seu destino". Byron também "amplificou fantasticamente todos os acontecimentos de sua vida". Mas esses não são casos excepcionais: todas as produções poéticas, mesmo as mais sãs, revelam afinidade com os "estados psíquicos que se afastam da norma da vida desperta".[405] Com uma diferença, entretanto. Enquanto no sonho, na loucura ou no estado de hipnose, a coerência da vida psíquica é diminuída, ela se encontra, ao contrário, aguçada na arte: o poeta transcende a realidade para percebê-la de maneira mais potente e profunda. Para Dilthey, a transformação poética da realidade se funda sobre três operações estéticas (que podem nos parecer, hoje em dia, ligadas demais ao cânone do classicismo). Em primeiro lugar, a omissão: diferentemente do delirante, que mistura, sem

---

[403] Wilhelm Dilthey, *Goethe et l'imagination poétique*, op. cit., p. 286. Sobre Sainte-Beuve, cf. o capítulo "O limiar biográfico".

[404] Wilhelm Dilthey, *L'Imagination du poète*, op. cit., p. 67.

[405] *Ibid.*, p. 95. A analogia entre a criação artística e o sonho é proposta igualmente por Norbert Elias, *Mozart: Sociologie d'un génie*, traduzido do alemão por Jeanne Étoré e Bernard Lortholary, Paris, Éditions du Seuil, 1991; e por André Green, *La lettre et la mort. Promenade d'un psychanaliste à travers la littérature: Proust, Shakespeare, Conrad, Borges...*, entretiens avec Dominique Eddé, Paris, Denoël, 2004, p. 142 *sq.*

maiores preocupações, fragmentos de imagens incoerentes, o poeta negligencia intencionalmente os traços contraditórios. Em seguida, a intensificação de cada elemento, a exemplo do que acontece num palco de teatro quando um personagem particular é iluminado por um refletor (em Shakespeare e Dickens, há "uma espécie de luz artificial: as imagens são colocadas sob a iluminação elétrica e crescem sob a lupa").[406] Enfim, a integração: "Uma imaginação que apenas eliminasse, reforçasse ou diminuísse, aumentasse ou reduzisse, seria fraca e não produziria mais do que uma idealidade sem relevo ou uma caricatura da realidade. Por toda parte onde se constitui uma obra de arte verdadeira, produz-se um desdobramento substancial das imagens que recebem um complemento positivo".[407]

VI

Por muito tempo, Dilthey acariciou a esperança de apreender a significação – ou as significações – da vida graças à psicologia: é nessa ciência fundamental, entendida como conhecimento da experiência vivida (*Erlebnis*[408]) e não como ciência experimental, que devem se fundar a biografia e a história, como afirma seu ensaio *Über vergleichende Psychologie. Beiträge zum Studium der Individualität*, escrito entre 1895 e 1896 em resposta às críticas de Wilhelm Windelband e de Heinrich Ebbinghaus.[409] Nesse texto, como em outros que datam dos anos 1890, a compreensão (*Verstehen*) é encarada como um processo de reconstrução psicológica graças ao qual o intérprete é transposto ao horizonte de outro. É somente por esse movimento imaginativo – ultrapassando os limites da *Erlebnis* individual e reencontrando o próprio eu no tu – que é possível reviver (*nacherleben*) e reproduzir analogicamente o ato criador de outro ser humano (quer se trate do autor de um texto ou do protagonista de um fato): "Apreendemos a vida interior [de outras pessoas]. Isso

---

[406] Wilhelm Dilthey, *L'Imagination du poète*, op. cit, p. 102.
[407] Ibid., p. 103. Sobre a poética de Dilthey, cf. Kurt Müller Vollmer, *Towards a Phenomenological Theory of Literature. A Study of Wilhelm Dilthey's Poetik*, La Haye, Mouton, 1963.
[408] Sobre a noção de *Erlebnis* na reflexão de Dilthey, ver especialmente Otto Friedrich Bollnow, *Dilthey. Eine Einführung in seine Philosophie* (1936), Schaffhausen, Novalis Verlag, 1980, p. 84 *sq*.
[409] Wilhelm Windelband, "Histoire et sciences de la nature", *op. cit*.; Heinrich Ebbinghaus, "Über erklärende und beschreibende Psychologie", *Zeitschrift für Psychologie und Physiologie der Sinnesorgane*, 1896, IX, p. 161-205.

ocorre por uma operação espiritual que equivale a um raciocínio analógico. Os defeitos dessa operação vêm do fato de que só a realizamos transportando nossa própria vida psíquica a outrem".[410] Eis-nos aqui bem longe do preceito distante prescrito (mas talvez bem pouco posto em prática) por Ranke, que recomendava ao historiador apagar o próprio eu, de maneira a deixar falar apenas as coisas. Dilthey não o estima possível, nem desejável. Pensa, ao contrário, que só a extensão do eu torna possível a compreensão do mundo histórico: o ato de reproduzir e de reviver, essa passagem do eu ao tu, é para ele como o *solo alimentador*, "onde mesmo as operações mais abstratas das ciências morais devem haurir sua força. A compreensão não pode jamais ter aqui um caráter puramente racional. É vão querer fazer compreender o herói ou o gênio acumulando as circunstâncias de todas as espécies. A via de acesso que melhor lhe convém é a mais subjetiva".[411]

Entretanto, sua confiança na psicologia não foi inabalável. Desde 1894, escreve que não são as experiências psicológicas, mas a história que permite ao indivíduo apreender o que ele é.[412] Treze anos mais tarde, alerta contra a ideia de reviver diretamente um estado psíquico:

> Se quiséssemos [...] viver agora imediatamente, aplicando-nos a isso de qualquer maneira que seja, o fluxo da própria vida, [...] recairíamos sob a lei da vida, segundo a qual todo momento observado, ainda que reforcemos em nós a consciência desse fluxo, é o momento que se tornou lembrança, mas não o fluxo; pois está fixado pela atenção que petrifica então o que em si é corrente. Não podemos, por conseguinte, penetrar a essência desta vida: o que o jovem de Saïs desvenda é uma forma e não a vida.[413]

---

[410] Wilhelm Dilthey, *Psychologie descriptive et analytique*, op. cit., p. 203-204. A ideia da dilatação do eu, fundada num movimento contínuo entre estraneidade e reconstrução, procede de Goethe, que, mais do que ninguém, parece possuir "uma faculdade quase feminina de simpatia com a existência sob todas suas formas, uma imaginação que a aumenta reconstruindo-a" (*Goethe et l'imagination analytique*, op. cit., p. 259).

[411] Wilhelm Dilthey, *Contribution à l'étude de l'individualité*, op. cit., p. 282. A crítica de Dilthey a Ranke foi mais tarde retomada por Georg Simmel: cf. Pietro Rossi, *Lo storicismo contemporaneo*, op. cit., p. 235.

[412] Wilhelm Dilthey, *Psychologie descriptive et analytique*, op. cit., p. 389.

[413] Wilhelm Dilthey, *Plan der Fortsetzung zum Aufbau der geschichtlichen Welt in den Geisteswissenschaften*, op. cit., p. 195. Trata-se de um dístico de Friedrich Novalis: "Alguém o conseguiu – que retirou

Em 1910, um ano antes de sua morte, termina por abandonar definitivamente toda forma de intuição psicológica. Reitera, uma vez ainda, que o conhecimento é uma expressão vital: "Não é uma *démarche* conceitual que constitui o fundamento das ciências do espírito, mas a apreensão de um estado psíquico em sua totalidade e a capacidade de reencontrá-lo revivendo-o. É a vida que apreende aqui a vida".[414] Mas revela-se cada vez mais pessimista quanto à possibilidade de participar de maneira imediata da experiência de outrem pela simpatia (*Nachfühlung*). Ele que, em seus escritos de juventude, se definia como a um só tempo historiador e psicólogo, descobre partilhar doravante a desconfiança de Goethe em relação à introspecção: o homem só se conhece na medida em que conhece o mundo, só conhece o mundo em si e só se conhece no mundo.

Mas, então, como nos é possível compreender o outro? Como podemos nos reconhecer nele, sentir seus estados de alma? E como podemos nos fundar no ato de compreensão, ainda mais quando essa sobrevém *a posteriori*? "Em face da intrusão constante do arbitrário romântico e da subjetividade cética no domínio da história", Dilthey enfrenta essas questões, durante os dez últimos anos de sua vida, na esperança de "fundar teoricamente o valor universal da interpretação, sobre o qual repousa toda certeza histórica".[415] Reatando com a tradição hermenêutica que abordara nos anos 1860 com uma grande biografia de Friedrich Schleiermacher, escreve que a obra de arte é compreensível graças à afinidade que existe entre aquele que exprime e aquele que escuta.[416] A individualidade do intérprete e a de seu autor não são estranhas ou incomparáveis entre si: bem pelo contrário, "são constituídas tanto uma como a outra sobre os elementos fundamentais da natureza humana em geral, o que torna possível a comunidade entre os homens no discurso e na compreensão". Os seres humanos diferem uns dos outros, e a compreensão mútua é-lhes uma tarefa árdua. Tudo bem considerado, não se trata, no entanto, de diversidades qualitativas entre as pessoas, mas

---

o véu da deusa, em Saïs – Mas o que viu? Viu – maravilha das maravilhas – a si mesmo", sobre o qual Dilthey reflete em *Goethe et l'imagination poétique, op. cit.*

[414] Wilhelm Dilthey, *L'Édification du monde historique, op. cit.*, p. 90.

[415] Wilhelm Dilthey, *Naissance de l'herméneutique* (1900), in *Écrits d'esthétique, op. cit.*, p. 307.

[416] Sobre sua leitura de Schleiermacher, cf. Franco Bianco, *Storicismo ed ermeneutica*, Roma, Bulzoni, 1974, cap. 3; Georges Gusdorf, *Les origines de l'herméneutique*, Paris, Payot, 1988, cap. 4.

"das diferenças de intensidade em seus processos psíquicos".[417] Essa leitura otimista vale igualmente para o passado, um mundo que lhe é familiar, no qual evolui com desenvoltura:

> Da distribuição das árvores num parque, da ordenação das casas numa rua, da ferramenta bem adaptada do trabalhador até o julgamento pronunciado no tribunal, há incessantemente à nossa volta produtos da história. [...] Já que o tempo avança, estamos cercados por ruínas romanas, catedrais, pelos castelos da monarquia. A história não é algo que esteja separado da vida, nada que esteja cortado do presente por seu distanciamento no tempo.[418]

Que o material seja inevitavelmente lacunar e obscuro, de certa forma uma não evidência, não constitui um obstáculo insuperável. Por certo, o historiador é condicionado por sua época, mas, como qualquer outro intérprete, pode dilatar sua experiência e se abrir a outra vida: "Por cima de todas as barreiras de sua própria época, ele olha para fora em direção às civilizações do passado; impregna-se de sua força e re-experimenta sua magia: e tira daí um grande aumento de felicidade".[419]

Em relação a seus escritos precedentes, é sobretudo a imediatez que é abandonada: a compreensão se torna um ato refletido.[420] Dilthey estima que, ainda que não tenhamos acesso direto à significação profunda de uma existência, podemos ao menos apreender alguns fragmentos seus mediante suas manifestações exteriores: "A existência de outrem só nos é inicialmente acessível do exterior através dos dados sensíveis, gestos, sons e ações".[421] Como Droysen dissera e repetira durante os decênios anteriores, só compreendemos

---

[417] Wilhelm Dilthey, *Naissance de l'herméneutique*, op. cit., p. 305.
[418] Wilhelm Dilthey, *L'Édification du monde historique*, op. cit., p. 101.
[419] Wilhelm Dilthey, *Naissance de l'herméneutique*, op. cit., p. 291.
[420] Ernst Cassirer (*Logique des sciences de la culture* [1942], traduzido do alemão por Jean Carro, Paris, Éditions du Cerf, 1991) faz uma distinção entre o ato da criação e aquele da compreensão, sublinhando o caráter reflexivo deste. Certos críticos falaram de virada hermenêutica: cf. Theodore Plantinga, *Historical Understanding in the Thought of Wilhelm Dilthey*, Lewinston-Queenston-Lampetter, The Edwin Mellen Press, 1992; Ilse N. Bulhof, *Wilhelm Dilthey. A Hermeneutical Approach to the Study of History and Culture*, La Haye, Nijhoff, 1980. Algumas considerações críticas a esse respeito foram formuladas por Rudolf A. Makkreel, *Dilthey: Philosopher of Human Studies*, Princeton, Princeton University Press, 1992.
[421] Wilhelm Dilthey, *Naissance de l'herméneutique*, op. cit., p. 292.

a totalidade em *uma* única de suas expressões.[422] Felizmente, o ser humano tem constante necessidade de expressar seus estados de alma. E, diferentemente do animal, não se limita a manifestações corporais. Graças à linguagem, pode escapar à solidão de sua vida interior para contar-se, cantar, pintar, dançar, etc.[423] E são essas realizações exteriores que tornam possível a compreensão: "Esta compreensão vai da apreensão do balbucio da criança até a de Hamlet ou da *Crítica da razão pura*. O mesmo espírito humano nos fala na pedra, no mármore, nos sons musicais, nos gestos, nas falas e nos escritos, nas ações, na ordem econômica e nas constituições, e requer uma interpretação".[424] Enquanto o processo criativo vai da experiência vivida (*Erleben*) à expressão (*Ausdruck*), o processo da compreensão segue o caminho inverso: só penetramos a interioridade do outro por seus efeitos, por causa das manifestações pelas quais, como diria Hegel, a consciência humana se objetiva.[425]

Estes "produtos objetais", como os chama Dilthey, são muito numerosos: a linguagem, o mito, a arte, a religião, o direito, a organização política (poderíamos mesmo acrescentar o sonho, a cozinha, a moda, o sintoma, etc.). Alguns entre eles apresentam a vantagem de produzir figuras firmes e estáveis, enquanto tudo o que se passa em nós, nossa interioridade, é dramaticamente precário e fugidio, até para nós mesmos: "Verídica em si, [a obra de arte] se ergue firme, visível, durável, tornando possível uma compreensão segura e regular. Assim, nos confins do saber e do fazer se desenha um círculo em que a vida se abre a uma profundidade que não é acessível nem à observação nem à reflexão nem à teoria".[426] A seus olhos, não resta dúvida de que a literatura constitui o produto mais eminente, aquele que, mais do que qualquer outro, permite que nos

---

[422] Johann Gustav Droysen, *Historik, op. cit.*, p. 112.
[423] Alguns decênios mais tarde, Alfred Schütz sublinhará a capacidade humana de se manifestar através de atividades acessíveis, tanto aos criadores quanto aos destinatários, como elementos de um mundo comum.
[424] Wilhelm Dilthey, *Naissance de l'herméneutique, op. cit.*, p. 293.
[425] Sobre a relação entre a concepção hegeliana do espírito objetivo e a objetivação da vida de Dilthey, cf. Karl Löwith, *Diltheys und Heideggers Stellung zur Metaphysik* (1966), in *Sämtliche Schriften*, Stuttgart, Metzler, 1981-1988, vol. VIII. Sobre o caráter mediado da relação entre vida (*Leben*), expressão (*Ausdruck*) e compreensão (*Verstehen*), cf. H. Diwald, *Wilhelm Dilthey. Erkenntnistheorie und Philosophie der Geschichte*, Göttingen, 1963, p. 153 sq.
[426] Wilhelm Dilthey, *Plan der Fortsetzung zum Aufbau der geschichtlichen Welt in den Geisteswissenschaften, op. cit.*, p. 207.

insiramos no outro histórico. Dilthey a define, aliás, como um verdadeiro monumento histórico: a importância capital da literatura para nossa compreensão do passado "se deve a que somente na língua a interioridade do homem chega a uma expressão completa, exaustiva e objetivamente compreensível. É por isso que a arte de compreender tem seu centro na interpretação dos traços de existência humana contidos no escrito" Tratando-se de um produto completo, ele é também necessariamente verdadeiro e, por conseguinte, provido de objetividade. Podemos nos enganar sobre as razões dessa ou daquela ação, pois muitas vezes os homens se dedicam a apresentar sua conduta sob uma falsa luz.

> Mas a obra de um grande poeta, de um grande inventor, de um fundador de religião ou de um autêntico filósofo jamais será outra coisa senão a expressão verdadeira de sua vida psíquica; nesta sociedade humana, cheia de mentiras, uma obra deste gênero é sempre verdadeira e, diferentemente de qualquer outra expressão fixada, é suscetível em si de uma interpretação completa e objetiva.[427]

VII

Sem dúvida, a fé no conhecimento tem limites. O desejo de apreender de uma vez por todas a significação dos acontecimentos históricos parece a Dilthey "ao menos tão aventurosa quanto o sonho do filósofo da natureza que pensava, graças à alquimia, arrancar à natureza sua última palavra. Assim como a natureza, a história não pode entregar sua última palavra, uma palavra simples em que se enunciaria seu sentido verdadeiro".[428] O mesmo ocorre com os acontecimentos biográficos, pois toda compreensão permanece sempre relativa. "*Individuum est ineffabile*", repete várias vezes. Como muitos de seus contemporâneos, Dilthey viu, ele também, a natureza trágica do conhecimento. Sob certos aspectos, é justamente

---

[427] Wilhelm Dilthey, *Naissance de l'herméneutique, op. cit.*, p. 294. A dependência da história para com a literatura será igualmente sublinhada por Hans Magnus Enzensberger, "Letteratura come storiografia", *op. cit.*

[428] Wilhelm Dilthey, *Introduction aux sciences de l'esprit, op. cit,* p. 250.

o enraizamento do saber na vida (o "é a vida que apreende aqui a vida") que representa o limiar instransponível: a possibilidade de dilatar o próprio eu, de acolher outras experiências de vida, não é infinita. Mas essa constatação não implica necessariamente que seja preciso renunciar: por mais cruel que seja, esse limiar comporta também algo de positivo.

O ponto mais doloroso concerne indubitavelmente à relação entre as partes e o todo. Dilthey não atribui ao dilema biográfico o caráter quantitativo que sublinhamos em Carlyle. Não aspira a conhecer todos os elementos que alimentaram a evolução histórica. Coloca o problema num plano mais qualitativo. Afirma que não podemos apreender diretamente a totalidade histórica, uma vez que cada parte é um conjunto interativo que tem seu centro em si mesmo e em si mesmo encontra sua significação. Mas diz-nos também que a decomposição da totalidade não tem sentido algum. As partes não podem ser compreendidas singularmente, já que não estão fechadas em si mesmas; ao contrário, cada uma delas está ligada às outras numa unidade que não é uma simples justaposição.

> A análise deve, se quer compreender o particular, se esforçar por apreender suas relações com o geral. Quero descrever os *Evangelistas* de Dürer: sou então obrigado a me servir dos conceitos gerais que oferece a teoria da arte pictórica; devo falar, além disso, dos temperamentos e da maneira como eram concebidos na época de Dürer. Se quero analisar essa obra-prima, devo me lembrar dos recursos de que a pintura dispõe para representar grandes figuras da história universal como São João ou São Pedro [...]; devo integrar em seguida em todas essas relações gerais de fatos abstratos pertencentes à teoria da pintura a particularidade concreta que reside na maneira como a Renascença trata tais temas; [...] assim deve ser situada, no fim das contas, a originalidade da obra-prima de Dürer. São, portanto, em toda a parte, relações entre fatos gerais e o individual que permitem uma análise deste último.[429]

Donde algumas dúvidas irritantes sobre o valor científico da biografia: se cada indivíduo é o ponto de encontro de diferentes conjuntos interativos, como podemos proceder a partir dele, apreender

---

[429] Wilhelm Dilthey, *Psychologie descriptive et analytique*, op. cit., p. 233-234.

o conteúdo da natureza humana através dele? Donde também uma necessidade infinita de história: "O desenvolvimento da essência humana se encontra na história, é aí que se pode ler em letras maiúsculas os impulsos, os destinos íntimos, as relações vitais da natureza humana".[430] Donde, enfim, a convicção de que na história não reina nem o individual nem o geral, mas "a combinação do geral e do individual".[431]

Profundamente sensível à vitalidade periférica da história, Dilthey enfrenta a sensação de vertigem que atravessa todo projeto de história biográfica. Mas, fiel ao exemplo do juiz que, de quebra, compõe versos, não se deixa abusar pela ilusão de poder descobrir um ponto miraculoso em que se refletiria a totalidade histórica. Com Humboldt, sugere outra via: aceitar o caráter circular do conhecimento. Para apreender o todo, devemos compreender suas partes, mas, para apreender as partes, é-nos preciso compreender o todo. Existe entre as duas operações uma dependência recíproca, uma se alimentando da outra: se "a visão histórico-universal da totalidade pressupõe a compreensão das partes que estão reunidas nela", inversamente, "a compreensão de uma parte do curso da história só atinge sua perfeição graças à relação da parte com o todo".[432] Assim como a significação de uma frase não reside nas palavras que a compõem, mas na ligação que as une, um fato singular só tem significação em relação com a vida em seu conjunto: "A cada instante de nossa vida, no pensamento mais tolo ou na rotina mais insignificante, há uma conexão com aquilo que, enquanto significação da vida, religa todos seus momentos num todo".[433]

Em vez de buscar vencer a sensação de vertigem, Dilthey aceita-a e se dedica a tirar proveito dela. Quem sabe? O fato de que cada espaço, cada tempo, remete a outro espaço e a outro tempo (fazendo assim da contextualização uma empresa interminável) não é talvez um entrave, e menos ainda uma maldição. Talvez se trate ao contrário de uma sorte e de um recurso. Resta que aceitar a natureza

---

[430] Wilhelm Dilthey, *Ausarbeitung der deskriptiven Psychologie*, op. cit., p. 183.
[431] Wilhelm Dilthey, *Contributions à l'étude de l'individualité*, op. cit., p. 263.
[432] Wilhelm Dilthey, *L'Édification du monde historique*, op. cit., p. 105.
[433] Wilhelm Dilthey, *Leben und Erkennen*, op. cit., p. 382.

inacabada da história, e parar de tentar concluir o que é inesgotável, está longe de ser uma *démarche* fácil. Isso significa reconhecer que toda interpretação implica uma arte hermenêutica e, portanto, aceitar a importância da imaginação histórica: "Consideremos um homem que não tenha nenhuma lembrança de seu passado, mas que pense e aja somente em função do que esse passado provocou nele sem ser consciente de nenhuma de suas partes: tal seria também a situação das nações, das comunidades, da própria humanidade, se esta não conseguisse completar os vestígios".[434]

VIII

Contrariamente ao que afirmam os historiadores que pretendem encontrar os fatos *puros*, para Dilthey, a vida exige ser guiada pelo pensamento: "Nossa faculdade limitada de reprodução teria muita dificuldade de se encontrar através das complicações e dos enigmas do particular se as linhas do conjunto vivo não fossem deduzidas".[435] É por isso que lhe parece necessário reagrupar as experiências históricas em torno de tipos.[436] Esse projeto faz logo pensar naquele de Max Weber que, quase ao mesmo tempo, funda a conceitualização da realidade no tipo ideal.[437] Para Weber, o tipo não é definido nem por caracteres comuns a todos os indivíduos, nem por caracteres médios; ele deriva de uma construção formalizada, uma utopia que, em sua pureza, jamais encontra correspondente na realidade empírica. Mais do que de uma reprodução da realidade ou de uma categoria no seio de uma classificação, trata-se de uma tentativa de colocar ordem, pela distinção e pela acentuação

---

[434] Wilhelm Dilthey, *Plan der Fortsetzung zum Aufbau der geschichtlichen Welt in den Geisteswissenschaften*, op. cit., p. 279.

[435] Wilhelm Dilthey, *Contributions à l'étude de l'individualité*, op. cit., p. 284.

[436] Sobre as diferentes fases de elaboração do conceito de tipo em Dilthey, cf. Ludwig Landgrebe, "Wilhelm Dilthey Theorie der Geisteswissenschaften. Analse ihrer Grundbegriffe", *Jahrbuch für Philosophie und phänomenologische Forschung*, Ed. por Edmund Husserl, 1928, 9, p. 237-366. A identificação entre "tipo" e "expressão", proposta por Langrebe, é rejeitada por Antonio Negri, *Saggi sullo storicismo tedesco*, Milão, 1959, assim como por Giuliano Marini, *Dilthey e la comprensione del mondo umano*, Milão, Giuffrè, 1965.

[437] Cf. Arnold Bergstraesser, "Wilhelm Dilthey and Max Weber: An Empirical Approach to Historical Synthesis", *Ethics*, 1947, 57, p. 92-110.

unilateral de certas características típicas.[438] O mesmo ocorre com Dilthey que considera o tipo como fator de inteligibilidade sem relação com a ideia de representatividade: "A conceitualização não é, portanto, aqui uma simples generalização que extrai o elemento comum valendo-se da série dos casos particulares. O conceito exprime um tipo. Procede do método comparativo".[439] Assim como desconfia, ele também, de toda solução naturalista:

> O original era um indivíduo; todo retrato autêntico é um tipo, com mais forte razão, todo personagem de um quadro. A poesia tampouco pode copiar pura e simplesmente as coisas. Se um dramaturgo resolvesse transcrever um diálogo real, com tudo o que este pode ter de acidental, de incorreto, de tolo, de difuso, acabaria por entediar o leitor. [...] Mas tal tentativa de copiar fielmente o objeto estará sempre condicionada, ela também, pela subjetividade daquele que escuta, lembra, reproduz.[440]

Entretanto, à diferença talvez de Weber, quando Dilthey considera o trabalho de condensação, é sobretudo na arte, tida por fundamento de todo conhecimento, que ele se inspira. "Não possuiríamos mais do que uma medíocre parte de nossa inteligência atual da condição humana se não estivéssemos habituados a olhar pelos olhos do poeta e a ver nos homens que nos cercam Hamlets e Margaridas, Ricardos e Cordélias, marqueses Posa e Felipes".[441] Para extrair o essencial de uma realidade, frequentemente bastante confusa, o poeta condensa as experiências. Insere inicialmente um grupo humano num tipo; estiliza a seguir as relações entre as personagens: a vida "joga os homens todos misturados; mas, por mais realista que seja um artista, sua grandeza implica necessariamente que coloque em relevo seus traços essenciais".[442] Rafael e Shakespeare não se limitam a imitar a vida, dão ao geral uma forma singular: *A escola de Atenas* e *A disputa* representam culturas inteiras através de

---

[438] Max Weber, *L'Objectivité de la connaissance dans les sciences et la politique sociales* (1904), in *Essais sur la théorie de la science, op. cit.*, p. 11 sq.
[439] Wilhelm Dilthey, *L'Édification du monde historique, op. cit.*, p. 136.
[440] Wilhelm Dilthey, *Contribution à l'étude de l'individualité, op. cit.*, p. 286.
[441] *Ibid.*, p. 278.
[442] *Ibid.*, p. 284.

certos personagens; no *Sonho de uma noite de verão*, as ilusões e os extravios do amor são concentrados em algumas relações típicas,

> [...] como uma brincadeira com que a consciência soberana se deleita precisamente porque ela toca na grave questão da conservação da vida [...]. E é na maneira como um artista cria uma atmosfera, um mundo, na maneira como seus personagens se movem e são ligados entre si, que toda sua mentalidade [encontra sua] expressão mais profunda.[443]

Fortalecido pela convicção de que a arte representa um modelo apropriado para a história, Dilthey imagina em certos momentos o benefício heurístico que uma verdadeira roteirização do passado proporcionaria: "Quando revivemos um passado graças à arte com que o historiador no-lo torna presente, extraímos um ensinamento, como acontece com a própria vida; sentimos que nosso ser se dilata e que forças psíquicas mais poderosas do que as nossas intensificam nossa existência".[444] Acaricia a esperança de que o trabalho de condensação permita revivificar o passado, dar uma segunda vida a suas sombras exangues, e exprimir sua diversidade: o tipo contém "um aumento da experiência vivida, não no sentido de uma idealidade vazia, mas, ao contrário, no de uma representação da diversidade sob uma forma imagética, cuja estrutura forte e clara torna compreensível a *significação* de experiências vividas de menor interesse, ainda não distintas".[445]

---

[443] *Ibid.*, p. 284-285. Essa partilha da vitalidade entre as diferentes figuras e os diversos acontecimentos, que se alimenta inevitavelmente da subjetividade do autor, não é uma característica da arte. Ainda que trazendo frutos bem menos notáveis, ela escande nossa vida de todos os dias. Segundo Alfred Schütz ("On Multiple Realities", in *Colected Papers. The Problem of Social Reality*, La Haye, Martinus Nijhoff, 1962), o eu percebe sempre o outro através de uma série de estandartizações, mas essas se multiplicam e se tornam cada vez mais anônimas à medida que nos afastamos do cara a cara e que cresce a distância (um amigo se torna um inglês e assim por diante).

[444] Wilhelm Dilthey, *Introduction aux sciences de l'esprit, op. cit.*, p. 251.

[445] Wilhelm Dilthey, *L'Imagination du poète, op. cit.*, p. 116.

CAPÍTULO V

O homem patológico

Como uma apaixonada, que, à beira do mar, olha, com os olhos cheios de lágrimas, o ser amado que se afasta, sem esperança de jamais revê-lo, crê perceber ainda sua imagem na vela que desaparece, não temos mais, como ela, do que a sombra de nossos desejos; mas ela desperta uma nostalgia tanto mais forte pelo que perdemos, e contemplamos as cópias das formas originais com uma atenção bem maior do que teríamos feito se delas tivéssemos a posse plena.
Johann Joachim Winckelmann[446]

I

O tempo, lê-se em *Le Spleen de Paris*, "retomou sua brutal ditadura".[447] Charles Baudelaire certamente não é o único a pensar nesses termos, no coração de um século que deve encarar um novo tipo de tempo. O antigo tempo local, lento e variegado, que reconhecia a cada cidade sua hora, é, com efeito, progressivamente afastado, por exigência das companhias ferroviárias que não conseguem gerir as dezenas de horários particulares em vigor no continente europeu.[448] No início, ele pôde coexistir com o tempo

---

[446] Johann Joachim Winckelman, *Geschichte der Kunst des Altertums* (1764), Darmstadt, 1982, p. 393-394.
[447] Charles Baudelaire, *Le Spleen de Paris, petits poèmes em prose*, Ed. estabelecida por Robert Kopp, Paris, Gallimard, 2006, "La chambre double", p. 112.
[448] Cf. David S. Landes. *L'Europe technicienne. Révolution technique et libre essor industriel en Europe occidentale de 1750 à nos jours* (1969), traduzido do inglês por Louis Evrard, Paris, Gallimard, 1975.

ferroviário, depois é relegado aos celeiros da história para ser, enfim, suplantado pelo tempo mundial. É o que ocorreu em 1884, quando os representantes de vinte e cinco países, reunidos em Washington para a *Conferência Internacional do Meridiano*, estabelecem o comprimento padrão do dia e dividem o globo em vinte e quatro fusos horários, 15° de longitude distantes entre si, a partir do observatório de Greenwich. Esse novo tempo público, desejado pelas estradas de ferro, não é apenas mais homogêneo que o antigo. É também mais rápido e invasor: segue o ritmo do telégrafo, que anula todo intervalo de tempo entre dois lugares bastante distantes e escande a vida de milhões de pessoas graças à extraordinária difusão do relógio de bolso.[449]

A decisão de impor um tempo público neutro e uniforme não é uma questão de somenos importância. E tampouco foi fruto de um empreendimento pacífico. Dez anos após a conferência de Washington, um certo Martial Bourdin, sem dúvida um agente provocador infiltrado num grupo anarquista, decide colocar uma bomba no observatório de Greenwich. O atentado fracassa: Bourdin é morto pelo próprio engenho e passará a história como o protagonista do *Greenwich Bomb Outrage*, que inspira a Joseph Conrad uma reflexão acerba sobre a filosofia do terrorismo.[450] Além do mais, a hostilidade em relação ao tempo mundial persiste muito tempo ainda, mesmo naqueles que nenhuma aspiração revolucionária anima. Na virada do século XX, a literatura acusa o novo tempo, aquele do quadrante (*time on the clock*), de ser superficial, arbitrário e terrificante, e reivindica a realidade irredutível do tempo subjetivo (*time in the mind*).[451] Mas, bem antes de Marcel Proust, Franz Kafka e James Joyce, um historiador toma a palavra: Jakob Burckhardt.

---

[449] Cf. Georg Simmel, *Die Großstädte und das Geistesleben* (1903), in Michael Landman e Margarete Susman (dir.), *Brücke und Tür*, Stuttgart, K. F. Koehler, 1957, p. 227-242.

[450] Cf. Joseph Conrad, *L'Agent secret* (1907), traduzido do inglês por Sylvène Monod, Paris, Gallimard, 1995.

[451] É Virginia Woolf que introduz a oposição entre *time in the clock* e *time in the mind* em *Orlando, op. cit.*, p. 103: "Uma hora no oco de nossos loucos cérebros, pode se estender cinquenta ou cem vezes mais do que sua duração de relógio; inversamente, por vezes não é mais do que um segundo, exatamente, no quadrante de nosso espírito". Sobre os desvios temporais, cf. Paul Ricoeur, *Temps et récit*, Paris, Éditions du Seuil, 1984, t. II, cap. IV; Stephen Kern, *The Culture of Time and Space, 1880-1918*, Cambridge (Mass.), Harvard University Press, 1983, cap. I e V.

II

Burckhardt começou muito cedo a se sentir em profundo desacordo com seu tempo. Desde 1846, aos vinte e oito anos de idade, revelava ao médico Hermann Schauenburg sua vontade de cortar as pontes com sua época: "É por isso que me fundo na amenidade do Sul [...], mas que deverá, admirável e silencioso monumento fúnebre, me resserenar, com seu frêmito de antiguidade, tão cansado que estou da modernidade". Deseja liberar-se de todos ("radicais, comunistas, industriais, sábios, ambiciosos, meditativos, abstratos, absolutos, filósofos, sofistas, fanáticos pelo Estado, idealistas, -istas e -icos de toda espécie!"[452]), pretende afastar-se dos combates do presente. Na esteira de Goethe, de Chateaubriand, de Madame de Staël e de Stendhal, o historiador suíço atravessa os Alpes. Sabe que sua decisão deve suscitar a reprovação de numerosos amigos que escolheram o engajamento político: "Creio ler no olhar de vocês todos uma reprovação muda vendo-me ceder com tanta leviandade aos prazeres do Sul, à arte e à antiguidade, enquanto no mundo reina o sofrimento". Mas, antes que a barbárie geral se deflagre (é esse seu diagnóstico), deseja fazer "um bom e nobre empanturramento de cultura".[453] Três anos mais tarde, confirma ter a impressão de se encontrar "pessoalmente num estado de *motus contrarius* em relação à marcha do tempo".[454] Repete-o em 1855:

> Que sensação desagradável de constrangimento experimentamos quando nos encontramos presos nas grandes engrenagens do mundo atual [...]. Outros séculos aparentam-se a rios, tempestades, chamas; mas, quando se fala do século em curso, o XIX, são sempre estas malditas máquinas que me vêm ao espírito.[455]

Em momentos bastante raros, espera poder se reconciliar com seu tempo, mas, o mais das vezes, prefere manter-se afastado desse

---

[452] Jacob Burckhardt, *Briefe*, Basileia, Benno Schwabe & Co., 1949-1986, t. II, p. 208, carta a Hermann Schauenburg, 28 de fevereiro de 1846.
[453] *Ibid.*, t. II, p. 210, carta a Hermann Schauenburg, 5 de março de 1846.
[454] *Ibid.*, t. III, p. 109, carta a Emanuel Geibel, 21 de abril de 1849.
[455] *Ibid.*, t. III, p. 225, carta a Albert Brenner, 17 de outubro de 1855.

século em loucura, que vive para o dia, que aboliu a *Stimmung*, e que dilapida antecipadamente o patrimônio das gerações futuras..."[456]

Suas viagens na Itália, que inspiram *O Cicerone* (um extraordinário guia da arte da Península, da Antiguidade grega a Claude Lorrain[457]) suscitam nele um gozo (*Genuss*) infinito: "Eu poderia indicar, no Vaticano, o ponto em que meus olhos finalmente se abriram, em que comecei a compreender alguma coisa da Antiguidade. Foi diante da estátua do deus Nilo deitado. A Itália me forneceu uma nova escala de valores para uma miríade de coisas".[458] Mas também um grande sofrimento pelas perdas imensas do passado: onde foram, pois, parar os materiais do Circus Maximus de Roma? E o que foi feito dos revestimentos de mármore da vila de Adriano em Tívoli? Poderemos algum dia nos representar exatamente o célebre grupo das Nióbides? Além da devastação causada pela natureza (é o caso das fachadas pintadas das igrejas de Verona), há os abusos da história: os mármores da Antiguidade, reutilizados pelos primeiros cristãos para construir suas basílicas, alimentaram os fornos de cal da Idade Média, foram recobertos de decorações em estuque para satisfazer as exigências da arquitetura barroca, sofreram numerosas restaurações anacrônicas... A força destruidora do ser humano é tal que a Roma moderna "é tanto menos capaz de dar uma ideia [do que foi] por obstinar-se em acusar os 'bárbaros do Norte' de todas estas horríveis devastações".[459]

A partir de então, o "saltimbanco", como gostava de assinar por vezes, que, aos doze anos, tivera uma intuição clara e indelével da "caducidade geral das coisas terrestres", pretende travar uma

---

[456] Na esteira de Emil Dürt, Lionel Gossman (*Basel in the Age of Burckhardt, A Study in Unseasonable Ideas*, Chicago-Londres, The University of Chicago Press, 2000) aprofunda a ligação existente entre a inatualidade de Burckhardt e a sua cidade natal.

[457] Jacob Burckhardt, *Le Cicerone, guide de l'art antique et de l'art moderne en Italie* (1855), traduzido do alemão por August Gérard, Paris, Firmin-Didot, 1892-1894. Sobre as viagens de Burckhardt, cf. Lionel Gossman, *Basel in the Age of Burckhardt, op. cit.*

[458] Jacob Burckhardt, *Briefe, op. cit.*, t. III, p. 63, carta a Eduard Schauenburg, 25 de março de 1847. Sobre a estátua do deus Nilo, conservada no museu de Chiaramonti no Vaticano, cf. Jacob Burckhardt, *Le Cicerone, op. cit.*, t. I, p. 461. Nessa obra, na página 269, ele esclarece que o verdadeiro gozo "consiste aqui não em contemplar formas perfeitas, mas sobretudo em viver em meio à cultura italiana".

[459] *Ibid.*, t. I, p. 20.

batalha contra a precariedade (*Vergänglichkeit*): "Quero contribuir para a salvaguarda, tanto quanto for possível fazê-lo de minha modesta posição. [...] Quero ao menos escolher pelo que morrer e é pela cultura da velha Europa (*die Bildung Alteuropas*)".[460] Repete-o com paixão diante de seus estudantes da Universidade de Basileia: "A história do mundo antigo, ao menos a dos povos cuja vida se prolonga na nossa, é como um acorde fundamental que escutamos incessantemente ressoar ainda através da massa dos conhecimentos humanos".[461] Nossa dívida para com o passado é inextinguível, já que estamos ligados aos egípcios, aos babilônicos, aos fenícios e aos gregos por uma continuidade íntima e profunda: "Tudo o que pode servir, mesmo de longe, para aumentar nossos conhecimentos deve ser reunido, custe o esforço e o sacrifício que custar, até que cheguemos a reconstruir inteiramente os horizontes espirituais de outrora".[462] Por essa razão, podemos, ou melhor, devemos procurar proteger o *continuum* espiritual da civilização: "Mas, se na infelicidade deve haver ainda uma felicidade, ela só pode ser de natureza espiritual, voltada para trás, para a salvaguarda da cultura do passado, virada para frente, para uma defesa serena e incansável do espírito".[463]

Assim como Nietzsche, e antes de Nietzsche, Burckhardt está firmemente convencido de que, para sermos independentes, é-nos preciso igualmente ser inatuais: somente nos abstendo de nossa época podemos "guardar – como um não *polites* (*Nicth-Polites*) mantendo-se à parte – o sentido histórico de nosso próprio tempo, contra este".[464] Mas, contrariamente a Nietzsche, sua inatualidade não lança nenhum descrédito sobre a consciência histórica. Sem dúvida, ele conhece também a importância do esquecimento. Sabe muito bem que existe

---

[460] Jacob Burckhardt, *Briefe, op. cit.*, t. II, p. 210, carta a Hermann Schauenburg, 5 de março de 1846.
[461] Jacob Burckhardt, *Fragments historiques* (1857), traduzido do alemão por Maurice Chevallier, Genebra, Droz, 1965, p. 2. Esses fragmentos foram escritos entre 1865 e 1885 e foram classificados em ordem cronológica por Emil Dürr em 1929.
[462] Jacob Burckhardt, *Considérations sur l'histoire du monde*, traduzido do alemão por Sven Stelling-Michaud, Paris, Alcan, 1938, p. 39. O texto foi publicado em 1905, sob a direção de Jacob Oeri, executor único do legado de Burckhardt, sob o título *Weltgeschichtliche Betrachtungen*: de acordo com as últimas vontades de Burckhardt, ele deveria ter sido queimado. Cf. Marc Sieber, "Le opere di Jacob Burckhardt: la storia singolare della loro edizione", *Studi storici*, 38, 1997, 1, p. 91-105.
[463] Jacob Burckhardt, *Fragments historiques, op. cit.*, p. 197.
[464] Karl Löwith, *Jacob Burckhardt. Der Mensch inmitten der Geschichte* (1936), Stuttgart, Metzler, 1984, p. 172.

uma justa medida do passado: que nos é preciso bastante Antiguidade, para estimular, mas não demais, para não oprimir.[465] Admite que, por vezes, a desaparição de obras sublimes pôde dar à arte um novo impulso criativo: o extraordinário florescimento da poesia alemã do século XVIII teria sido possível se as obras líricas gregas tivessem sido conservadas? Mas a própria ideia de que o sentido do passado possa ser nocivo (no plano pessoal assim como no plano coletivo) é-lhe totalmente estranha: para ele, a civilização só aparece quando cessa o simples presente sem história.[466] Paradoxalmente, a consciência histórica é a única dimensão da modernidade que ele defende contra tudo e contra todos: um privilégio a que só renunciam os bárbaros que vivem na inconsciência, e os americanos a quem o passado do Velho Mundo "atulha, mesmo que não queiram, como um bricabraque inútil".[467] É justamente porque desfaz a tradição e impede por isso mesmo de ter uma percepção imediata do passado, que a modernidade atribui a esse um valor cognitivo fundamental: por enquanto, a cultura europeia ainda não se acostumou à ideia de deixar o passado entregue a si mesmo, escreve em 1885, mas haure na contemplação do tempo a maior parte de seu conhecimento. O sentido histórico da modernidade é favorecido por uma série de condições: hoje em dia, é mais fácil viajar, as fontes estão mais acessíveis, os governos quase não testemunham mais interesse pela pesquisa (e está aí uma vantagem!), as religiões se tornaram impotentes... Mas são sobretudo as convulsões políticas, iniciadas pela Revolução Francesa que alimentaram nossa necessidade de compreender o passado: "Se não queremos perder o entendimento", o contrapeso da história é primordial. Foram eles que provocaram uma revisão geral do passado inteiro numa perspectiva historicista. "Sabemos nos posicionar em pontos de vista variados para julgar todas as coisas e procuramos ser equânimes para com os fenômenos mais estranhos e mais terríveis".[468]

A virtude da consciência histórica é ainda recordada em certas cartas bastante lacônicas endereçadas a Nietzsche. Quando muito, Burckhardt tenta esconder sua perplexidade com profissões de

---

[465] Jacob Burckhardt, *Considérations sur l'histoire du monde, op. cit.*, p. 95.
[466] Jacob Burckhardt, *Fragments historiques, op. cit.*, p. 3-5.
[467] Jacob Burckhardt, *Considérations sur l'histoire du monde, op. cit.*, p. 39.
[468] *Ibid.*, p. 238.

modéstia um tanto agressivas: "Minha pobre cabeça jamais esteve minimamente à altura de bem refletir como você sobre as razões últimas, sobre os fins derradeiros, e sobre o que é desejável para a ciência histórica", escreve-lhe em 1874. Cinco anos mais tarde, esclarece, na mesma óptica: "Como todos sabem, jamais penetrei no templo do verdadeiro pensamento, mas passei toda minha vida a divertir-me no corredor e nas salas do *peribolos*, onde reina o figurado no sentido mais amplo do termo". No entanto, em 1882, toma distância abruptamente. Após ter-se comparado a um velho cocheiro que persiste em frequentar sempre os mesmos caminhos, levanta duas questões cruciais: a definição da grandeza (dada por Nietzsche no § 325 da *Gaia Ciência*: "Quem poderá jamais atingir a grandeza se não sentir em si mesmo a força e a vontade de *causar* grandes dores?") não conteria uma perigosa propensão à tirania?[469] E o que aconteceria se Nietzsche ensinasse a história? Ao longo dos anos seguintes, ele defenderá ainda algumas vezes a perspectiva *terrestre* da história, que aborda – como dirá Siegfried Kracauer – as coisas penúltimas, as últimas coisas antes das definitivas, *the last things before the last*, até que decide, enfim, se abster de qualquer comentário:

> Para mim é um gozo muito particular – escreve em resposta ao recebimento de *Assim falava Zaratustra* – escutar alguém proclamar em alta voz, do alto de um observatório que me domina, os horizontes e as profundezas que percebe. Dou-me conta assim do quanto vivi superficialmente até agora e de que, por conta de minha natureza pouco diligente, permanecerei certamente como sou: pois na minha idade não se muda, a gente se torna no máximo velho e mais fraco.[470]

---

[469] Cf. Friedrich Nietzsche, *Le Gai Savoir* (1881-1882), traduzido do alemão por Pierre Klossowski, Paris, Gallimard, 1982, p. 217. Burckhardt exprime mais amplamente seu ponto de vista numa célebre carta a Ludwig Pastor: "Jamais fui um adorador do homem sem escrúpulo e dos *out-laws* da história e sempre os considerei antes como *flagella Dei* [...]. Segui e principalmente procurei o que dá felicidade e cria, o que vivifica, e acredito ter reconhecido tudo isso em coisas bem diferentes" Cf. Jacob Burckhardt, *Briefe, op. cit.*, t. X, p. 263, carta a Ludwig Pastor, 13 de janeiro de 1896.

[470] *Ibid.*, carta a Friedrich Nietzsche, 10 de setembro de 1883. Sobre a relação complexa entre Burckhardt e Nietzsche, ambos "sismógrafos muito sensíveis cujas bases tremem quando recebem e transmitem as ondas", cf, além do livro de Löwith, o pequeno texto de Aby Warburg, "Texte de clôture du séminaire Jacob Burckhardt" (1927), traduzido do alemão por Diane Meur, *Les Cahiers du Musée national d'art moderne*, 1999, 68, p. 21-25. Cf. Georges Didi-Huberman, *L'image survivante. Histoire de l'art et temps fantômes selon Aby Warburg*, Paris, Éditions de Minuit, 2001, p. 117-141. Em *L'Histoire*,

De fato, Burckhardt não pensa que a história tenha um valor exemplar – *a fortiori* numa época em que o valor paradigmático da tradição é completamente negligenciado. Não aspira a que ela possa servir de instrumento para o conhecimento do porvir, pois esse só toma forma quando tem lugar (aliás, é bem pouco desejável conhecer o porvir, visto que a vontade só pode se desenvolver quando vive e age espontaneamente). No fundo, nem sequer é certo que o estudo do passado contribua para compreender o presente – em todo caso, ele recusa reduzir a reflexão histórica a essa única tarefa. Mas considera que a contemplação histórica constitui uma forma de conhecimento pessoal que ajuda a viver: "Ela representa nossa liberdade de espírito em meio à imensa obrigação das coisas e ao imenso império das necessidades".[471] Ainda que não penetre a essência das coisas, ela permite que nos tornemos mais sábios (donde a evocação do Rei Lear: "Só a maturidade conta".[472] De que maneira? Transformando a memória em saber: "Nosso espírito deve incorporar as lembranças que deixa em nós sua experiência do passado. O que foi outrora alegria ou dor deve se transformar em conhecimento, como na vida de cada um de nós".[473] É por essa razão, como escreve justamente a Nietzsche, que a história é

> [...] uma matéria propedêutica: eu devia fornecer às pessoas a ossatura particular de que não podemos prescindir se queremos que as coisas fiquem de pé. Fiz tudo o que estava em meu poder para formá-las de algum modo num aprendizado do passado de qualquer natureza que seja ou pelo menos para despertar nelas o

---

op. cit., Kracauer levanta três caracteres do universo histórico. Em primeiro lugar, ele é formado por fatos intrinsecamente contingentes, o que impede toda previsão; está, portanto, excluída a possibilidade de associá-lo ao princípio determinista. Em segundo lugar, ele é potencialmente infinito: esteve em gestação numa obscuridade longínqua e dá para um porvir ilimitado. Enfim, ele não contém sentido determinado. Suas características se assemelham à natureza dos materiais que o tecem. Em outros termos, o conteúdo do mundo histórico remete à vida em sua plenitude, como a vivemos comumente, dia após dia. Para afirmar seus direitos, a história deve aceitar estar suspendida a uma altura muito menor que aquela das ciências da natureza, da filosofia da história ou da arte. Ela ocupa um lugar médio, híbrido, que toca a vida cotidiana, marcado pelo que é precário, indeterminado e cambiante.

[471] Jacob Burckhardt, *Considérations sur l'histoire du monde*, op. cit., p. 40-41.
[472] *Ibid.*, p. 296.
[473] *Ibid.*, p. 40. Sobre o trabalho da Memória, cf. Paul Ricoeur, *La Mémoire, l'histoire, l'oubli*, Paris, Éditions du Seuil, 2000.

gosto de fazê-lo; meu desejo era que essas pessoas aprendessem a colher os frutos graças a suas próprias forças. [...] Quis apenas que cada ouvinte forjasse em si mesmo a convicção e o desejo de que cada um tem a possibilidade e o direito de apreender de maneira independente o passado que é particularmente de seu gosto, e que aí esteja a fonte de uma certa felicidade.[474]

III

O sentimento de inatualidade de Burckhardt se alimenta de uma análise política extremamente precisa.[475] Ainda muito jovem, tinha partilhado a convicção de Leopold von Ranke de que a paz de 1815 devia garantir um equilíbrio internacional duradouro: A revolução fora declarada terminada, e a monarquia constitucional parecia-lhe uma boa mediação entre o antigo e o porvir.[476] Mas, após a guerra do *Sonderburd*, que pôs a Suíça a fogo e sangue em 1845, e após os tumultos que abalaram tantas capitais europeias três anos mais tarde, essa certeza começou a claudicar: os pequenos Estados "não são os únicos a se sentirem menos seguros do que nunca; ao longo de quarenta e quatro anos de paz, mesmo os grandes jamais depuseram as armas e devoraram antecipadamente o dinheiro das gerações futuras, com o único fim de se impedirem reciprocamente de crescer".[477] Segundo toda probabilidade, os três decênios, em

---

[474] Jacob Burckhardt, *Briefe*, op. cit., t. V, p. 223, carta a Friedrich Nietzsche, 25 de fevereiro de 1874. Considerações análogas são propostas por Ralph Waldo Emerson, *Histoire* (1841), in *Essais choisis*, traduzido do inglês por Henriette Miraband-Thorens, Paris, F. Alcan, 1912, p. 126: "Qual é a razão do interesse que experimentamos estudando a história grega, suas letras, suas artes, sua poesia, e isso em todas as épocas, desde a idade heroica de Homero até à época que viu florescer as cidades de Atenas e de Esparta, quatro ou cinco séculos mais tarde? A razão é que nós mesmos somos gregos. Ser grego é um estado pelo qual todo homem passa num momento dado".

[475] Cf. Jörn Rüsen, "Jacob Burckhardt: Political Standpoint and Historical Insight on the Border of Post-Modernism", *History and Theory*, 1985, 24, p. 235-246; Richard F. Sigurdson, "Jacob Burckhardt: The Cultural Historian as Political Thinker", *The Review of Politics*, 1990, 52, 3, p. 417-440; Roberta Garner, "Jacob Burckhardt as a Theorist of Modernity: Reading *The Civilization of the Renaissance in Italy*", *Sociological Theory*, 1990, VIII, 1, p. 48-57; John R. Hinde, "The Development of Jacob Burckhardt's Early Political Thought", *Journal of History of Ideas*, 1992, 53, 3, p. 425-436; Lionel Gossman, "Jacob Burckhardt: Cold War Liberal?", *The Journal of Modern History*, 2002, 74, 3, p. 538-572.

[476] Cf. Leopold von Ranke, *Über die Restauration in Frankreich*, in *Sämmtliche Werke*, op. cit., vol. 49-50, Leipzig, 1887, p. 9.

[477] Jacob Burckhardt, *Fragments historiques*, p. 59.

aparência pacíficos, que vão de 1815 a 1848, não foram mais que um "intermédio no grande drama": "Sabemos que é uma única e mesma tempestade que tomou a humanidade a partir de 1789 e que continua a nos arrebatar".[478] A inquietude cresce nos anos 1860. Em razão, primeiramente, do conflito austro-prussiano:

> No céu da metade da Europa juntam-se sombrias nuvens, presságios das violências por vir. O filisteu se sente isolado e está apavorado quando não pertence a um Estado de certa envergadura que possa lhe prometer, além da segurança, um serviço noturno de trens e todo o conforto imaginável. Seus filhos, provavelmente, podem mesmo morrer num lazareto militar, sem que ele se indigne.[479]

Depois vem a guerra franco-prussiana e a fundação do Reich alemão. No fim de 1870, escreve:

> Repensarei durante toda minha vida nesse fim de ano! E minhas vicissitudes pessoais não terão aí mais que um papel menor. Os dois grandes povos, emblemas da civilização atual da Europa continental, estão colocando sistematicamente em pedaços toda sua cultura, e o que suscitava no indivíduo prazer e interesse, antes de julho de 1870, não surtirá, na maior parte dos casos, nenhum efeito sobre ele em 1871 – mas será um formidável espetáculo se em seguida, entre tantas dores, alguma coisa de novo vir a luz.[480]

É a Comuna de Paris que acaba de arrebatar suas ilusões, varrendo todo conceito de autoridade:

> Sim, o petróleo nos subterrâneos do Louvre e as chamas dos outros edifícios incendiados são também a expressão do que o filósofo [Arthur Schopenhauer] chama o *querer-viver*, querer assim causar tanta impressão no mundo é a última vontade dos demônios loucos furiosos; [...] aqueles que encenaram estes acontecimentos sabiam todos ler e escrever, e mesmo redigir artigos de jornal e outros gêneros de escritos. E aqueles que na Alemanha poderiam ter em mente coisas semelhantes certamente não são menos "instruídos".[481]

---

[478] *Ibid.*, p. 198. Cf. Maurizio Ghelardi, "Jacob Burckhardt: 'L'epoca della Rivoluzione'", in *Studi storici*, 1997, XXXVIII, p. 5-46.
[479] Jacob Burckhardt, *Briefe, op. cit., t. IV, p. 238*, carta a Freidrich Theodor Vischer, 17 de fevereiro de 1867.
[480] *Ibid.*, t. V, p. 118-119, carta a Friedrich von Preen, 31 de dezembro de 1870.
[481] *Ibid.*, t. V, p. 129-130, carta a Friedrich von Preen, 2 de julho de 1871. Sobre a importância do período entre 1867 e 1872, cf. Werner Kaegi, *Jacob Burckhardt, Eine Biographie*, Basileia-Sttutgart, Schwabe,

Como tudo isso terminará? O que será, no porvir, do progresso de 1830? Que arte e que literatura poderão resistir numa época tão agitada e precária? "A decisão final só pode surgir das profundezas da alma humana. Quanto tempo o otimismo, marcado hoje pelo sentido do ganho e do poder, conseguirá se manter ainda? Ou, como poderia fazê-lo crer a filosofia otimista atual, produzir-se-á uma mudança geral de nossa maneira de pensar, semelhante àquela que se realizou nos séculos III e IV de nossa era?"[482] Com o tempo, um pessimismo lúcido toma conta dele: "É possível que advenham tempos de terror e de profunda miséria"[483] Um pessimismo que permite a Burckhardt – ele que nega com todas suas forças que o historiador esteja em condições de pressentir o porvir – formular certas profecias estupeficantes. Compreende que a expansão colonial provocará uma guerra das raças: "Quanto mais rapidamente a terra for ocupada pela raça branca, mais rápido explodirá em seguida a luta entre os diferentes povos que a compõem".[484] Profundamente hostil ao *Großstaat* ou *Machtstaat* (Goethe e Schiller não teriam sido possíveis na Alemanha de Bismarck), prevê uma violenta onda autoritária:

> Os povos imaginam que, se toda a potência do Estado estivesse em suas mãos, poderiam empregá-la em instaurar uma vida nova. Mas, no intervalo, há lugar para uma longa servidão voluntária sob a condução de tal ou tal chefe ou usurpador; não se crê mais nos princípios, mas sim, de tempos em tempos, num salvador. Incessantemente apresentam-se novas possibilidades de despotismo que se exercem muito tempo sobre povos extenuados.[485]

Enfim, ele capta a lógica particular do terror moderno que, sob o pretexto da ameaça exterior, transforma o adversário em inimigo e visa a seu aniquilamento ("não devem sobreviver nem filhos nem herdeiros: *colla biscia muore Il veleno*[486]") com base em critérios

---

1947-1992, vol. VII, p. 6-7. Sobre a influência de Schopenhauer, ver a análise (bastante severa) de Hayden White, *Metahistory*, Baltimore-Londres, John Hopkins University Press, 1973, parte II, cap. 6.

[482] Jacob Burckhardt, *Considérations sur l'histoire du monde, op. cit.*, p. 233-234.

[483] Jacob Burckhardt, *Fragments historiques, op. cit.*, p. 197.

[484] *Ibid.*, p. 62. Ele se refere a Eduard von Hartmann, *Philosophie de l'inconscient* (1871), traduzido do alemão por Desiré Nolen, Paris, G. Ballière, 1877.

[485] Jacob Burckhardt, *Fragments historiques, op. cit.*, p. 194.

[486] Com a cobra, morre o veneno. (N.T.).

objetivos: "Exterminam-se os adversários por categorias escolhidas em virtude de princípios gerais; comparados a essas execuções periódicas e que se repetirão indefinidamente, os maiores massacres em massa, anônimos e às cegas, têm pouca importância, porque são excepcionais".[487]

Essas apreciações políticas implicam todas uma crítica intransigente do Estado moderno: a violência "é sem dúvida sempre o seu princípio inicial. [...] Muitas vezes mesmo, o Estado não foi mais que uma simples sistematização da força". Burckhardt recusa radicalmente a ideia, proposta por Hegel e esposada por numerosos historiadores alemães que concebiam o Estado como a mais alta expressão ética:

> O desejo do Estado de realizar ele próprio a moralidade, o que não pode e não deve ser senão da alçada da sociedade, é uma anomalia ou uma presunção filosófico-burocrática [...]. O domínio da moral é essencialmente diferente daquele do Estado. [...] O Estado conservará tanto melhor sua integridade na medida em que permanecer convencido de que, por sua natureza, e talvez mesmo em razão de suas origens essenciais, é antes de tudo uma instituição nascida sob o império da necessidade.[488]

IV

Quase todas as escolhas historiográficas de Burckhardt podem ser compreendidas à luz de suas reflexões inatuais. Assim, em primeiro lugar, o privilégio que atribui à história cultural. Numa época caracterizada pelo provisório e em que triunfam os *aggiornamentos*, Burckhardt sublinha mais de uma vez seu fraco interesse pelos acontecimentos. No plano artístico, critica os excessos dramáticos de Bernini e de Tintoreto,

---

[487] Jacob Burckhardt, *Considérations sur l'histoire du monde*, op. cit., p. 207.

[488] *Ibid.*, p. 58, 65. Arnaldo Momigliano propõe interessantes observações sobre a atitude crítica de Burckhardt para com a tendência despótica e demagógica da modernidade in *Contributi a un dizionario storico: J. Burckhardt e la parola "cesarismo"* (1962), hoje in *Sui fondamenti della storia antica*, Torino, 1984, p. 389-392; Werner Kaegi, "Jacob Burckhardt e gli inizi del cesarismo moderno", *Rivista storica italiana*, 1964, LXXVI, p. 150-171. No que concerne ao dissenso de Burckhardt com a historiografia alemã, cf. Hugh Trevor-Roper, "Jacob Burckhardt", *Proceedings of the British Academy*, 1985, 70, p. 359-378 (Master Mind Lecture, 11 de dezembro de 1984).

exalta as obras de Della Robia, de Benozzo Gozzoli, Ghirlandaio e Rubens. É a seus olhos sobretudo a arte de Rafael, qualificada de pintura da existência, que desvela as expressões eternas (*Ewigungen*) mais do que as manifestações temporárias (*Zeitungen*): "Em suas Madonas e seus Meninos Jesus, é *a* mulher e *o* menino que Rafael revela, pois sabe depreender do acidental o característico e do efêmero o eterno".[489] No plano histórico, afirma que a verdadeira atividade não reside nos acontecimentos, mas nas intuições e nos pensamentos que estão em obra nos acontecimentos. Explicita-o numa longa carta endereçada a Friedrich von Preen no último dia de 1870: "O que sobreviverá deve ter em si uma boa dose de conteúdo válido para todos os tempos. [...] Enquanto professor de história, dei-me conta de um fenômeno bastante estranho: a perda súbita de valor de todos os 'acontecimentos' puros e simples do passado".[490] E o declarará ainda por ocasião de seu curso sobre a civilização grega: "O que é desejado e pressuposto tem portanto tanta importância quanto o que acontece, a maneira de ver, tanta importância quanto um ato qualquer".[491] No lugar de partir em busca de milhares de ações, frequentemente incoerentes, o historiador deve fazer emergir os pensamentos que testemunham a continuidade e a persistência do espírito humano. Isso vale tanto mais a pena visto que o pensamento encerra bem mais verdade do que a ação: "A história da civilização tem o *primum gradum certitudinis*, pois ela vê numa medida bastante ampla aquilo que as fontes e os monumentos nos ensinam de maneira fortuita e desinteressada, senão involuntária, inconsciente e por vezes mesmo através de ficções".[492] É daí que procede a sensibilidade particular de Burckhardt aos mitos que alimentaram o passado: embora desprovidos de realidade, não são menos autênticos e representam extraordinária possibilidade de apreender a vida espiritual do passado.

---

[489] Karl Löwith, *Jacob Burckhardt*, op. cit., p. 99.
[490] Jacob Burckhardt, *Briefe*, op. cit., t. V, p. 119-120, carta a Friedrich von Preen, 31 de dezembro de 1870.
[491] Jacob Burckhardt, *Histoire de la civilisation grecque* (1929-1934), traduzido do alemão por Frédéric Mugler, Vevey, Éditions de l'Aire, 2002, vol. I, p. 13.
[492] *Ibid.*, p. 13.

Sua polêmica contra a noção de progresso, a ilusão dos anos 1830-1848, é também alimentada por suas reflexões inatuais. Quão ridícula e pretensiosa é a teoria da perfectibilidade crescente do espírito, que reputa o presente superior ao passado! Burckhardt ataca, especialmente, a filosofia da história que ele julga doente de egotismo (ela considera nossa época como a conclusão de todos os tempos) e de cinismo (ela ignora o dilaceramento mudo daqueles que foram quebrados). E, entre os historiadores, ataca Ernest Renan, que avalia a Idade Média a partir da *humanidade* e do progresso da civilização:

> Mas é preciso admitir ao menos que na Idade Média vivia-se sem guerras nacionais constantes ou constantemente ameaçadoras, sem indústria escravizando as massas e acarretando uma concorrência mortal, sem ódio contra a pobreza de maneira inevitável (se se tivesse explorado então o carvão como se faz agora, onde estaríamos nós?).[493]

Sem dúvida, não existiríamos mais. Todas as periodizações fundadas em conceitos tais como o de aperfeiçoamento ou de atraso lhe parecem absurdas: "Há espíritos impacientes para os quais a história não anda suficientemente rápido".[494] As lentidões da Idade Média não foram, no fim das contas, salutares? A exemplo de Ranke, Burckhardt estima que cada época existiu, ao menos no início, principalmente para si mesma, "mais do que em relação a nós".[495] Donde a necessidade de aceitar, como recomendava Herder, o caráter relativo do julgamento histórico:

> Para muitas pessoas, os gregos são bárbaros porque tinham escravos e exterminavam seus adversários políticos. Os romanos têm a mesma reputação, se mais não fosse por causa das vidas humanas que sacrificavam no circo e nos anfiteatros. A Idade Média, por sua vez, é bárbara também, mas por razões diferentes, que são as perseguições religiosas e os massacres de hereges. O emprego dessa palavra é finalmente uma questão de sentimento pessoal: considero, de minha parte, barbárie colocar os pássaros em gaiolas.[496]

---

[493] Jacob Burckhardt, *Fragments historiques, op. cit.*, p. 30-31.
[494] *Ibid.*, p. 148.
[495] *Ibid.*, p. 61.
[496] *Ibid.*, p. 4.

Seja como for, o aperfeiçoamento técnico não tem nada a ver com o progresso intelectual: "Uma vez que a divisão do trabalho traz o risco de estreitar cada vez mais o campo do conhecimento individual; [...] bem poderia acontecer que a cultura se estatelasse um dia por ter dado uma rasteira em si mesma".[497] E bem menos ainda com o progresso moral:

> Pois o espírito não esperou os anos para conhecer a plenitude! Quanto à enquete sobre os *moral progresses*, deixamo-la de bom grado a Buckle que se espanta com ingenuidade de não constatá-los, uma vez que o progresso moral não poderia se aplicar a um período, mas somente à vida de um indivíduo. Já na Antiguidade, acontecia de um homem sacrificar sua vida por outrem; não conseguimos fazer melhor do que isso hoje em dia.[498]

Diferentemente de Hegel, ou contra ele, Burckhardt considera que o êxito histórico não encerra em si nada de louvável nem de necessário: "O homem mais forte não é necessariamente o melhor".[499] Por vezes, por razões bem misteriosas, o mal é compensado por alguma coisa de vital (por exemplo, uma epidemia pode resultar num crescimento da população). Mas não é verdadeiro de modo algum que o ato da destruição provoque necessariamente um rejuvenescimento, "e os grandes destruidores da vida permanecem para nós um enigma":[500] em face de Átila, de Gengis Khan ou de Tamerlão, ficamos sem palavras. De qualquer maneira, ainda que o mal fosse compensado por um bem, a compensação jamais poderia ser uma reparação pelos sofrimentos infinitos que foram infligidos: "Toda vida individual verdadeira destruída prematuramente é absolutamente insubstituível, mesmo por outra existência igualmente bem-sucedida".[501] Os hircanianos, os arianos, os sogdianos, os gedrosianos e todos os outros povos vencidos por Alexandre, o Grande, em guerras sanguinárias merecem nossa compaixão. Mas

---

[497] Jacob Burckhardt, *Considérations sur l'histoire du monde*, op. cit., p. 93.
[498] *Ibid.*, p. 282-283.
[499] *Ibid.*, p. 288.
[500] Jacob Burckhardt, *Fragments historiques*, op. cit., p. 27.
[501] Jacob Burckhardt, *Considérations sur l'histoire du monde*, op. cit., p. 293. A crítica da divinização do fato consumado aparece também em Friedrich Nietzsche, *Considérations inactuelles*, op. cit., p. 147: "Essa admiração pela 'potência da história' praticamente se transforma a cada instante numa pura admiração pelo sucesso e conduz à idolatria do real".

uma compaixão bem distante da idealização: "Pode ser também que, se tivesse subsistido mais tempo, a parte perdedora não nos parecesse mais merecer simpatia: um povo aniquilado muito cedo [...] produz o mesmo efeito que homens de valor mortos jovens".[502]

À história do espírito, reivindicada pela filosofia da história, que propõe uma representação geral da evolução do mundo impregnada de otimismo, Burckhardt opõe a história do homem, uma história concreta, enraizada na existência, carregada de contradições, de aporias, de paradoxos: "Nossa própria vida". Para ele, assim como para Sören Kierkegaard, o centro permanente da história não é o homem providencial da filosofia da história, nem mesmo essa impostura romântica que é o herói, mas antes o homem mortal, que sofre normalmente, o indivíduo "independente", livre ainda que coagido, que sabe e reconhece sua dependência para com os acontecimentos gerais do mundo: "O homem com seus sofrimentos, suas ambições e suas obras, tal como foi, é e será sempre. Desta forma, nossas considerações terão, até certo ponto, um caráter patológico".[503] Em março de 1856, numa carta endereçada ao jovem Albert Brenner, evoca a conotação ética da história patológica. Após ter qualificado a filosofia hegeliana de ponta de estoque, esclarece: "Se você quer permanecer poeta, deve conseguir amar de maneira realmente pessoal: 1º os seres humanos, 2º os fenômenos singulares [*einzelne Erscheinung*] da natureza, da vida e da história".[504] Dois meses mais tarde, afinará seu conselho. Para se aproximar do passado, é preciso repetir mentalmente três frases: "'E eu no fundo não sou mais que uma simples gota d'água em relação à potência do mundo exterior', 'e tudo isso não tem de modo algum o mesmo peso que um grama de sensibilidade e de contemplação autêntica', 'e a personalidade enfim é de qualquer forma o que existe de mais alto'".[505]

---

[502] Jacob Burckhardt, *Considérations sur l'histoire du monde, op. cit.*, p. 292.
[503] *Ibid.*, p. 35. Burckhardt emprega o termo *pathologisch*, distinguindo-o daquele de *pathetisch*, para sublinhar a distância que o separa de Hegel.
[504] Jacob Burckhardt, *Briefe, op. cit.*, t. III, p. 248, carta a Albert Brenner, 16 de março de 1856.
[505] *Ibid.*, t. III, p. 250, carta a Albert Brenner, 24 de maio de 1856.

V

Professor extraordinário por sua paixão e sua generosidade na cátedra que ocupava na Universidade de Basileia, Burckhardt não fornece, entretanto, nenhuma indicação precisa de natureza metodológica.[506] A razão é simples: não acredita nisso. Não acredita que exista um método histórico universal válido e é com orgulho que assume sua incredulidade. Para ele, a história é, ou deveria ser, uma experiência pessoal:

> O que é importante a nossos olhos, somos os únicos a considerá-lo como tal. Nenhuma obra de referência no mundo, com suas citações, pode substituir o laço orgânico que uma afirmação encontrada por nós mesmos estabelece com nossa intuição e nossa atenção, de maneira que se forma uma verdadeira riqueza para nosso espírito.[507]

A esse título, é importante, como escreve a Bernhard Kluger (o filho de seu mestre Franz, a quem dedicou *O cicerone*), escolher um tema que tenha "uma relação de afinidade e de familiaridade com a parte mais íntima" de si mesmo. Nessa carta de 30 de março de 1870, como em diversas outras, Burckhardt volta com insistência a certas recomendações. A primeira delas concerne à definição da história como forma de contemplação liberada de todo e qualquer desígnio. Hostil à ideia de um conhecimento ligado a uma vontade de potência, Burckhardt exalta a gratuidade da história que não deve ser útil à ação ou, mais exatamente, que, para ser verdadeiramente útil, não deve colocar-se a questão de sua utilidade: somente sob essa condição é possível abrir uma brecha no presente. Em outros termos, o historiador não deve perder o contato com a vida e se encerrar em sua torre de marfim, mas tampouco deve ceder às exigências do presente e escrever uma *Tendenzgeschichte*:

> Divergimos bastante, você e eu, sobre uma coisa: você procura um tema que goze tanto quanto possível do favor da época e

---

[506] Cf. Karl J. Weintraub, *Visions of Culture*, Chicago-Londres, Chicago University Press, 1966, p. 115-160.
[507] Jacob Burckhardt, *Histoire de la civilisation grecque, op. cit.*, p. 21.

que ande no mesmo passo que os humores do momento. Em sua idade também eu pensava da mesma maneira, depois não foi mais assim, felizmente para minha salvação. Antes de tudo, no caminho de semelhantes temas encontra-se sempre uma quantidade de pessoas superficiais e prontas a tudo, que chegam antes de nós, exploram o momento e tiram ao que fazemos o ar e a luz; ou então pode acontecer que cheguemos de qualquer modo tarde demais, quando a aprovação e os humores do momento já se voltaram para outra coisa. Pode acontecer, pelo contrário, que recebamos imprevisíveis aplausos por um tema que ninguém cogitara e que tem a capacidade de transportar o leitor para uma região diferente daquela que ele já conhecia.[508]

Da contemplação e pela contemplação nasce a imaginação. Trata-se de um ponto fundamental. Assim como Wilhelm von Humboldt, Burckhardt também sublinha a importância da imaginação (*Phantasie*) histórica:

> Durante toda minha vida – escreve já em 1842 – jamais pensei filosoficamente e jamais tive pensamento que não estivesse ligado a alguma coisa de exterior. Quando minha reflexão não é engatada pela intuição (*Anschauung*), permaneço improdutivo. Por intuição, entendo igualmente a intuição espiritual, como por exemplo a intuição histórica que deriva da impressão suscitada pelas fontes. O que reconstruo historicamente não é o fruto da crítica e da especulação, mas antes da imaginação que aspira a preencher as lacunas pela intuição. A história é para mim ainda, em grande parte, poesia; é para mim uma sequência das mais belas composições pictóricas. Não posso, por conseguinte, crer num *ponto de observação a priori*; este procede do espírito do mundo e não do homem da história.[509]

O que vale para os monumentos vale igualmente para as fontes históricas. Num e noutro caso, temos sempre que lidar com ruínas, com o fragmentário e o relativo, cuja forma originária podemos apenas imaginar:

> O observador deve desenvolver em si mesmo essa faculdade de restauração sem a qual as ruínas antigas não lhe parecem mais

---

[508] Jacob Burckhardt, *Briefe, op. cit.*, t. V, p. 74–75, carta a Bernard Kluger, 30 de março de 1870.
[509] *Ibid.*, t. I, p. 204, carta a Willibald Beyschlag, 14 de junho de 1842.

do que restos informes, e a alegria que causam pura loucura. Deve, à vista de um fragmento, adivinhar o conjunto, aprender a reconstituir, e não exigir uma impressão imediata sobre restos cuja beleza só se completa pela reflexão.[510]

A constatação é ainda mais verdadeira quando não buscamos apenas os fatos, mas também os pensamentos do passado. Como escreve em 1887,

> [...] em história da arte, *minha* tarefa pessoal, parece-me, consiste em dar conta da imaginação de épocas passadas, de dizer que tipo de visão do mundo tiveram este ou aquele mestre e seus alunos. Certos pesquisadores ilustram mais os meios empregados na arte do passado, enquanto eu me inclino mais para as intenções que estavam na origem dessa arte.[511]

Em vez de se contentar em descrever o passado, Burckhardt se propõe, então, a tornar visível (*anschaulich*) a história em curso de se fazer, a colocar em imagens o passado ou, mais exatamente, a vida espiritual do passado, de modo a estimular a imaginação do leitor – que poderá, em seguida, prosseguir em sua elaboração do passado no presente. Como isso? Graças a um labor emotivo bastante complexo, feito de impregnação, de estupefação (a natureza misteriosa da viagem ao passado não cessa de ser recordada) e de afastamento. Esse labor acompanha o historiador ao longo de todo seu percurso: da reconstrução (pois as fontes não são um lugar de descoberta de fatos, mas um testemunho) à narração, passando pela interpretação. Donde a metáfora da viagem, por ocasião da qual aprendemos a abarcar a paisagem num só olhar e a perceber nas formas em movimento o instante em que o espírito humano se fez eterno. Um vaivém contínuo que nos permite sair do presente, bordejar emotivamente o passado, mas também respeitar sua irredutível estranheza.

VI

A imaginação aproxima o historiador do artista. Numa longa carta a Karl Fresenius (um dos membros do círculo poético dos

---

[510] Jacob Burckhardt, *Le cicerone, op. cit.*, t. I, p. 13.
[511] Jacob Burckhardt, *Briefe, op. cit.*, t. VI, p. 165, carta a Robert Grüninger, 10 de agosto de 1877.

Maikäifer), de 19 de junho de 1842, Burckhardt evoca a história como um processo de metamorfose pictórica:

> Considera-me como um artista que aprende, que aspira – já que enquanto isso também eu vivo de imagens e de intuição – e pensa na tristeza que por vezes oprime durante longos momentos os pintores, apenas porque estes não conseguem dar uma forma àquilo que se eleva de suas almas – poderás assim te explicar por que também eu fico triste de tempos em tempos, a despeito de minha natureza, de resto tão alegre.

Mas a imaginação de que fala Burckhardt não procede em nada da ficção poética:

> A história é e permanece para mim poesia no mais alto grau; bem entendido, não a considero de maneira, digamos, romântico-fantástica, o que não levaria a nada, mas como um maravilhoso processo de metamorfose (*Verpuppungen*) e de inédito, um desvelamento do espírito eternamente novo. Paro na soleira do mundo e estendo os braços para a origem de todas as coisas, e nisso a história é para mim poesia pura de que podemos nos apoderar pela contemplação.[512]

Reconhecer as afinidades que existem entre a história e a literatura não significa que seja preciso confundir ou assimilar os dois gêneros. Longe disso, as trocas entre um e outro só podem ter lugar a partir de uma delimitação bem precisa, pois, como é recordado em *O cicerone,* cada gênero deve viver de acordo com as próprias necessidades essenciais. Incansável partidário (também no plano estético) da autolimitação voluntária, Burckhardt estabelece duas distinções precisas em relação ao romance. Em primeiro lugar, a história está ligada à verdade factual: o historiador lança sobre a realidade um olhar apenas arbitrário, já que efetua uma seleção subjetiva do material e tenta imaginar as razões que inspiram as ações do homem. Além disso, ela não busca domesticar o passado (como o faz o romance histórico oferecendo uma imagem falsamente familiar e atrativa do passado). Conserva dele, ao contrário, toda alteridade:

---

[512] *Ibid.*, t. I, p. 208, carta a Karl Fresenius, 19 de junho de 1842.

O trabalho intelectual não deve querer ser um simples gozo. Toda tradição autêntica parece à primeira vista aborrecida porque e na medida em que nos é estranha. Filha de certa época, reflete seus pontos de vista e seus interesses sem nenhuma consideração para conosco, enquanto os falsos produtos modernos são feitos à nossa medida, vale dizer, embelezados e complacentes como as pseudoantiguidades costumam ser.[513]

VII

Convencido de que só a imaginação pode lançar uma ponte entre o presente e o passado, Burckhardt atribui um papel de primeiro plano à escritura histórica:

> Fiz um voto: escrever durante toda minha vida num estilo legível e perseguir sobretudo o interessante, mais do que o acabamento árido dos fatos. [...] Fala-se sempre de uma arte da historiografia e alguns creem terem feito o bastante quando substituem a inextricável frase schlosseriana por uma rebarbativa justaposição dos *facta*. Não, boa gente, trata-se de uma seleção dos *facta*, de escolher o que pode interessar o *homem*. [...] Eu, com meu trabalho, caí no momento certo; mesmo o público se dirige de novo bem mais do que antes à história e jamais teria posto seu olhar fora dela se nossos historiadores não tivessem perdido a confiança em seus objetivos, e sobretudo nos maiores deles.[514]

Eis porque não gosta muito dos filólogos.[515] E aprecia certos historiadores franceses (Augustin Thierry e François Guizot, entre outros) e admira os historiadores florentinos da Idade Média (especialmente Giovanni Villani), verdadeiros mestres da linguagem falada, direta,

---

[513] Jacob Burckhardt, *Considérations sur l'histoire du monde*, op. cit., p. 48. Hippolyte Taine também se exprime nesse sentido em *L'histoire de la littérature anglaise*, op. cit, t. IV, p. 302, a propósito de Walter Scott: "Ele para no limiar da alma e no vestíbulo da história, só escolhe, na Renascença e na Idade Média, o conveniente e o agradável, apaga a linguagem ingênua, a sensualidade desenfreada, a ferocidade bestial. No fim de tudo, seus personagens, qualquer que seja o século a que os transporta, são seus vizinhos, fazendeiros finórios, cavalheiros enluvados, senhoritas casadoiras, todos mais ou menos burgueses, vale dizer, posicionados, situados por sua educação e seu caráter a cem léguas dos loucos voluptuosos da Renascença ou dos brutos heroicos e das bestas ferozes da Idade Média".

[514] Jacob Burckhardt, *Briefe*, op. cit., t. I, p. 197, carta a Gottfried Kinkel, 21 de março de 1842.

[515] Cf. Karl Joachim Weintraub, "Jacob Burckhardt: The Historian among the Philologist", *American Scholar*, primavera de 1988, p. 273-282.

desprovida de ênfase, da vida prática. Suas crônicas são "esplêndidas, tão ricas de vida e de relevo"; em comparação, "como tudo que escrevem os humanistas [...] parece afetado e convencional ao lado destes belos trabalhos! Que abismo entre Leonardo Aretino e Poggio e esses ilustres cronistas de Florença!"[516]

Sua atenção para com o individual procede igualmente dessas anotações estilísticas. Está aí um ponto extremamente complexo, pois, em se tratando de Burckhardt, a distinção entre ética e estética não tem sentido. Basta pensar em seus comentários artísticos. A principal qualidade de Rafael "não era de natureza estética e sim moral: quero dizer o sentimento de honra e a firme vontade de atingir aquilo que considerava o ideal supremo da beleza".[517] Quanto ao Laocoonte, "o ponto mais elevado é a luta contra a dor [...]. A moderação na dor não tem apenas uma base estética, mas uma razão moral".[518] O mesmo acontece com o homem patológico: para além do sentido ético, de que já falei, ele tem um evidente valor estético, pois permite oferecer mais vivacidade e movimento à cena histórica.

Essas exigências se encontram novamente em *A civilização do Renascimento italiano*, uma das poucas obras de Burckhardt publicadas em vida. Seu projeto é conhecido e foi muitas vezes debatido. Limito-me, por conseguinte, a recordar que, para além do tema (o Renascimento), o livro apresenta duas novidades importantes. Em primeiro lugar, a abordagem que propõe: pouco inclinado, desde sempre, a conceber a história da arte como uma análise estilístico-formal, Burckhardt pretende aliar a história da arte (*Kunstgeschichte*) e a história da cultura (*Kulturgeschichte*). A segunda inovação concerne à escolha de um estilo narrativo: é difícil encontrar outra obra de história da arte que pulule tanto de figuras individuais. Só na primeira parte ("O Estado considerado como criação de arte", de cerca de cem páginas), vemos desfilar mais de duzentas personagens: papas,

---

[516] Jacob Burckhardt, *La Civilisation de la Renaissance en Italie* (1860), traduzido do alemão por Louis Schmitt, Paris, Gonthier, 1958, p. 182.
[517] Jacob Burckhardt, *Le cicerone*, op. cit., p.t. II, p. 697. Considerações análogas são porpostas por Johan Wolfgang Goethe, *Maximes et Réflexions*, op. cit., p. 69.
[518] Jacob Burckhardt, *Le cicerone*, op. cit.

imperadores, reis, bispos, dinastias inteiras (os Aragões, os Médicis, os Viscontis, os Sforzas, os Estes, aí compreendidas suas descendências ilegítimas, etc.), uma multidão de *condottieri* (dos Malatestas de Rimini aos Baglionis de Perúgia), comerciantes, humanistas, doges, cardeais, pintores, escultores, arquitetos, artistas e conspiradores. Nenhum deles tem direito a uma biografia desenvolvida, mas todos recebem uma conotação histórica e humana: de Júlio II, o homem que salvou o papado, ao usurpador Ezzelino da Romano, autor de crimes mais atrozes do que os de César Borgia; de Savonarola, que esteve na origem de uma mudança radical que só pode ser comparada à convulsão sobrevinda após ele com Lutero, ao tiraninho Pandolfo Petrucci, cujo passatempo favorito consistia em fazer rolar blocos de pedra do alto do monte Amiata. Uma após outra, essas figuras singulares dão à narração uma extraodinária tensão dramática, que contribui para exprimir a contradição mais íntima e profunda da experiência vivida do Renascimento: a descoberta das faculdades individuais, que, por certo, deu lugar ao florescimento artístico e literário do Renascimento, mas que também encorajou formas desenfreadas de egotismo amoral, engendrando uma cultura decadente e corrompida. Sob certos aspectos, está aí uma escritura própria aos medalhões. Mas medalhões *sui generis*, visto que cada um deles tem uma dimensão particular e porque, em vez de procurar o elogio, visam a revelar a variedade e a ambiguidade de uma época. Aliás, Burckhardt diz claramente que o importante reside na proporção das figuras em relação ao conjunto. Longe de querer privilegiar os monumentos individuais, para ele a tela de fundo permanece a parte principal da composição.

Certas avaliações artísticas, especialmente em *O cicerone* e em algumas conferências, permitem compreender melhor o sentido dessa escolha. Como já sublinhei, Burckhardt vota uma admiração sem reserva a Rafael, justamente por sua destreza na arte de individualizar os temas históricos tradicionais. Desconfia, entretanto, de toda forma de culto da personalidade. E é daí que decorrem suas reticências (éticas e estéticas) em relação a Michelangelo:

> Esse mestre tem um lugar extraordinário nos destinos da arte. [...] O caráter dos três últimos séculos, a subjetividade, aparece aqui sob a forma de uma potência criativa sem limites. E se trata

aqui não de uma potência involuntária e inconsciente, como acontece muitas vezes nos grandes esforços intelectuais do século XVI, mas, ao contrário, de uma enérgica premeditação. Parece que Michelangelo teve da arte que cria o mundo e o postula uma ideia tão sistemática quanto aquela que certos filósofos tiveram do Eu que, segundo Fichte, cria o universo.[519]

Por subjetividade, Burckhardt entende essencialmente o arbitrário (as figuras simbólicas não são mais do que um pretexto para os tormentos subjetivos) e a onipotência (o artista pretende ser o criador do mundo). A fim de aumentar a massa e o volume espacial de cada figura, os princípios de proporcionalidade (entre a parte e o todo) do classicismo arquitetural e escultural do Renascimento não são respeitados. E, paradoxalmente, é o sentido da individualidade que acaba sendo anulado, pois reina uma contradição espantosa entre o indivíduo, imponente não apenas em termos de tamanho, e sua existência esmagada: "Aquele que o contempla procura em vão a linha simples, natural, das naturezas gregas, um traço que nenhuma virtuosidade pode substituir".[520] Um dos exemplos mais contundentes, que ilustra o quanto um excesso de subjetividade pode ser contraproducente, concerne às duas estátuas de escravos, hoje conservadas no Louvre, que deveriam ter feito parte da tumba de Júlio II: "O tormento apoplético de toda uma série de homens simples, heroicos, musculosos que apenas se contorcem, sem poderem se mexer, que não estão *livres para avançar um passo*, é, em todo caso, uma ideia tirânica".[521]

---

[519] *Ibid.*, t. II, p. 459.
[520] Jacob Burckhardt, *Vorlesungen über Renaissance gehalten in der Aula des Museums* (1858-1859), citado por Maurizio Ghelardi, *La scoperta del Rinascimento, "L'età di Rafaelo" di Jacob Burckhardt*, Torino, Einaudi, 1991, p. 179.
[521] *Ibid.*, p. 180.

CAPÍTULO VI

A história infinita[522]

> *A dúvida verdadeira tem certamente seu lugar num mundo de que ignoramos o início e o fim e cujo meio está em perpétuo movimento.*
> Jacob Burckhardt[523]

I

O requisitório mais veemente contra esses "animais particulares chamados heróis", encontramo-lo sem dúvida alguma em *Guerra e paz*: "Por mais estranha que pareça tal asserção, a dignidade humana me diz que cada um de nós, se não é mais, certamente não é menos um homem do que o grande Napoleão".[524] Impregnadas de uma raiva que parece por vezes não querer se extinguir, numerosas páginas insistem na imoralidade da figura do grande homem, demasiado frequentemente explorada para excluir a possibilidade da medida do bem e do mal: aos grandes perdoa-se tudo, mesmo sua fuga, abrigados numa pele, abandonando seus companheiros entre as mãos do inimigo... Mas Tolstoi não se contenta em exprimir seu desgosto moral pela dupla contabilidade humana, tão comum

---

[522] Uma versão reduzida deste capítulo foi publicada sob o título "Tolstoï dans le scepticisme de l'histoire" na revista *Esprit*, junho de 2005, p. 6-25.
[523] Jacob Burckhardt, *Considérations sur l'histoire du monde*, op. cit., p. 40.
[524] Léon Tolstoï, *La guerre et la paix*, traduzido do russo por Boris de Schloezer, Paris, Gallimard, 1972, livro III, t. II, p. 224.

nos livros de história, que distribui os homens em heróis e seres ordinários. Toda sua obra recoloca em questão a adequação de tal critério para a compreensão do passado: "Os antigos nos deixaram modelos de poemas épicos cujos heróis concentram em si todo interesse, e não chegamos ainda a compreender que, para nosso tempo, uma história desse gênero é destituída de sentido", lê-se na segunda parte do terceiro livro.[525]

Aos heróis oficiais de 1812 (Barclay de Tolly, Raïevsky, Ermolov, Platov, Miloradovitch), sempre exaltados em verso e em prosa, opõem-se homens como o pacífico Dokturov ou o modesto Konovnitsine, que suportam o peso da guerra sem vacilarem. Mas os pivôs invisíveis da guerra são os sargentos: É evidente que só nos será possível apreender as ditas leis passando por esta via e que ainda não realizamos na direção que ela nos indica a milionésima parte dos esforços que envidaram os historiadores para descrever os atos dos reis, chefes de guerra e ministros, e expor as considerações que lhes inspiraram seus atos".[526] Bonaparte, símbolo por excelência da insolente pretensão de fazer história, não é mais que um puro epifenômeno no seio de um processo que teria, de qualquer jeito, seguido seu curso. Com seu olhar limitado e feliz com o infortúnio dos outros, ele não é mais a prodigiosa expressão da vontade individual capaz de transformar o mundo, mas antes um homenzinho, de sobretudo cinza, impotente e caprichoso, cuja única grandeza é a de crer que nada é mal para sua pessoa. Quem sabe? A guerra não teria talvez eclodido se ele tivesse aceitado retirar suas tropas de trás do Vistula e se não tivesse ordenado a suas tropas continuar adiante, mas ela certamente não teria ocorrido se todos os sargentos franceses se tivessem recusado a prolongar seu serviço. Não há nada, mas verdadeiramente nada – nem a vitória de Austerlitz, nem o sacrifício de 80.000 homens em Borodino – que seja exclusivamente imputável a Napoleão, tudo é o produto da atividade de centenas de milhares de homens que tomaram parte na ação comum. A derrota final do exército francês é a prova disso.

---

[525] *Ibid.*, livro III, t. II, p. 189.
[526] *Ibid.*, livro III, t. II, p. 271.

Quando as tropas napoleônicas entraram em Moscou, poderiam facilmente ter mantido sua brilhante posição e impedir o saque da cidade, de maneira a reunir os víveres e as forças necessárias para enfrentar o inverno. Mas as disposições do imperador não foram observadas, permaneceram suspensas no vazio: como os ponteiros de um mostrador de relógio separados do mecanismo, elas giravam arbitrariamente e inutilmente, sem mover outras engrenagens. E os franceses se suicidaram assim, pisoteando, "como um rebanho sem vigilância", o alimento que poderia tê-los salvado da morte:

> Dizer que Napoleão perdeu seu exército porque quis ou porque era muito tolo, seria tão falso quanto dizer que Napoleão conduziu suas tropas a Moscou porque quis ou era muito inteligente e genial. Num caso como no outro, sua ação pessoal, que não tinha mais importância do que a ação pessoal de cada um de seus soldados, coincidiu simplesmente com as leis que regiam os acontecimentos.[527]

Fazendo entrar na cena da história as unidades mínimas, Tolstoi afirma que a ação procede da periferia, e não do centro:

> Enquanto o oceano da história permanece calmo, compreende-se que o administrador-piloto, que, em seu frágil esquife, apoia seu gancho no enorme barco do Estado e se move com ele, possa crer que o barco avança graças a seus esforços. Mas basta que o vento aumente, que o oceano fique agitado, arrastando o barco, e já não é possível enganar-se: o barco prossegue sua corrida imponente, independente, o gancho não mais o atinge, e o piloto passa subitamente da situação de chefe, fonte de toda energia, àquela de um pobre homem fraco e inútil.[528]

Longe de governar os acontecimentos, Alexandre e Napoleão são escravos da história: seus atos, "dos quais dependia, aparentemente, que os acontecimentos tivessem lugar ou não, eram tão pouco livres quanto o ato de qualquer soldado que partia para a guerra designado pela sorte ou recrutado".[529]

---

[527] *Ibid.*, livro IV, t. II, p. 479.
[528] *Ibid.*, livro III, t. II, p. 346.
[529] *Ibid.*, livro III, t. II, p. 9.

Assim, a guerra, que os dois imperadores creem governar, vai adiante independentemente de seus projetos, de suas ordens, sem jamais coincidir com o que tinham planejado, movida essencialmente pela iniciativa das massas. Donde o paralelo entre a ação militar e o mecanismo do relógio:

> Como no relógio em que o resultado do movimento das inumeráveis engrenagens não é mais do que o movimento lento e regular dos ponteiros que indicam a hora, assim, o resultado das centenas de ações complexas desses cento e sessenta mil homens, russos e franceses, das paixões, dos desejos, dos remorsos, das humilhações, dos sofrimentos, dos elãs de orgulho, dos temores, dos entusiasmos de todos esses homens, foi unicamente a batalha de Austerlitz, a batalha dos três imperadores como a chamam, vale dizer, um ligeiro avanço do ponteiro da história universal no quadrante do destino da humanidade.[530]

Propondo a metáfora do relógio, Tolstoi não pretende sugerir que os indivíduos formam simples elementos intercambiáveis, ou que a sociedade procede de um mecanismo impessoal, automático, que ela *funciona* por si mesma; quer simplesmente dizer que a história é uma obra comum, uma trama densa e inextricável de forças múltiplas em perpétuo movimento: "O movimento dos povos não resulta nem do poder, nem da atividade intelectual, nem mesmo da conjunção dos dois, como pensam os historiadores, mas da atividade de *todos* os homens que tomam parte no acontecimento".[531] A vida histórica é uma esfera móvel, sem dimensões, que nasce dos choques inumeráveis entre diferentes vontades: multidões de seres humanos, unidos e separados por laços vitais e dolorosos, ativam-se, suas ações se confundem e acabam por produzir alguma coisa de único, de imprevisível, de irreparável e, muitas vezes, incompreensível. Algo que se assemelha a um jato d'água: "E todas essas gotas se moviam, se deslocavam e ora várias se confundiam para formar uma só, ora uma delas se dividindo dava nascimento a outras. Cada gota tendia a se espalhar, a ocupar o máximo de lugar possível, mas as outras

---

[530] *Ibid.*, livro I, t. I, p. 344.
[531] *Ibid.*, livro IV, t. II, p. 728.

tentavam fazer o mesmo, pressionavam-na, por vezes a destruíam, por vezes se uniam a ela".⁵³²

Com a *verdadeira* história da campanha na Rússia, Tolstoi reverte certos lugares comuns sobre o poder. Não o caracteriza pela força física ou moral e não lhe atribui qualidades intrínsecas, mas descreve-o como uma relação de dependência entre aqueles que comandam e aqueles que obedecem. É uma das significações da narrativa do massacre dos quarenta ulanos. Estamos em 1812: Napoleão acaba de transpor uma das pontes do Niemen, "ensurdecido pelas aclamações incessantes que evidentemente suportava apenas porque era impossível proibir esses homens de exprimirem seu amor". Chegado às margens do Vilija, dá a ordem de reconhecê-lo. Embora haja um vau à meia légua dali, os ulanos poloneses se lançam imediatamente na água do rio, cuja corrente é profunda e rápida: "Mas o frio era grande, a rapidez da corrente apavorante: os homens se agarravam uns aos outros e caiam de suas montarias. Cavalos se afogaram, homens também. Os outros nadavam segurando-se seja em suas selas, seja na crina de seus cavalos".⁵³³

Como repartir as responsabilidades desse massacre inútil? Deve-se imputá-lo ao coronel polonês cheio de zelo que, o rosto feliz e os olhos flamejantes, ordenou a seus ulanos que o seguissem? A Napoleão, que continuava a fazer os cem passos em companhia de Berthier, "ao longo do rio e a lhe dar instruções, lançando de tempos em tempos olhares descontentes aos ulanos que se afogavam, perturbando o curso de seus pensamentos"? Ou ao devotamento dos ulanos "orgulhosos de nadar e de se afogar nesse rio sob os olhos do homem sentado num tronco e que sequer olhava o que eles faziam"?⁵³⁴

Nesse episódio, Tolstoi não descreve apenas a crueldade distraída de Bonaparte. Diz-nos igualmente que o poder, tomado em seu sentido verdadeiro, nada mais é que a expressão da pesada dependência em que nos encontramos para com os outros. Sob certos aspectos, aqueles que o detêm podem contar ainda menos com a própria vontade do que aqueles que o aceitam; suas ações

---

⁵³² *Ibid.*, livro IV, t. II, p. 558.
⁵³³ *Ibid.*, livro III, t. II, p. 13-14.
⁵³⁴ *Ibid.*, livro III, t. II, p. 13-14.

parecem intencionais e livres, mas são na verdade involuntárias e determinadas por todo o curso da história passada: "Quanto mais alto o homem está situado na escala social, mais a rede de suas relações com os outros homens é extensa, mais autoridade possui sobre os outros e mais parece que cada um de seus atos é predeterminado e inevitável".[535] A ordem, o ato de comandar, nada mais é que uma simples etiqueta, uma espécie de título atribuído ao acontecimento, que tem apenas, como todas as etiquetas, uma relação longínqua com o acontecimento em si mesmo. É, aliás, uma das primeiras coisas que o príncipe André percebe, ele que conjuga no mais alto grau todas as qualidades que se podem exprimir pelo conceito de força de vontade. Em certo sentido, é um segredo de Polichinelo: ninguém quer reconhecê-lo, mas todo o mundo sabe que as ordens praticamente não são observadas, e que, muitas vezes, nenhuma ordem vem do alto. O simpático capitão Tuchine, que só decide onde e como atirar após ter falado com o sargento Zakartchenko, por quem nutre profundo respeito, sabe-o bem, assim como o sabe o príncipe Bagration, ele que, com grande tato, se contenta em secundar os acontecimentos: sua presença é extremamente eficaz, pois ele dá a ilusão de que aquilo que se faz por necessidade, por acaso ou por vontade dos comandantes é executado "se não por suas ordens, ao menos em conformidade com suas intenções".[536]

Desse ponto de vista, o poder deriva daquilo em que se crê. Como escreveu Nicola Chiaromonte, "na ação, não temos outro guia além daquilo em que cremos uns dos outros e do mundo onde vivemos. Napoleão, Kutuzov, o último de seus soldados, o homem mais genial assim como o mais medíocre, o mais lúcido e o mais racional, assim como o mais tolo, ninguém pode ultrapassar o limite que, em última instância, faz de todo saber uma simples crença".[537]

II

Quando consegue moderar sua raiva polêmica e esquecer suas frágeis convicções igualitárias (o príncipe André certamente

---

[535] *Ibid.*, livro III, t. II, p. 10.
[536] *Ibid.*, livro I, t. I, p. 252.
[537] Nicola Chiaromonte, *The Paradox of History*, Londres, Weindenfels & Nicolson, 1970, p. 30.

não tem o estofo de Anatole Kuraguine), Tolstoi vai bem além de uma refutação da grandeza individual: ele a separa da vontade de potência. Dá a palavra, a vida mesmo, a essa máxima de Goethe segundo a qual "nada de mais triste do que a aspiração ao absoluto nesse mundo tão essencialmente limitado".[538]

Na realidade, há um grande homem no campo de batalha: é Kutuzov, velhinho distraído, que despreza o saber e a inteligência, que adormece durante os conselhos de guerra, que detesta mesmo montar a cavalo. Sua indolência é tal que a atividade dos outros lhe parece ser uma censura pessoal. Contrariamente a Napoleão ou, pior ainda, ao comandante austríaco Weirother, chefe de guerra presunçoso e obstinadamente agarrado à ilusão de dirigir e comandar seus soldados, o velho general russo sabe que durante o combate – como na vida – alguma coisa de mais forte e de mais importante do que a vontade deve ser considerada, é a incógnita x, o sentimento dos homens, aquilo em que creem:

> Uma longa experiência militar lhe tinha ensinado, e sua inteligência de velho lhe fizera compreender, que não estava no poder de um só dirigir centenas de milhares de homens que lutavam contra a morte, e sabia que o que decide o resultado das batalhas não são as disposições que toma o general em chefe, não é a posição que as tropas ocupam, o número dos canhões e dos mortos, mas essa força inapreensível que chamam o moral do exército; e vigiava essa força e agia sobre ela tanto quanto estava em seu poder.[539]

Kutuzov é lento, hostil a toda ação decisiva, indiferente às palavras, que lhe parecem incapazes de exprimir as verdadeiras razões dos homens, intolerante para com as declarações de patriotismo, que não pode escutar sem fazer caretas. Não pretende ser um condutor de homens, sequer vem-lhe ao espírito poder dirigir os acontecimentos, não intima ordem alguma e se limita a dizer sim ou não às proposições que lhe são feitas, a constatar os fatos consumados. Pressente, entretanto, a significação do acontecimento (compreende que a batalha de Austerlitz está perdida antes mesmo que ela comece, depois

---

[538] Johan Wolfgang Goethe, *Maximes et Réflexions, op. cit.*, m. 961, p. 256.
[539] Léon Tolstoï, *La Guerre et la Paix, op. cit.*, livro III, t. II, p. 250.

sustenta, contra todos, que Borodino é uma vitória) porque é parte do nós, verdadeiro ser coletivo. A fonte de sua capacidade reside no espírito nacional russo que o anima e sua luta contra Napoleão, o herói moderno europeu, é também, e sobretudo, a luta de um povo que reconhece sua dependência (em relação a Deus) contra um povo demiúrgico, que crê viver da vida que ele próprio irradia.[540] No fundo, Kutuzov se vê e age como um receptáculo, como uma *simples* forma. Sua força deriva do fato de que nele nada há de pessoal: "Ele não fará nada que venha de sua própria iniciativa. Não inventará nem empreenderá nada, dizia a si mesmo o príncipe André, mas escutará tudo, se lembrará de tudo, colocará tudo em seu lugar, deixará que façam o que pode ser útil e impedirá o que é nocivo".[541] Por momentos, ele lembra um pouco o herói de Carlyle: possui a mesma propensão à renúncia que esse admirava em Goethe.

O mesmo se dá no que concerne à vida privada. Inicialmente desprovido de caráter, Pedro Bezukov só chega à *grandeza* quando compreende e aceita que não lhe é possível prever os acontecimentos, menos ainda modelá-los segundo sua vontade ou suas intenções. Enquanto desejava ardentemente, com toda sua alma, ser Napoleão, tornar-se filósofo, vencer Napoleão, enquanto pretendia transformar o gênero humano fundando escolas e hospitais e alforriando seus mujiques de Kiev, ele permanecia o marido rico de uma mulher infiel, um camareiro aposentado que gostava de beber e comer e, em seus momentos de expansão, não desdenhava falar mal por vezes do governo: o que quer que fizesse, continuava a ser o que seria qualquer um em sua posição. Seu momento de maior impotência coincide, e não por acaso, com sua adesão à maçonaria, expressão máxima da moral demiúrgica segundo a qual *faber est suae quisque fortunae*:[542] "Quando entrou na franco-maçonaria era como um homem que põe com confiança seu pé sobre a superfície unida de um pântano; tendo apoiado o pé, afundara; para se certificar da solidez do solo

---

[540] Sobre a atitude demiúrgica, ver Alberto Savinio, "Fine dei modelli" (1947), in *Opere. Scritti dispersi. Tra guerra e dopoguerra (1943-1952)*, Milão, Bompiani, 1989, p. 501 sq.

[541] Léon Tolstoï, *La Guerre et la Paix, op. cit.*, livro III, t. II, p. 178.

[542] Cada um é artífice da própria sorte. (N.T.).

sobre o qual se mantinha, enfiara o outro pé e afundara ainda mais. Completamente atolado, avançava agora com a lama até os joelhos".[543]

Só a prisão o salvará dessa moral, poderosa unicamente em aparência: "O mundo que desabara começava a se reedificar nele com uma beleza nova, sobre fundamentos renovados, inabaláveis".[544] E, pouco a pouco, a frouxidão de outrora, que se exprimia até mesmo no olhar, dá lugar a uma retomada de energia:

> Procurara toda sua vida em diferentes direções essa paz, esse acordo consigo mesmo que tanto o impressionaram nos soldados em Borodino. Procurara-os na filantropia, na maçonaria, nas distrações da vida mundana, no vinho, no sacrifício, em seu amor romântico por Natacha; procurara-os pelas vias do pensamento e todas essas procuras e tentativas o enganaram. E eis que, sem pensar, recebia esse apaziguamento e o acordo consigo mesmo, mas somente passando pelo terror da morte, pelas privações e pelo que Karataiev o fizera compreender.[545]

Nas mãos dos franceses, Pedro pode repensar – ou pensar pela primeira vez – certas noções chave da moral demiúrgica. Compreende, então, não pelo raciocínio, mas em todo o seu ser, que existe um limite para a vontade: no fundo, ao esposar a bela Helena, acreditara seguir a própria vontade, quando na verdade só se decidira, num estado de extrema confusão, porque todo mundo esperava isso dele e não tinha a coragem de decepcionar. Compreende, então, que há igualmente um limite para a responsabilidade: para a sua, quando no clube inglês provocou Dolokov para um duelo, ainda que se desse conta perfeitamente de que as noções de honra e de ofensa não eram mais do que besteiras, tolas convenções; assim como é limitada a responsabilidade do velho comerciante, injustamente acusado de assassinato, a quem não resta senão amar a vida em seus sofrimentos inocentes. Por outro lado, mesmo a grandeza nada tem de voluntário, de prometeico: quando muito, deve ser compreendida como um signo de dependência. Se Kutuzov consegue escapar, graças à sua ligação com o espírito russo, à sedutora moral demiúrgica que contamina tantos membros do estado-maior, Pedro só

---

[543] *Ibid.*, livro II, t. I, p. 556.
[544] *Ibid.*, livro IV, t. II, p. 442.
[545] *Ibid.*, livro IV, t. II, p. 492.

se transforma graças aos outros prisioneiros que apreciam sua força, sua indiferença para com as comodidades da vida, sua simplicidade, em suma, todas as qualidades que haviam sido anteriormente uma fonte de embaraço na alta sociedade de São Petersburgo: e Pedro se sentia constrangido pela opinião que faziam dele.

Para Tolstoi, as noções de vontade e de responsabilidade são inadequadas, uma vez que supõem a existência de um sujeito completamente autônomo (um Eu sem Nós). Na prisão, embalado pelo ronco regular de Platão Karataiev, Pedro descobre, enfim, que a vida do homem só tem sentido enquanto partícula de um todo: reconhecer os limites da vontade e da responsabilidade permitiu-lhe perceber a ligação, a conexão das coisas, dos homens e das circunstâncias, tomar consciência da própria dependência. Uma dependência que não é submissão, mas predisposição à ação e à resistência: é somente aceitando não ser um demiurgo, um sujeito soberano, que toma consciência de não ser um simples peão nas mãos de um demiurgo. De maneira mais simples, abandonando-se aos sentimentos que experimenta pela princesa Maria, Nicolau Rostov chega à mesma conclusão: decidindo submeter-se às circunstâncias, não apenas nada faz de mal, mas, pela primeira vez, realiza "uma coisa extremamente importante, a mais importante que jamais fez".[546]

III

E é precisamente esse sentido agudo da dependência – entre os seres humanos e entre os seres humanos e as circunstâncias – que conduz Tolstoi a analisar o passado num nível molecular. Integrando as unidades mínimas, vai além da evocação das significações afetivas do drama histórico. É no plano explicativo que quer levar em conta os fatores locais, os fatos minúsculos, infinitesimais. Para ele, não existe apenas uma multiplicidade de experiências vividas, como nos conta Stendhal na cena famosa da batalha de Waterloo, mas uma multiplicidade de causas: não há uma causa, nem mesmo duas ou três causas, mas uma cadeia infinita de causas minúsculas, das quais nenhuma é em si mesma a verdadeira causa. A marcha de

---

[546] *Ibid.*, livro IV, t. II, p. 419.

flanco para além de Krasnaia Pakra, que conduz os franceses a sua perda, poderia ter sido fatal para o exército russo. Teriam bastado algumas coincidências a menos. Se Moscou não tivesse sido incendiada? Se Murat não tivesse perdido os russos de vista? Se o ataque tivesse sido lançado imediatamente como o sugeria Benningsen, "o homem das longas abas"? Se os franceses tivessem marchado sobre São Petersburgo? É provável que, se apenas uma dessas suposições se tivesse verificado, "a marcha de flanco teria se transformado em desastre".[547] O que é verdadeiro para o último episódio da ofensiva napoleônica vale para a campanha da Rússia inteira:

> É-nos incompreensível que milhões de homens, cristãos, tenham podido passar por tais sofrimentos e se matarem uns aos outros porque Napoleão amava o poder, Alexandre era firme, a Inglaterra intriguista e o duque de Oldenbourg estava ofendido. [...] A nós, que não somos historiadores, a quem o próprio processo da pesquisa não obnubila e que, consequentemente, contemplamos o acontecimento mantendo intacto nosso bom senso, faz-se manifesto que o número das causas ultrapassa o cálculo. À medida que avançamos em sua pesquisa, descobrimos sempre novas, e qualquer que seja a causa ou a série de causas visadas, todas parecem igualmente exatas consideradas em si mesmas e igualmente falsas vista sua insignificância em relação à enormidade do acontecimento que seriam incapazes de produzir (fora de sua coincidência com todas as outras).[548]

É a lei do acúmulo de causas, uma lei que lembra muito o *volume* de Carlyle. A história humana não é determinada pela ação de grandes causas necessárias, exclusivas e previsíveis, nem sequer é dirigida pela Razão, por um desígnio racional, mas é coberta por mil pequenos fardos concomitantes: cada indivíduo se encontra sempre no coração de uma série móvel de fatos. Dito de outro modo, Tolstoi descreve a natureza temporal da causa: diz-nos que não se trata de um fator ou de um acontecimento exterior, mas de um conjunto de circunstâncias, expressão da trama de dependências em que se afundam os homens.

---

[547] *Ibid.*, livro IV, t. II, p. 463.
[548] *Ibid.*, livro III, t. II, p. 8.

Ele, que em seu diário se pergunta "quando pois comecei?", narra em *Guerra e paz* a absoluta continuidade do movimento: não existe, não pode existir condição inicial para um fenômeno, um fato deriva sempre de outro, insensivelmente e sem interrupções.[549] Não é por acaso que Kutuzov não consegue datar o abandono de Moscou. Por mais que procure, não encontra e não pode encontrar resposta, pois a cadeia das causas e dos efeitos não tem início e não pode ter fim: "Admitir unidades separadas umas das outras, que um acontecimento tem um começo [...] é completamente falso".[550]

IV

Não apenas as motivações que alimentam um acontecimento são numerosas, muito numerosas, em número infinito, mas são também muito pouco lógicas ou previsíveis. Para Tolstoi, o ser humano não é um animal pensante, mas um animal dramático, que praticamente não reflete sobre o que faz, que age antes de avaliar, de calcular, de saber. Sua capacidade de ação tem algo de involuntário e de irrefletido: "Só a atividade inconsciente é fecunda e o homem que desempenha um papel nos acontecimentos históricos jamais compreende sua significação. Se tenta compreendê-los, é atingido pela esterilidade".[551]

O campo de batalha é um exemplo disso: ninguém se desloca aí segundo um plano preestabelecido, mas num estado próximo do delírio da febre ou da embriaguez, sob a inspiração do momento, *livremente*, "pois o homem nunca é mais livre do que no campo de batalha onde o que está em jogo é a vida e a morte".[552] As ordens, raramente ouvidas, são sistematicamente deformadas: "O comandante da terceira companhia ao general" se torna "a terceira companhia ao comandante" e depois "o general à terceira companhia".[553] Porque as coisas procedem independentemente da

---

[549] Certas considerações de Tolstoi sobre a natureza ininterrupta do movimento precedem aquelas de Bergson sobre o caráter indivisível do tempo.
[550] Léon Tolstoï, *La Guerre et la Paix, op. cit.*, livro III, t. II, p. 269.
[551] *Ibid.*, livro IV, t. II, p. 408.
[552] *Ibid.*, livro IV, t. II, p. 477.
[553] *Ibid.*, livro I, t. I, p. 172. No célebre capítulo 83 de *O homem sem qualidades*, "Sempre a mesma história, ou: Por que não se inventa a História?", Musil se serve, também ele, da experiência da

intenção dos protagonistas, é impossível discernir precisamente o que se passa. Assim, o príncipe André compreende, alguns dias antes de sua chegada ao campo próximo de Drissa, que os planos mais meditados não valem nada, que tudo depende da maneira como se reage às manobras inesperadas e imprevisíveis do inimigo. É o que agita Kutuzov ao longo da noite de 12 de outubro de 1812. Ele passa uma noite sem dormir perguntando-se se Napoleão se dirige a São Petersburgo ou se espera em Moscou, depois imagina mil outras suposições; mas, a despeito de sua experiência, tampouco ele é capaz de considerar todas as combinações possíveis: "A única que não pôde prever foi precisamente aquela que ocorreu: esses absurdos saltos espasmódicos do exército napoleônico de um lado para o outro ao longo dos onze dias que seguiram sua partida de Moscou e que tornaram possível sua total destruição, com a qual Kutuzov não tinha ainda ousado sonhar".[554]

O que quer que se diga, a guerra, no curso da qual um batalhão pode derrotar uma divisão ou ser aniquilado por uma companhia, nada tem a ver com o xadrez, jogo fora do tempo, em que o cavalo é sempre mais forte do que o peão e dois peões mais fortes do que um só peão. A imagem do duelo com arma branca, frequentemente empregada como metáfora da guerra (e da vida social) tampouco convém. A vitória de Borodino não permite aos franceses conquistar a Rússia; ela marca ao contrário o início de sua derrota, já que os russos decidem em certo ponto lançar fora a espada e empunhar o porrete: em outros termos, os camponeses de Karp e de Vlas, desprovidos de qualquer sentimento patriótico, param de levar o feno a Moscou e o queimam. O exército napoleônico atinge, então, as condições químicas da dissolução: transforma-se numa turba de homens transidos

---

amplificação dos erros na transmissão das ordens à época do serviço militar – assim, se a ordem era de início: "O cabo marche à frente da coluna", acaba-se transmitindo atrás: "Ao cabo da marcha façam fila indiana!" ou algo de equivalente – para insistir sobre as dificuldades implícitas na noção de causalidade histórica: "O caminho da história não é pois o de uma bola de bilhar que, uma vez tocada, segue determinado curso, mas assemelha-se ao trajeto das nuvens, ao caminho de alguém que vagabundeia pelas ruelas, distraindo-se aqui com outra sombra, ali com um grupo de pessoas, ou o contorno diferente de uma fachada, por fim chegando a um ponto que não conhecia, nem queria atingir". ★ Utilizo-me aqui da tradução brasileira de Lya Luft e Carlos Abbenseth (Musil, Robert. *O homem sem qualidades*. Rio de Janeiro: Nova Fronteira, 1989, p. 259.). Nesta, o capítulo 83 é intitulado "Acontece a mesma coisa, ou: por que não se inventa a história?". (N.T.)

[554] Léon Tolstoi, *La Guerre et la Paix*, op. cit., livro IV, t. II, p. 508.

de frio e esfomeados, sem calçados, que erram sem meta na neve e no frio. Uma tragédia inexorável, bem diferente da retirada compacta e digna da *Marselhesa* na *Abertura solene "1812"* de Tchaikovsky.[555]

V

Reconstituir a origem e a evolução de um acontecimento é impossível. Assim, nos relatos que a seguem, seja oficiais, seja privados, sempre impregnados de bons sentimentos e de grandes palavras, a realidade da guerra é forçosamente deformada até se tornar algo de razoável, de consequente, de previsível. Jerkov, o porta-estandarte dos hussardos, que, quando da batalha de Austerlitz, presa de um terror insuperável, foi incapaz de enfrentar o inimigo, sabe algo disso. Uma vez o perigo passado, contará:

> "Assisti, vossa alteza, ao ataque do regimento de Pavlogrado", interveio Jerkov lançando a seu redor olhares inquietos. Ele não tinha visto os hussardos o dia inteiro, mas apenas ouvido um oficial de infantaria falar deles. "Eles devastaram dois quadrados, alteza." Alguns sorriram quando Jerkov se pôs a falar, esperando uma de suas costumeiras piadinhas, mas dando-se conta de que o que ele dizia glorificava a ação de nossas tropas e o sucesso desse dia, tomaram um ar sério. Muitos, entretanto, sabiam claramente que não era mais do que uma mentira infundada.[556]

O caos desprovido de significação que reina no campo de batalha encontra uma ordem perfeita mesmo na boca de um jovem como Nicolau Rostov, que "não teria mentido conscientemente por nada no mundo":

> Ele tinha a intenção, ao começar seu relato, de dizer as coisas tais como se tinham passado, mas involuntariamente, imperceptivelmente, acabou na mentira. Se tivesse se contentado em

---

[555] No que concerne à descrição do campo de batalha e, em particular, ao relevo dado ao imponderável e ao incalculável, Paul Boyer (*Chez Tolstoï. Entretiens à Iasnaïa Poliana*, Paris, Institut d'Études Slaves, 1950) recordou a dívida de Tolstoi para com Stendhal, enquanto Albert Sorel ("Tolstoï – historien", 1888, in *Lectures historiques*, Paris, Plon, 1894) e Adolfo Omodeo (*Un reazionario: il conte Joseph de Maistre*, Bari, Laterza, 1939) sublinharam a influência das célebres *Soirées de Saint-Pétersbourg* de Joseph de Maistre. Para uma análise aprofundada das raízes intelectuais da visão tolstoiana da história, cf. Isaiah Berlin, *Les Penseurs russes* (1953), traduzido do inglês por Daria Olivier, Paris, Albin Michel, 1984.

[556] Léon Tolstoï, *La Guerre et la Paix, op. cit.*, livro I, t. I, p. 272.

dizer a verdade a seus auditores [...], não teriam acreditado nele, ou, o que é ainda pior, teriam pensado que era unicamente culpa sua se não lhe acontecera o que acontece normalmente às testemunhas de um ataque de cavalaria. Ele não podia contar-lhes simplesmente que tinham partido todos a trote e que ele tinha corrido feito um louco para se refugiar num bosque e escapar aos franceses. E depois, para contar tudo o que se tinha passado e unicamente o que se tinha passado, era preciso fazer um esforço sobre si mesmo.[557]

Todos mentem. Mesmo os generais contam a batalha como gostariam que ela tivesse sido ou como a ouviram contar por outros narradores, ou ainda enfeitando-a pelo prazer do relato, mas de modo algum como ela decorreu. Alguns deles mentem por vaidade, mas muitos outros mentem simplesmente porque não podem fazer de outra forma, pois "contar a verdade é muito difícil".[558] Existe uma diferença dramática entre realidade e narração histórica (sem mesmo falar de explicação):

> Dizendo que o ataque fora repelido, [o comandante] pretendia qualificar com um termo militar o que se passara, mas na verdade ignorava o que se passara no curso dessa meia hora no regimento que lhe estava confiado, e não podia dizer de ciência certa se o ataque fora repelido ou se seu regimento fora posto em fuga pela cavalaria. Tudo o que sabia é que no início da ação balas de canhão e granadas abateram-se sobre seus homens dizimando um bom número deles e que em seguida alguém gritara: "A cavalaria!" Os nossos começaram a atirar. [...] O príncipe Bagration fez um sinal com a cabeça como para dizer que tudo se passava exatamente como ele desejava e previra.[559]

Enfim, é a vez dos historiadores, eles também incapazes de preencher o hiato entre realidade e narração. De qualquer "escola" que sejam, estão convencidos de possuírem uma ciência, mas não compreendem na realidade mais que uma parte ínfima dos fatos fundamentais do passado dos povos (0,01% em média,

---

[557] *Ibid.*, livro I, t. I, p. 325.
[558] *Ibid.*
[559] *Ibid.*, livro I, t. I, p. 254.

ironiza Tolstoi).⁵⁶⁰ Por um lado, porque se contentam em estudar as manifestações do poder, negligenciando os verdadeiros problemas, aqueles que concernem à causalidade histórica (qual é a causa dos acontecimentos, qual é a força que move os exércitos, qual é aquela que decide a sorte de uma batalha, etc.?). Por outro, porque acabam sempre por confinar a riqueza da vida social atrás de similitudes vagas e indefinidas. Remetem-se a um único ponto de vista, como Berg e sua mulher que vivem na vã ilusão de que seu lar é representativo de todos os outros: ele, "julgando todas as mulheres a partir da sua, estava convencido de que eram todas fracas e tolas. Vera, julgando a partir de seu marido e generalizando sua experiência, considerava que todos os homens acreditavam-se os únicos razoáveis quando em verdade não compreendiam nada e eram egoístas e orgulhosos".⁵⁶¹

VI

Mas os historiadores não são os únicos culpados. No relato do campo de batalha, Tolstoi não conta apenas a infidelidade da memória – inevitável, pois o espírito tende a racionalizar e a formalizar as lembranças. Evocando o número infinito de causas que alimentam e regulam a história, ele se choca com os limites do conhecimento. Partilha, ele também, o dilema biográfico que atormentava Carlyle: se a vida social é uma obra comum, o produto de uma multidão de ações humanas, deveríamos, então, para compreendê-la em sua íntegra, poder ver, escutar, gravar, memorizar um número inimaginável de gestos e de pensamentos. O que equivale a dizer que se trata de uma empresa vã: o passado permanecerá sempre inacessível, ninguém jamais poderá descrever cada um de seus ingredientes em sua essência específica e em todas as suas dimensões.

Como vimos mais acima, Carlyle conseguia escapar a esse penoso sentimento de impotência graças à figura do herói, considerado como o foco irradiador miraculoso em que se cristaliza toda uma época. Tolstoi não partilha dessa ilusão. No epílogo, escreve que

---

⁵⁶⁰ Tolstoi ataca especialmente o positivismo metafísico de Comte e de Henry Buckle, as concepções materialistas de Nikolai Tchernychevski e de Dimitri Pisarev, e o positivismo evolucionista de Herbert Spencer.
⁵⁶¹ Léon Tolstoï, *La Guerre et la Paix*, op. cit., livro II, t. I, p. 559.

"a vida de alguns personagens não abarca a vida dos povos, pois o laço entre esses personagens e os povos não foi encontrado".[562] E conta-o, ainda uma vez, através da experiência de Pedro Bezukov. Pedro é um espectador excepcional: deseja verdadeiramente compreender o que se passa e sua alta estatura lhe permite perceber sem esforço, durante a retirada dos franceses, o comboio de mulheres maquiladas, com vestidos coloridos, que suscita a curiosidade dos outros prisioneiros. Porém, ao chegar a Borondino, é em vão que busca um lugar de onde pudesse abarcar com o olhar toda a batalha. Escala até um lugar alto que deveria lhe garantir uma visão excepcional, mas não adianta:

> Tudo o que Pedro via, tanto à direita quanto à esquerda, era tão vago que sua imaginação permanecia insatisfeita. Em lugar do campo de batalha que esperava ver, estavam campos, pradarias, tropas, florestas, fumaças de bivaques, aldeias, mamilões, riachos e, por mais que se aplicasse, não chegava a ver onde se encontrava, nessa paisagem viva, a posição e sequer podia distinguir nosso exército do do inimigo.[563]

Sob o fogo incessante dos fuzis e dos canhões, jamais se vê mais do que um fragmento restrito, ora apenas os russos, ora apenas os franceses, ora os soldados da infantaria, ora os da cavalaria que "surgiam, caíam, atiravam, se empurravam, sem saber ao certo o que deviam fazer, gritavam e refluíam".[564] Pedro compreende que lhe é impossível reunir todos os cacos da realidade e ainda mais recompor a significação de cada um deles, porque o *acontecimento* deriva dos fatos, dos momentos, de uma infinidade de condições diferentes: "Ela [a batalha] só apareceu em sua unidade quando, estando terminada, pertencia ao passado".[565] O príncipe André, que pudera ver o horizonte ilimitado de Austerlitz, chega a mesma conclusão no momento exato de morrer: mesmo no artigo da morte, resta sempre algo de unilateral, de pessoal, de abstrato, uma impotência de perceber a realidade em sua totalidade.

---

[562] *Ibid.*, livro IV, t. II, p. 719.
[563] *Ibid.*, livro III, t. II, p. 197.
[564] *Ibid.*, livro III, t. II, p. 243.
[565] *Ibid.*, livro IV, t. II, p. 463.

Da mesma forma que nenhum homem é capaz de determinar o sentimento do povo, ninguém pode interpretar a significação geral de uma época. Pela boa razão de que não há significação geral. É uma abstração utilizada e forjada justamente por aqueles que são escravos de seu interesse particular. Por homens vis e pouco confiáveis como o conde Rostoptchine, que, após ter ordenado injusta e inutilmente a execução do filho do mercador Verestchaguine, se justifica alegando o motivo, pouco original, do *bem público*:

> Desde que o mundo existe e que os homens se entrematam, jamais alguém cometeu um crime contra seu semelhante sem recorrer a esse pensamento tranquilizante. [...] O homem que está tomado pela paixão ignora sempre o bem dos outros, mas o homem que comete um crime sabe sempre com certeza em que consiste esse bem. E Rostoptchine também o sabia agora.[566]

Uma vez afastada a saída heroica, parece não subsistir mais do que a via do ceticismo, aquele mesmo que aperta o príncipe Bolkonski, durante o conselho de guerra de Drissa, quando se pergunta:

> Que teoria e que ciência pode haver quando se trata de uma atividade cujas condições e circunstâncias são desconhecidas, não podem ser determinadas de antemão, não mais do que as forças que nela estão engajadas? [...] Que ciência pode haver numa atividade em que, como em toda atividade de ordem prática, nada pode ser definido, pois tudo depende de inúmeras condições cuja importância e significação serão descobertas instantaneamente, mas em que momento precisamente, ninguém sabe?[567]

Tolstoi estima que a correlação das causas dos fenômenos não está ao alcance da razão humana: contrariamente aos positivistas e aos racionalistas – que pretendem, como os generais Pfull e Benningsen, possuir uma ciência – "nada, nada há de certo além do nada de tudo o que compreendo e a grandeza de alguma coisa de incompreensível mas essencial!".[568]

---

[566] *Ibid.*, livro III, t. II, p. 352.
[567] *Ibid.*, livro III, t. II, p. 54.
[568] *Ibid.*, livro I, t. I, p. 387.

Esse ceticismo se tinge, aqui e ali, de fatalismo: "Quanto mais nos esforçamos para explicar racionalmente esses fenômenos históricos, mais eles nos aparecem desprovidos de sentido e incompreensíveis".[569] Então, o homem parece subordinado a uma força que o ultrapassa e que ele não poderá jamais conhecer nem controlar: a Necessidade. Abandonando seus bens para fugir da cidade consumida pelas chamas, os moscovitas partem cada um para seu lado, preocupados com seus interesses pessoais, e no entanto, como um único homem, concorrem para produzir um único e formidável resultado: esse "acontecimento grandioso que permanecerá para sempre a mais alta glória do povo russo".[570] Pode-se dizer o mesmo da campanha da Rússia inteira. Os homens de 1812, cerca de 800.000 franceses, comandados pelo melhor capitão do mundo, diante de 400.000 russos sem experiência – são apresentados como os instrumentos involuntários da História, cumprindo uma tarefa da qual tudo ignoram, mas necessária à realização de fins históricos da humanidade em geral:

> Todas essas causas, mil milhões delas, coincidiram para culminar naquilo que se produziu. Consequentemente, o acontecimento não se deveu a tal ou tal causa, mas se produziu unicamente porque devia se produzir. Renegando seus sentimentos humanos e sua razão humana, esses milhões de homens deviam se dirigir de leste a oeste e matar seus semelhantes, exatamente como, vários séculos antes, milhões de homens iam de leste a oeste matando seus semelhantes.[571]

Não houve plano, nenhum programa, somente "um jogo, dos mais complicados, de intrigas, de projetos, de desejos dos homens engajados na guerra que não desconfiavam do que ia acontecer e de que ela, a guerra, era a única chance de salvação para a Rússia".[572]

O fato de o curso dos acontecimentos ser predeterminado de cima não engendra, entretanto, efeito tranquilizador. Ao contrário, parece que Tolstoi experimenta certo prazer punitivo – para consigo mesmo mais do que para com o leitor – em rebaixar a

---

[569] *Ibid.*, livro III, t. II, p. 9-10.
[570] *Ibid.*, livro III, t. II, p. 282.
[571] *Ibid.*, livro III, t. II, p. 9.
[572] *Ibid.*, livro III, t. II, p. 105.

liberdade da vontade humana, em não ver nela nada além de um resíduo de nossa ignorância, ou de uma ilusão, necessária para resistir, para se preservar dessa "terrível vida".[573] E é precisamente esse sentimento raivoso que lhe inspira o famoso paralelo entre o grande homem e a ovelha engordada para o abatedouro:

> Para um rebanho de ovelhas, a ovelha que o pastor encerra cada noite num recinto especial – onde ela come à parte e se torna duas vezes mais gorda que as outras – deve parecer um gênio. E o fato de que, todas as noites, essa mesma ovelha não volte ao cercado comum, mas seja alimentada com aveia num recinto especial, e de que essa mesma ovelha, precisamente esta ovelha, cheia de gordura, seja morta para ser comida, esse fato deve aparecer ao rebanho como uma surpreendente conjunção do gênio com toda uma série de acasos extraordinários. Mas bastaria que as ovelhas cessassem de acreditar que tudo o que lhes acontece não tem outra razão além da de lhes fazer atingirem sua meta de ovelhas, [...] e veriam imediatamente que tudo o que acontece à ovelha engordada é coerente e lógico.[574]

VII

O ceticismo de Tolstoi, resultado de sua arte "de colocar questões exageradamente simples, mas fundamentais",[575] tem uma incidência fulgurante. Mas apresenta uma particularidade essencial: é proporcional a seu apego à história. Por certo, acontece ao escritor de exprimir um sentimento de distância em relação aos acontecimentos históricos, de pensar que "a vida, entretanto, com suas preocupações essenciais ligadas à saúde, à doença, ao trabalho, ao repouso, com tudo o que ela comporta - pensamento, ciência, poesia, música, amor, amizade, ódio, paixão – em suma, a verdadeira vida humana transcorria como sempre alheia e independentemente das reformas políticas e das relações, mais ou menos amigáveis, com Napoleão Bonaparte".[576] Mas esse não é mais do que um pensamento lateral. Tolstoi não partilha

---

[573] *Ibid.*, livro II, t. I, p. 687.
[574] *Ibid.*, livro IV, t. II, p. 641-642.
[575] Isaiah Berlin, *Les Penseurs russes, op. cit.*, p. 298.
[576] Léon Tolstoï, *La Guerre et la Paix, op. cit.*, livro II, t. I, p. 536.

as convicções de Stephen Dedalus – retomadas por tantos romancistas e poetas de nossa época (de Milan Kundera a Izail Metter, de Bruce Chatwin a Czeslaw Milosz) – que vê na história um pesadelo a esquecer: para ele, o que se passou nada tem de absurdo, e a odisseia pessoal de seus personagens é inseparável do drama histórico de 1812. Ele jamais pretende se livrar do "catarro do passado", mas crê, ao contrário, que só a história pode ajudar a compreender por que o que acontece se passa de certa maneira e não de outra: "Só a soma dos acontecimentos concretos no tempo e no espaço – a totalidade da experiência real de homens e mulheres reais em suas relações uns com os outros, e com um meio físico real, tridimensional, conhecido empiricamente – apenas isso conteria a verdade".[577] A única coisa que ele receia e que o irrita é a generalidade da maior parte das reconstituições históricas: a história lhe parece insuficientemente precisa.[578]

Dois comentários, ambos notáveis, aprofundaram essa dolorosa particularidade de Tolstoi. Para o primeiro, proposto por Isaiah Berlin em 1953, o ceticismo de *Guerra e Paz* consiste essencialmente numa forma extrema, sem apelo, de determinismo histórico:

> A tese principal é a seguinte: existe uma lei natural que determina a vida dos seres humanos não menos do que aquela da natureza; mas os homens, incapazes de enfrentar esse processo inexorável, procuram representá-lo como uma sucessão de livres escolhas, e fixar a responsabilidade por aquilo que ocorre sobre personagens a quem atribuem virtudes ou vícios heroicos, e a que chamam "grandes homens".[579]

O ceticismo ético, que considera que tudo é igual e nega a existência de fatos insignificantes e de fatos importantes, vai de par com a impossibilidade de se contentar com respostas fáceis ou escapatórias, uma impossibilidade que faz de Tolstoi uma espécie de niilista

---

[577] Isaiah Berlin, *Os Pensadores russos*, op. cit., p. 64.
[578] Com mais de um século de distância, Izrail Metter - *Le Cinquième Coin. Récit* (1967), traduzido do russo por Denis Authier, Paris, Liana Levi, 1992, p. 15 – escreverá: "Estudei em seguida nos manuais todos os elementos que constituíam minha vida. Mas os historiadores tentam capturar os fatos da realidade com uma rede de malhas grandes demais; [...] toda minha vida passa através, e sempre me encontro em meio à peixarada miúda, sem interesse para a história".
[579] Isaiah Berlin, *Les Penseurs russes*, op. cit., p. 77.

rabugento: "O único grupo de que ele poderia fazer parte seria o grupo subversivo dos questionadores, a quem nenhuma resposta foi dada, pelo menos nenhuma que eles mesmos, ou aqueles que os compreendem, poderiam cogitar aceitar".[580] Prestando atenção sobretudo a seus acentos impiedosamente destruidores, Berlin vê em Tolstoi "o mais trágico de todos os grandes autores, um velho desesperado, fora do alcance de todo o socorro humano, errando, cegado por si mesmo, em Colono".[581] Reencontramos a figura de Édipo em Nicola Chiaromonte, o autor do segundo ensaio, servindo para sublinhar a redescoberta, em Tolstoi, do destino e da Nêmesis: "Quanto mais o homem se engaja no tempo e no turbilhão das ações históricas, mais, do próprio fundo de sua liberdade, emerge sua dependência em relação ao acaso e a uma necessidade incalculável".[582]

Trata-se, já o dissemos, de dois comentários fundamentais. Parece-me, no entanto, que o ceticismo de *Guerra e paz* deve ser reconduzido a proporções mais justas. Em realidade, Tolstoi não nega a liberdade. Ele diz duas coisas mais simples, e que são parcialmente contraditórias. De um lado, afirma que a liberdade não é um estado absoluto e total, o produto de um indivíduo autônomo e separado dos outros, mas que se trata de um estado relativo, a expressão da dependência recíproca sobre a qual repousa toda experiência social: "Se consideramos o homem fora de suas relações com tudo o que o cerca, então cada um de seus atos nos aparecerá como livre. Mas se percebemos uma só que seja de suas relações com aquilo que o circunda, se percebemos o menor de seus laços com o que quer que seja – o homem que lhe fala, o livro que lê, o trabalho que faz, mesmo o ar que o envolve, mesmo a luz que cai sobre os objetos à sua volta – vemos que cada uma dessas circunstâncias tem influência sobre ele e dirige uma parte de sua atividade. E nos damos conta de que, quanto maior o número dessas influências, menor sua liberdade e mais forte a ação que sobre ele exerce a necessidade."[583]

---

[580] *Ibid.*, p. 298.
[581] *Ibid.*, p. 118.
[582] Nicola Chiaromonte, *The Paradox of History, op. cit.*, p. 31.
[583] Léon Tolstoï, *La Guerre et la Paix, op. cit.*, livro IV, t. II, p. 736. Nessa perspectiva, Tolstoi exprime ainda uma vez suas perplexidades em face da noção de culpabilidade e de responsabilidade individual: quando conhecemos as condições de um delito, o culpado (a mãe esfomeada,

Mas Tolstoi explica, por outro lado, que não existem circunstâncias materiais capazes de garantir ou impedir a liberdade inata do indivíduo. Para ele, a liberdade não é uma condição, mas uma experiência interior. É o que Pedro compreende ao longo de suas três últimas semanas de prisão, quando descobre "que não há no mundo nada de apavorante":

> Ele aprendera que, assim como não existe no mundo situação em que o homem seja feliz e inteiramente livre, tampouco existe situação em que ele seja totalmente infeliz e privado de liberdade. Aprendera que existe um limite para os sofrimentos e um limite para a liberdade e que esse limite está muito próximo.[584]

E essa descoberta é tão poderosa que, uma vez libertado pelo bando de Denissov, Pedro sente a liberdade exterior como alguma coisa de supérfluo, como um luxo.[585]

Seja como for, o ceticismo está bem presente e aparece claramente sobretudo nos momentos do romance em que o autor se exprime diretamente (o segundo epílogo e os capítulos mais teóricos). Mas, atribuindo-lhe o valor de uma mensagem final, conclusiva, corre-se o risco de desnaturar o pensamento disseminado que alimenta o conjunto do poema tolstoiano. Mesmo estando intimamente ligados um ao outro, acontece frequentemente que o homem, o autor e o romancista vivam uma relação conflituosa ou pouco coerente. Isso é talvez particularmente verdadeiro para Tolstoi, que "certamente tem pensamentos de que sente medo".[586] Ademais, como sugeriu Berlin,

---

esgotada por ter aleitado seu filho, que rouba comida, ou o homem formado na disciplina, que mata cumprindo ordens) nos aparece menos culpado, isto é, menos livre e mais sujeito à necessidade. Esse elemento de reflexão será igualmente retomado e aprofundado por Musil em *O Homem sem qualidades* através do personagem Moosbrugger.

[584] *Ibid.*, livro IV, t. II, p. 552.

[585] A única circunstância externa a que Tolstoi atribui uma importância *em si*, que tenha, irrevogavelmente, uma incidência enquanto tal sobre os seres humanos, é a oposição entre a cidade e o campo: esse é um domínio onde a substância se sobrepõe, encarnada pela figura de Karataiev, enquanto a cidade, cegada pelos "olhos azuis pálidos da vida social" *produz* inevitavelmente o príncipe Vassilitch, que esconde "uma emoção que é sempre a mesma", e a condessa Helena, que pronuncia a palavra "amante" como qualquer outra palavra. Sobre esse dualismo primário, representativo da distinção entre bem e mal, cf. George Steiner, *Tolstoy or Dostoevsky. An Essay in the Old Criticism*, New York, Knopf, 1959, cap. 2.

[586] Maxime Gorki, *Reminiscences of Tolstoy, Chekhov and Andreev*, Londres, Hogarth Press, 1934, citado por George Steiner, *Tolstoy or Dostoevsky, op. cit.*, p. 251.

ainda que tenha querido a todo preço ser um ouriço, ele não conseguiu se desfazer de seu temperamento de raposa, sempre pronta a capturar "a essência de uma vasta gama de experiências e de objetos por aquilo que eles são em si mesmos, sem buscar, nem conscientemente, nem inconscientemente, inseri-los numa visão interior unitária, imutável, total, por vezes contraditória e incompleta, por vezes fanática, mas sem tampouco buscar excluí-los dela".[587] Felizmente, o romancista se rebela por vezes contra o autor: são então seus personagens que exprimem essa parte dele mesmo que o escritor não conhece completamente.[588] Não é por acaso que nenhum deles reflete uma única *Weltanschauung*, nem mesmo aquela do romancista que, ademais, admitirá alguns anos mais tarde: "Perdi o controle sobre Ana Karenina, ela faz o que quer".[589] Por isso, permanece indispensável levar em consideração as partes plena e puramente narrativas do texto: ainda que seja quase impossível esgotar a densidade, o entrelaçamento e a complexidade dos estados de alma que nutrem o pensamento de Tolstoi, elas permitem perfurar a tela de ceticismo que cerca suas reflexões explícitas sobre a história.

Uma vez apaziguados os momentos de cólera, durante os quais prima a lei da fatalidade, abolindo a própria ideia de uma livre atividade humana, Tolstoi renuncia a anular as escolhas, cessa de afirmar que não há nenhuma diferença entre o fútil e o importante, para dar a palavra à necessidade de escolher, de agir, de intervir. Seu comportamento lembra aquele do príncipe Bolkonski quando esse busca em vão se convencer de que tudo é inútil e insignificante. Mas seu instinto mantém um discurso totalmente diverso. Seja em sua juventude, quando, para salvar a mulher do médico do 7º regimento de caçadores, aceita cobrir-se de "*ridículo, o que temia acima de tudo*".[590] Ou ainda na idade em que o entusiasmo juvenil parece definitivamente comprometido, quando, após a campanha de Austerlitz e após ter encontrado Lisa já moribunda, decide não mais servir o exército e viver "só para si" na grande propriedade de Bogutcharovo, sem empreender mais nada e apenas "acabar sua vida

---

[587] Isaiah Berlin, *Les Penseurs russes, op. cit.*, p. 57.
[588] George Steiner, *Tolstoy or Dostoevsky, op. cit.*, cap. 3.
[589] Claudio Magris, "Il mistero delle due scritture", *Il Corriere della sera*, 2 de abril de 2000. A esse respeito, Henry James observou que os personagens de Tolstoi estão impregnados de "uma maravilhosa massa de vida". Cf. também Milan Kundera, *Les Testaments trahis*, Paris, Gallimard, 1993, p. 22.
[590] Léon Tolstoï, *La Guerre et la Paix, op. cit.*, livro I, t. I, p. 234.

sem fazer o mal, sem se atormentar e sem nada desejar".[591] Mas não consegue: graças à sua tenacidade prática, no espaço de dois anos, ele distribui um de seus domínios de trezentas almas a camponeses libertos, diminui os encargos e organiza cursos de alfabetização para os filhos dos camponeses e de seus empregados. Sua quietude é inicialmente perturbada por uma longa conversa com Pedro, que marca o início de sua nova existência interior, mesmo se nada exteriormente deixa supô-lo.[592] Em seguida, é assaltado por uma necessidade incontrolável de se exprimir, que se desencadeia após sua primeira visita ao domínio de Rostov, na primavera de 1809.

> Não, a vida não está terminada aos trinta e um anos, decidiu subitamente o príncipe André, definitivamente, irrevogavelmente. Não basta que eu saiba o que há em mim, é preciso que todo mundo o saiba, tanto Pedro quanto essa mocinha que queria fugir. É preciso que todos me conheçam, que minha existência não transcorra apenas para mim, que eles não vivam fora de minha vida, mas que esta se reflita na deles e que vivamos todos a mesma vida.[593]

A necessidade de agir não é sempre algo que se dá de improviso, unicamente desencadeada por uma ilusão – essa necessidade do homem de se imaginar, a todo custo, livre e que é sempre frustrada no epílogo. Ela nasce igualmente da possibilidade realista de transformar a própria vida, de reconhecer a existência dos outros em si mesmo e de si mesmo nos outros. Por vezes, mesmo, ela nasce da possibilidade de simplesmente influenciar os acontecimentos: "E cada um, do general ao soldado, tinha consciência de não ser mais do que um grão de areia insignificante nesse mar humano, mas experimentava ao mesmo tempo uma sensação de potência como parte desse todo formidável".[594] Já falamos da lenta e substancial metamorfose interior de Pedro (precisemos apenas que, uma vez terminada a guerra, ele não renuncia a se erguer contra o governo). Nicolau Rostov segue uma via mais simples, talvez mais superficial, mas, sob certos aspectos, tão eficaz quanto a de Pedro. Inicialmente

---

[591] *Ibid.*, livro II, t. I, p. 539.
[592] *Ibid.*, livro II, t. I, p. 502.
[593] *Ibid.*, livro II, t. I, p. 543.
[594] *Ibid.*, livro I, t. I, p. 328

aterrorizado pelas possibilidades de escolha que deve enfrentar, decide se refugiar no seio do quadro estreito e imutável do Exército. Lá, ao menos, ele espera estar ao abrigo das turbulências da vida e se tornar um homem excelente. Esse desígnio, que lhe parecia tão árduo no meio mundano, torna-se, no seio do regimento, bastante realizável:

> Essa incoerência da vida livre em que ele não encontrava seu lugar e se enganava em suas escolhas, não existia mais aqui. Nada mais de Sonia com quem era preciso ou não era preciso se explicar. Não era mais possível ir ou não ir aqui ou acolá; não se dispunha mais destas vinte e quatro horas que se podiam utilizar de tantas maneiras diferentes; nada mais dessa multidão de pessoas entre as quais nenhuma é verdadeiramente próxima nem completamente estranha; nada mais de relações financeiras confusas e embaraçadas com o velho conde; nenhuma chamada à terrível perda no jogo... aqui no regimento, tudo era claro e simples. O mundo inteiro se dividia em duas partes distintas: uma, nosso regimento de Pavlogrado, a outra, todo o resto. E esse resto não nos importa de modo algum.[595]

E, no entanto, bastará que ele encontre a força de reconhecer seu amor pela princesa Maria, para descobrir que ele pode *fazer*; e será justamente ele, o terno Nikoluka, amedrontado pela desordem do mundo livre, que tratará o camponês não apenas como um instrumento, mas como um fim em si e um juiz: "No domínio mais importante para ele, não estava o azoto e o oxigênio do solo e do ar, nem tal arado aperfeiçoado ou tal adubo especial, mas [...] o trabalhador, o camponês".[596]

VIII

Tolstoi não apenas combate o próprio ceticismo ético, mas busca por todos os meios violar a inacessibilidade do passado. Seu desprezo pelos historiadores (como Thiers ou, pior ainda, Henry Buckle, que toma suas categorias científicas por fatos reais) é da mesma natureza que aquele que André experimenta pelos militares (de Barclay de Tolly a Pfull e Benningsen). É um sentimento

---

[595] *Ibid.*, livro II, t. I, p. 509.

[596] *Ibid.*, livro IV, t.I I, p. 657. A obra de Nicolau será levada adiante pelo personagem Constantino Levine de *Ana Karenina*.

acrimonioso, apodíctico, aparentemente sem apelo, e, no entanto, profundamente impregnado de um desejo de desafio. Ele pede para ser desmentido: por si mesmo. Queremos dizer que nesse desprezo não entrava nem o personagem, nem o romancista: ele conduz o primeiro a abandonar o estado-maior para conduzir pessoalmente um batalhão, e o segundo a propor *outra maneira* de pensar a história.

Com grande frequência, Tolstoi cessa de agitar o espectro da não exaustividade da história. Mais do que se submeter a ela, tenta controlá-la. A meia voz, através da *simples* narração, ele reage ao dilema biográfico, que partilha com Carlyle, de uma maneira que não é nenhum pouco destruidora ou resignada. Como? Graças a três princípios narrativos particularmente persistentes: personalizando a ação, multiplicando os pontos de vista, e dando livre curso ao movimento contínuo dos indivíduos e das situações.

Todos os personagens de *Guerra e paz* estão profundamente marcados por suas experiências sociais, mas raros são os raciocínios impessoais fundados sobre as massas, as classes, as gerações e assim por diante (com exceção da dualidade cidade-campo) ou os personagens representativos, ordinários, normais. Cada personagem tem um nome e uma história: mesmo os personagens aparentemente insignificantes (como o cocheiro Efim, o empregado Tikon, a ama Savichna e o palafreneiro Prokofi), mesmo os mais medíocres, como Beg e Vera, sempre em rivalidade com os outros, nunca são banais e têm sempre alguma coisa de pessoal. Como diz Tolstoi, têm uma personalidade legítima. Poderíamos dizer – parafraseando o início de *Ana Karenina* – que cada um deles é medíocre "a seu modo". Nesse sentido, o determinismo de Tolstoi nada tem a ver com o determinismo naturalista, que "esmaga a vida, substitui a ação humana por mecanismos de sentido único".[597] Sem dúvida, esse esforço de personalização, tão tenaz e intenso, dá a todos os aspectos da narração uma dimensão antropomórfica. Contrariamente a Flaubert, que quer descrever o mundo da natureza e os objetos materiais com uma precisão absoluta, Tolstoi utiliza as árvores, os corpos celestes, os gorros, para descrever as emoções dos seres humanos. Como observou, justamente, George Steiner, essa escolha, discutível sob certos aspectos, permite-lhe

---

[597] Jean-Paul Sartre, *Qu'est-ce que la littérature?*, Paris, Gallimard, 1948, p. 163.

omper com a tradição realista um pouco mecânica, que dá ao leitor uma sensação de coação e de inumanidade: o pivô de seus escritos jamais deixa de ser o ser humano, com seus erros e suas dores.[598]

Provido de um sobrenome, de um nome e de um pouco de história, cada personagem pensa, olha e sente as coisas a seu modo. Um homem não tem um determinado aspecto, é sempre outra pessoa que nota que ele tem esse aspecto: as mãos de Karenin são grosseiras e ossudas quando Ana as olha e são brancas e suaves através do olhar de Lidi Ivanovna.[599] O mesmo se dá com os acontecimentos históricos. O encontro dos dois imperadores em Tilsitt não tem a mesma significação física e moral para aqueles que se encontram no Quartel-General e aqueles que estão no Exército: enquanto Boris Drubetskoi não considera mais Napoleão como um inimigo e sim como um soberano, e organiza alegres jantares com os ajudantes de ordens franceses, Nicolau Rostov experimenta sempre o mesmo sentimento mesclado de ódio, de desprezo e de medo. Longe de se irritar com esse caráter irredutível, Tolstoi faz dele um ponto de interesse para dar a palavra à imensa diversidade dos espíritos humanos, que faz com que uma verdade não se apresente jamais do mesmo modo a duas pessoas.[600] Reforçando uma forma literária clássica, aquela das duplas e das triplas intrigas, ele cultiva, mais do qualquer outro, a coexistência das imagens diferentes do mundo. Sua prosa ignora a unidade, e suas explicações fogem da generalização: a única coisa que une verdadeiramente todos seus personagens é a rebelião do múltiplo contra o uniforme.

Enfim, Tolstoi não se contenta em contar os diferentes pontos de vista, ele faz com que se mexam: o múltiplo de *Guerra e Paz* nunca é imóvel. Não é, portanto, surpreendente que a trama não tenha nem início nem fim bem estabelecido: somos imediatamente projetados, sem preâmbulo nem apresentações, no calor de uma conversação em casa de Ana Pavlovna, onde a alta sociedade de São Petersburgo (onze de seus representantes presentes, mais vinte e três citados) comenta a execução do duque de d'Enghien, para sermos em seguida dispensados ao longo

---

[598] George Steiner, *Tolstoy or Dostoevsky, op. cit.*, cap. 2.
[599] Cf. Robert Musil, *Journaux* (1976), traduzido do alemão por Philippe Jaccottet, Éditions du Seuil, 1981, t. I, p. 303.
[600] Léon Tolstoï, *La Guerre et la Paix, op. cit.*, livro II, t. I, p. 559.

de uma noite que vê o jovem Nikoluchka Bolkonski presa de pesadelos. Como tudo isso terminará? Essa solução narrativa não exprime unicamente a pressão da criação, como se "esse êxtase oculto, que nasce do fato de dar forma à vida através da língua, ainda não se tivesse esgotado".[601] É um ponto a que já fizemos alusão, a propósito da marcha de flanco para além de Krasnaia Pakra, aquela que deveria ter sido fatal para o Exército russo e que conduziu, ao contrário, as tropas francesas à sua perdição. Isso se torna ainda mais evidente se, por um instante, tentamos escutar mentalmente o relato da ruptura entre André e Natacha. Se não tivesse havido em Natacha um não sei quê de excessivo que a tornava infeliz, e se André, uma vez longe dela, não lhe tivesse dado a impressão de viver uma verdadeira vida, de ver novos países e novas pessoas que lhe interessavam... se o príncipe Bolkonski, esse velho originalão, tivesse aceitado que seu filho quisesse mudar de vida, "introduzindo nela algo de novo, quando, para ele, a vida já estava terminada", se a princesa Maria não tivesse sido tão ciumenta, se Dolokov não tivesse se divertido manobrando a vontade de Anatole, se a mãe de Natacha não tivesse ficado com o pequeno Pétia nos campos de Otradnoie... Mas também se, se, se... talvez, então, Natacha não tivesse permanecido tanto tempo tomada dessa tristeza que a fazia pensar "que nunca mais aconteceria nada, nada, que tudo o que havia de belo já acontecera", e ela teria podido sentir também entre ela e Anatole a força dos obstáculos morais que experimentava em relação aos outros homens. Ao longo de todas essas passagens, o efeito de eco sugerindo que cada um deles evoca ainda outros, Tolstoi conta o conjunto de circunstâncias infelizes que deixam Natacha à mercê de Anatole como um movimento absoluto. Somos mergulhados numa melodia que continua a ressoar em nossos ouvidos muito tempo após a execução da peça.

Todo o relato está impregnado de uma esperança: embora não seja pensável reconstituir todos os gestos, as ações, os pensamentos que formaram um acontecimento, talvez seja ao menos possível evocar as perdas, as discordâncias, as incoerências, as possibilidades não realizadas. Através de todos esses *se*, Tolstoi conta também o que não teve seguimento, o que foi e se interrompeu. Diz-nos que o acontecimento só estabelece sua necessidade após ter se produzido,

---

[601] George Steiner, *Tolstoy or Dostoevsky*, op. cit., p. 15.

mas que, no momento da realização e do encadeamento das ações, existiam outros possíveis que poderiam se realizar: eles foram apagados, eliminados do resultado final, mas isso não significa que tenham sido menos reais. Outro exemplo – feliz, desta vez – se desenrola pouco antes da fuga de Moscou, quando um oficial se apresenta a Rostov para lhe pedir algumas charretes para os feridos. O conde dá inicialmente seu assentimento, depois, "como ele falava sempre quando se tratava de questões de dinheiro", fala disso timidamente com a condessa, que impede seu marido de dissipar "tudo o que temos, os *bens das crianças*", até que Natacha faça sua aparição. O rosto decomposto pela cólera, ela acusa sua mãe de ter ordenado uma ignomínia e convence seu pai a ceder as charretes para o transporte dos feridos. No espaço de alguns instantes, o que parecia impossível se torna bastante evidente: "Longe de lhes parecer estranho agora, parecia-lhes, ao contrário, que não se poderia agir de outra forma; do mesmo modo que, quinze minutos antes, ninguém tinha achado estranho que se abandonassem os feridos para transportar os bens, todos considerando que as coisas não poderiam se dar de outra forma".[602]

No coração da narração, Tolstoi deixa de lado seus estados de alma céticos e propõe *outra maneira* de pensar a história, na qual os vazios são tão essenciais quanto os cheios. Evocando os pontos de divergência e as possibilidades inexprimidas da vida de Pedro, de André e de Natacha, e de todas as outras "quantidades infinitesimais" que participaram da campanha da Rússia, ele sugere inverter a perspectiva e ver nos limites da história, em seu caráter inesgotável, uma de suas qualidades fundamentais. Nessa perspectiva, mais do que reconstituir as mil circunstâncias, pequenas, mais ou menos banais, que forjaram o acontecimento, torna-se importante fazer compreender que elas são mil, pequenas, mais ou menos banais e que bastava faltar uma para que um fato não se produzisse. Em suma, o que conta, é parar de dissimular o não finito para tentar sugeri-lo.

---

[602] Léon Tolstoï, *La Guerre et la Paix, op. cit.*, livro III, t. II, p. 318. Para considerações extremamente interessantes sobre a lei da retrospecção que nos conduz a representar o passado como uma preparação em vista de certo fato sucedido, ver Jacques Bouveresse, *L'Homme probable. Robert Musil, le hasard, la moyenne et l'escargot de l'histoire*, Paris, Éditions de l'Éclat, 1993.

CAPÍTULO VII

Sobre os ombros dos gigantes

I

Carlyle, os historiadores alemães Dilthey e Burckardt, Tolstoi. Esse encadeamento de nomes não é apenas cronológico: cada um desses autores colaborou para a evolução de minha *démarche*. Mas, como costuma acontecer quando se dialoga, não é simples fazer um balanço e discernir o que provém de um ou do outro. Essa dificuldade é ainda mais marcada visto que minha interrogação inicial sobre o valor heurístico da biografia gradualmente se ampliou e se transformou, para se abrir sobre uma série de questões concernentes às possibilidades e aos limites do conhecimento histórico. Comecei este livro tomando a contrapé a ideia de que a biografia era um novo problema historiográfico. Pouco a pouco, compreendi que não se tratava apenas de reabilitar um debate, de reparar um erro historiográfico, mas que me defrontava com um conjunto de argumentos suscetíveis de devolver à História um pouco de sua qualidade épica. Por isso me pareceu importante concluir esse percurso com um vaivém entre o passado e o presente historiográficos. Trata-se aí, bem o sei, de um exercício perigoso por causa dos inevitáveis riscos de anacronismo que o acompanham, mas espero que a reflexão sobre o pequeno *x* que o século XIX nos propôs possa nos ajudar a dissipar alguns dos equívocos que embaralham a discussão atual sobre a história biográfica.

II

Durante a segunda metade do século XX, quando o projeto biográfico parecia definitivamente abandonado, ele foi retomado por alguns autores difíceis de classificar (como Richard Hoggart, Oscar Lewis ou Danilo Montaldi), todos desejosos de dar a palavra àqueles que a História com H maiúsculo abandonara.[603] E é precisamente nessa óptica, tão distante da abordagem tradicional da história política, que se dissipou pouco a pouco a desconfiança para com a dimensão individual. Esteja ela ligada à memória dos marginais, dos vencidos e dos perdedores, ou ainda daqueles que, mais simplesmente, não contaram (na esteira da história oral, dos estudos sobre a cultura popular e da história das mulheres[604]), a reflexão biográfica progressivamente retornou em toda historiografia.[605] A crise dos

---

[603] Cf. Richard Hoggart, *La Culture du pauvre. Étude sur le style de vie des classes populaires en Angleterre* (1961), traduzido do inglês por Françoise e Jean-Claude Garcia e Jean-Claude Passeron, Paris, Éditions de Minuit, 1970; Oscar Lewis, *Les Enfants de Sanchez. Autobiographie d'une famille mexicaine* (1961), traduzido do inglês por Céline Zims, Paris, Gallimard, 1978; Danilo Montaldi, *Autobiografie alla leggera*, Torino, Einaudi, 1961; Danilo Montaldi, *Militanti politici di base*, Torino, Einaudi, 1961. Cf. igualmente os trabalhos de Rocco Scotellaro, *Contadini del Sud*, Bari, Laterza, 1954.

[604] Cf., entre outros, Raphael Samuel (dir.), *East End Underworld: Chapters in the Life of Arthur Harding*, Londres-Boston, Routledge & Kegan Paul, 1981; Paul Thompson, *The Voices of the Past*, Oxford-New York, Oxford University Press, 1978; Sheila Rowbotham, *Hidden from History: 330 Years of Women's Oppression and the Fight against it*, Londres, Pluto Press, 1973; Jeremy Seabrook, *Working Class Childhood*, Londres, Gollancz, 1982; Luisa Passerini, *Torino operaia e fascismo: una storia orale*, Roma, Laterza, 1984; Julia Swindells, *Victorian Writing and Working Women: The Other side of Silence*, Cambridge, Polity Press, 1985.

[605] Cf. Michel Marian, "L'histoire saisie par la biographie", *Esprit*, 1986, 117-118, p. 125-131; François Dosse, *Le Pari biographique. Écrire une vie*, Paris, La Découverte, 2005. Numerosas revistas consagraram recentemente um número monográfico à biografia e à autobiografia. Cf., por ordem cronológica: *New Literary History*, "Self-Confrontation and Social Vision", 1977, IX, I; *Nouvelle Revue de psychanalise*, 1979, 20; *Cahiers internationaux de sociologie*, "Histoires de vie et vie sociale", 198, XLIX, 2; *Revue des sciences humaines*, "Récits de vie", 1983, 191; *Sigma*, "Vendere le vite: la biografia letteraria", 1984, XVII, 1-2; *Poétique*, "Le biographique", 1985, 63; *Sources*, "Problèmes et méthodes de la biographie", Actes du Colloque, Paris, Sorbonne 1985, 3-4; *Diogène*, "La biographie", 1987, 139; *Social Research*, "Reflections on the Self", 1987; *Revue française de psychanalise*, "Des biographies", 1988, 52; *Enquête*, "Biographie et cycle de vie", 1989, 5; *Cahiers de philosophie*, "Biographies. La vie comme elle se dit...", 1990, 10; *Revue des sciences humaines*, "Le biographique", 1991, 224; *Politix*, "La biographie. Usages scientifiques et sociaux", 1994, 27; *Revue Pôle Sud*, "Biographie et politique", 1994, 1; *Traverse. Zeitschrif für Geschichte. Revue d'histoire*, "Biographie-Biographien-Biographie-Biographies", 1995, 2; *Revue d'Allemagne et des pays de langue allemande*, "Le genre biographique dans les historiographies française et allemande contemporaines", 2001, 33; *Revue des sciences humaines*, "Biographies", 2001, 263; *Littérature*, "Biographiques", 2002, 128. No que concerne às revistas exclusivamente consagradas ao gênero biográfico, cf. *Biography. An Interdisciplinary Quarterly* (desde 1978), *Auto/Biography Studies* (desde 1985), *The Journal of Narrative and Life History* (desde 1991).

grandes modelos de interpretação, marxista e estruturalista entre outros, sugeriu a numerosos historiadores interrogarem-se sobre a noção de indivíduo: em 1987, Bernard Guenée considera que o estudo das estruturas dá espaço demais ao que deriva da necessidade, e, alguns anos mais tarde, Jacques Le Goff esclarece que "a biografia [lhe] parece em parte liberada dos bloqueios onde os falsos problemas a mantinham. Ela pode mesmo se tornar um observatório privilegiado".[606] Decepcionados e insatisfeitos com as categorias abrangentes de classe social ou de mentalidade, que reduzem o sentido das ações humanas ao efeito de forças econômicas, sociais ou culturais globais, mesmo os historiadores sociais resolveram, então, refletir sobre as trajetórias pessoais.[607] Em suma, no decorrer desses últimos anos, a dimensão individual se tornou uma questão central, e a biografia, de certa forma, se democratizou: a aposta hoje não é mais o grande homem (noção descartada, e por vezes mesmo tida por pejorativa), mas o homem qualquer.

As novas experiências historiográficas me parecem ter se caracterizado por duas tendências contraditórias. De um lado, a biografia foi investida de esperanças desmesuradas, que iam muito além de um trabalho de compreensão científica. O sociólogo Daniel Bertaux contou muito bem como, em 1968, o relato de vida lhe aparecera como uma ferramenta de conhecimento alternativa, antiautoritária, do passado, mas também como um instrumento de luta para transformar a sociedade no presente.[608] No outro extremo

---

[606] Bernard Guenée, *Entre l'Église et l'État. Quatre vies de prélats français à la fin du Moyen Âge*, Paris, Gallimard, 1987, p. 14; Jacques Le Goff, *Saint Louis*, Paris, Gallimard, 1996, p. 15. No que tange à redescoberta da biografia, cf., entre outros, Natalie Zemon Davis, *The Return of Martin Guerre*, Paris, R. Laffont, 1982; Jacques Louis Ménétra, *Journal de ma vie. Jacques-Louis Ménétra, compagnon vitrier au 18ᵉ siècle*, Ed. por Daniel Roche, Paris, Montalba, 1982; Robert A. Rosenstone, *Mirror in the Shrine: American Encounters with Meiji Japan*, Cambridge (Mass.), Harvard University Press, 1998; Alain Corbin, *Le Monde retrouvé de Louis-François Pinagot, sur les traces d'un inconnu, 1798-1876*, Paris, Flammarion, 1998; Donna Merwick, *Death of a Notar: Conquest and Change in Colonial New York*, Ithaca (N.Y.), Cornell University Press, 1999; Philippe Artières e Dominique Kalifa, *Vidal, le tueur des femmes. Une biographie sociale*. Paris, Perrin, 2001; Lucette Valensi, *Mardochée Naggiar*, Paris, Stock, 2008.

[607] Cf. o editorial "Tentons l'expérience", *Annales ESC*, 1989, 44,6, p. 1317-1323.

[608] Daniel Bertaux, "From the Life-History Approach to the Transformation of Sociological Practice", in *Biography and Society. The Life History Approach in the Social Sciences*, Beverly Hills, Sage Publications, 1981. Essa esperança marca igualmente a reflexão do *Popular Memory Group* da Universidade de Birmingham (Centre for Contemporary Cultural Studies): cf. Popular Memory Group, "Popular Memory: Theory, Politics, Method", in Richard Johnson, Gregor McLennan, Bill Schwarz e David Sutton (dir.), *Making Histories*, Londres, Hutchinson, 1982, p. 205-252.

do espectro, predominava, ao contrário, uma visão resignada, minimalista, que repousava sobre a estranha convicção de que o estudo de um indivíduo permanecia, no fundo, uma empresa relativamente simples.[609] Assim, em 1985, por ocasião de um colóquio organizado na Sorbonne, as razões profundas (mas nem sempre conscientes) que traziam de novo à cena a consideração de destinos individuais viram-se comodamente despachadas pela invocação genérica dos registros da emotividade e da vivência. A biografia foi ali apresentada como um recurso agradável, "uma modesta ferramenta, que ajuda a melhor observar ou ilustrar as tendências longas, as estruturas, os pesos; em hipótese alguma ela poderia pretender se tornar um fermento intelectual".[610] Concedia-se-lhe, assim, uma função de impulso, de exploração preliminar ou de simples ilustração. Enquanto as hipóteses teóricas requeriam ser estabelecidas por outros procedimentos, a anedota pessoal continuava a cumprir o oficio de suplemento de alma, de ornamento, ou mesmo de simples cereja em cima do bolo. Não se apelava à experiência biográfica com o desígnio de melhor compreender o contexto social, mas unicamente com a finalidade de enfeitar um discurso geral.[611]

Desse primeiro momento da renovação biográfica, bastante entusiasta, mas também, por vezes, bem pouco refletido, emergiram entretanto três questões de fundo. A primeira concernia ao relato biográfico; a segunda, à relação existente entre a biografia e a história, enquanto a terceira tangia às relações entre história e ficção.

III

A questão do relato biográfico foi posta de maneira radical por Pierre Bourdieu. Num artigo célebre, de 1986, ele criticava as

---

[609] Ver a esse respeito Jacques Le Goff ("Comment écrire une biographie historique aujourd'hui?", *Le Débat*, 1989, 54, p. 48-53) que observa: "O que me desola na atual proliferação de biografias é que muitas delas são puros e simples retornos à biografia tradicional superficial, anedótica, rasamente cronológica, daquelas que sacrificam a uma psicologia obsoleta, incapaz de mostrar a significação histórica geral de uma vida individual. É o retorno dos emigrados após a Revolução Francesa e o império que 'não tinham aprendido nada e nada esquecido'".

[610] Hubert Bonin, "La biographie peut-elle jouer um rôle en histoire économique contemporaine?", in *Problèmes et méthodes de la biographie, op. cit*, p. 173; cf. também Félix Torres, "Du champ des Annales à la biographie: réflexions sur le retour d'un genre", *ibid*, p. 141-148.

[611] Cf. Godfrey Davies, "Biography and History", *Modern Language Quarterly*, 1940, 1, p. 79-94.

ciências sociais por permanecerem prisioneiras de uma ilusão própria ao senso comum que "descreve a vida como um caminho, uma rota, uma carreira, com suas encruzilhadas (Hércules entre o vício e a virtude), suas emboscadas [...], comportando um começo ("um começo na vida"), etapas, e um fim, em duplo sentido, de termo e de finalidade".[612] Após ter oposto os conceitos de vida enquanto história e enquanto *habitus*,[613] ele denunciava o relato biográfico como uma criação especiosa, fruto de uma pulsão narcísica. A literatura se via tomada como testemunha para sustentar esta tese: "É lógico pedir assistência àqueles que tiveram que romper com [o arbitrário da representação tradicional do discurso romanesco]". Segundo Bourdieu, as ciências sociais deviam de agora em diante tomar como exemplo a literatura contemporânea que soubera, desde William Faulkner, libertar-se de toda contaminação biográfica. Em realidade, toda a análise de Bourdieu repousava sobre uma nítida, embora implícita, tripartição hierárquica entre o senso comum, o discurso romanesco tradicional e a vanguarda moderna. Os dois primeiros estariam ainda subordinados à ilusão biográfica, ao passo que a terceira teria definitivamente rejeitado as noções de sentido, de sujeito, de consciência: "É significativo que o abandono da estrutura do romance como relato linear tenha coincidido com o questionamento da vida como existência dotada de sentido, no duplo sentido de significação e de direção".[614]

Outras objeções de peso foram mais recentemente levantadas por Galen Strawson. Num artigo publicado em 2004 contra a "moda" da narratividade (aí compreendida aquela da biografia), ele recoloca em questão dois pontos em particular. De um lado, a "tese

---

[612] Pierre Bourdieu, "L'illusion biographique", *Actes de la recherche en sciences sociales*, 1986, 62, p. 62-63, 69.

[613] Donde a célebre metáfora do metrô: "Tentar compreender uma vida como uma série única e suficiente em si de acontecimentos sucessivos, sem outro laço além da associação a um 'sujeito', cuja constância, sem dúvida, não é mais do que aquela de um nome próprio, é quase tão absurdo quanto tentar explicar um trajeto no metrô sem levar em conta a estrutura da rede, isto é, a matriz das relações objetivas entre as diferentes estações". Os riscos de reducionismo associados a essa metáfora foram sublinhados por Jean-Claude Passeron, "Biographies, flux, itinéraires, trajectoires", *Revue française de sociologie*, 1989, 31, p. 3-22; e Olivier Schwartz, "Le baroque des biographies", *Les Cahiers de philosophie,* 1990, 10, p. 173-183.

[614] Pierre Bourdieu, "L'illusion biographique", *op. cit.*, p. 69.

descritiva", segundo a qual a narração representaria um princípio organizador da vida e da ação humana (para responder à questão "quem sou eu?" é preciso contar a história de uma vida). De outro, a "tese normativa", segundo a qual a narração constituiria uma condição de eticidade (a busca do relato biográfico sendo percebida como essencial à conduta responsável no espaço público). Assim, após ter distinguido o eu episódico do eu diacrônico, ele postula que certas pessoas podem perfeitamente conceber-se de um modo não narrativo, e que não há nenhuma necessidade psicológica ou moral de se conformar a ele. Sem abordar diretamente o problema da biografia, Strawson sugere, portanto, que as noções de relato e de personalidade são convencionais, ultrapassadas, e que uma descrição da realidade pode perfeitamente se poupar delas. A crítica da narratividade vai de par com a crítica da história: "Sou um produto de meu passado. Mas não segue daí que a compreensão do que sou deva necessariamente revestir uma forma narrativa ou histórica".[615]

Com vinte anos de distância, as críticas de Bourdieu e de Strawson repousam sobre argumentos diferentes e não se dirigem aos mesmos interlocutores: enquanto o primeiro se interessava essencialmente pelo uso que as ciências sociais fazem dos relatos de vida, o segundo intervém no debate filosófico e cognitivista sobre a natureza – real ou fictícia – do si. Seus argumentos convergem, entretanto, em pelo menos três pontos importantes.

Em primeiro lugar, o ato biográfico é apresentado por ambos como de natureza narcísica. Bourdieu o diz explicitamente, enquanto Strawson o sugere quando escreve que os representantes do que chama de "maioria pró-narração" (Paul Ricoeur, Charles Taylor, Alisdair MacIntyre, Oliver Sacks, Jerry Bruner, Dan Dennet, Maria Schechtman e John Campbell) estão animados por um sentimento agudo de sua importância pessoal.

Em segundo, ambos apresentam o relato como uma forma rígida, que imporia inevitavelmente uma coerência fictícia à vida.

---

[615] Galen Starwson, "Against Narrativity" (2004), in Galen Strawson, *The Self?*, Malden (Mass.), Blackwell Publishing, 2005, p. 63-86. Cf. também Galen Strawson, "A Fallacy of our Age. Not Every Life is Narrative", *Times Lieterary Supplement*, 15 de outubro de 2004, p. 13-15.

Outras formas narrativas são, sem dúvida, evocadas – especialmente a escritura de vanguarda e o gênero picaresco –, mas a argumentação visa sobretudo a narração dita tradicional. Bourdieu assimila a história ("falar de histórias de vida é pressupor ao menos que a vida é uma história") à coerência ("a 'vida' constitui um todo, um conjunto coerente e orientado"). Strawson, por sua vez, estima que a narração encerra a existência no seio de uma unidade de sentido. Nos dois casos, a vida é considerada como um material psíquico que a escritura elabora retrospectivamente impondo-lhe uma estrutura arbitrária: toda narração implicaria assim um processo de revisão e de manipulação da existência mais ou menos consciente.

Enfim, é uma imagem fragmentada do indivíduo que se depreende desses dois textos. Bourdieu afirma que o único suporte constante da individualidade é o nome próprio, a fim de negar mais eficazmente a iniciativa individual, assimilar os comportamentos pessoais e exaltar as coações normativas, a força do *habitus*. Strawson é mais audacioso. No seu elogio do episódico e da descontinuidade, ele chega a apagar a estratificação temporal da experiência:

> Tenho clareza de que os acontecimentos de meu passado mais recuado não se relacionam comigo. [...] Isso não significa que eu não tenha nenhuma lembrança autobiográfica dessas experiências. Recordo-as [...]. Mas penso estar no justo e no verdadeiro quando penso que [essas experiências] não me aconteceram.[616]

Para além do que os separa, tanto Bourdieu quanto Strawson me parecem prisioneiros de uma dicotomia estrita entre um eu metafísico, concebido como uma essência estável e permanente, e um eu nominal, que seria apenas uma realidade convencional, um ajuntamento de peças díspares.

IV

Parece-me que a reflexão sobre a narração biográfica desenvolvida pelos pensadores do século XIX nos preserva de uma visão individualista do indivíduo – e, portanto, da biografia. Não se trata aí de um simples jogo de palavras. Ao longo do século XX, o contraste entre o

---

[616] Galen Strawson, "Against Narrativity", *op. cit.*, p. 68.

individual e o social frequentemente se fixou, como que mumificado, em duas não verdades opostas: uma escolha deveria ser feita, seja em favor do indivíduo, seja em favor do coletivo.[617] A tal ponto que hoje, por razões que não derivam apenas do debate historiográfico, longe disso, as noções de indivíduo, de pessoa e de sujeito desencadeiam automaticamente dois sinais de alarme: o mais antigo alerta contra a ideia de grandeza e de heroísmo, o mais recente contra o egoísmo e o narcisismo. No entanto, os defensores da dimensão individual da história nem sempre se deixaram extraviar pela retórica da grandeza e, sem dúvida, não teriam partilhado a vulgata neoliberal sobre os direitos do indivíduo (que culminou, não faz tanto tempo, na famosa patacoada de Margaret Thatcher: "Não conheço nenhuma sociedade, para mim há apenas indivíduos"). Além do herói, cruzamos com figuras complexas, ambivalentes e mais sensíveis – tais como o "eu que aspira ao tu" de Humboldt, a pessoa ética de Droysen, o homem patológico de Burckhardt: cada uma a sua maneira nos permite escapar à lógica simplista do ou/ou e nos aproximarmos do e/e.

Essas figuras nada têm de autárquico. Burckhardt esclarece que um excesso de subjetividade – ou seja, de arbitrariedade e de intencionalidade – suprime as individualidades (donde suas perplexidades diante da arte de Michelangelo) e que o essencial, na escritura histórica, reside na proporção entre as diferentes presenças humanas. E Humboldt, Droysen, Hintze reconhecem a dependência substancial do indivíduo. Uma dependência que não significa *pertencimento*. Ao longo de diversos decênios, assombrados pela obsessão de catalogar os seres humanos (pela nacionalidade, pela cultura, pela raça – depois pela cor, o ângulo facial, o índice cefálico e outros), esses historiadores não cessaram de dizer e de repetir que cada indivíduo é uma pluralidade, uma estratificação temporal, comportando inevitavelmente algo de bastardo e que não é suscetível de ser arrumado num só e mesmo compartimento. Naturalmente, a relação indivíduo-comunidade é declinada de diversas formas. Alguns autores consideram o ser humano como uma soma de duas

---

[617] Cf. Norbert Elias, *La Société des individus* (1987), traduzido do alemão por Jeanne Étoré, Paris, Fayard, 1991.

substâncias separadas: de um lado a dimensão individual, do outro a dimensão social. Outros preferem tramas mais profundas ou imagens mais fluidas. Eles nos fazem compreender que o eu não é nem uma essência nem um dado invariável, mas uma entidade frágil, que se desenvolve na relação com os outros.

É daí que procede a distinção fundamental proposta por Dilthey entre a noção de "identidade" (*Identität*) e aquela de "mesmidade" (*Selbigkeit*). Contrariamente à identidade (termo proveniente do baixo latim que deveria exprimir o caráter do ser em si, o *semper idem*, e que fez um retorno obsessivo durante esses trinta últimos anos), a mesmidade tem dimensão temporal. Desse ponto de vista, a história não é apenas compreendida como uma disciplina ou uma profissão, mas como um elemento primordial da formação (no sentido alemão de *Bildung*) social e política de cada indivíduo.[618] Ela é a condição *sine qua non* para que alguém se afirme como sujeito. É nesse sentido que Burckhardt escrevia que a história é um fato pessoal que deriva do conhecimento que o homem tem de si mesmo,[619] e que Meinecke lembrava que os autores mais sensíveis aos destinos individuais são aqueles que percebem o alcance da história sobre sua vida pessoal.[620] De acordo com tal concepção, tão pouco heroica e tão pouco narcísica, a biografia não é de modo algum uma forma de escritura egótica. Bem pelo contrário, é a ocasião de apreender a densidade social de uma vida.

Essa reflexão sobre o indivíduo, fundada sobre a ideia de *Bildung*, dá lugar a uma definição dinâmica e não substancial das diferenças. Trata-se de um ponto particularmente importante, que contrasta com uma visão naturalista que repousa sobre os conceitos de origem, de pertencimento e de identidade (social, nacional, racial ou sexual). Ela nos convida a considerar a diferença como

---

[618] Essa perspectiva foi retomada pela psicanálise. Sobre a noção de consciência e de sujeito na abordagem psicanalítica, cf. Paul Ricoeur, *De l'interprétation. Essai sur Freud*, Paris, Éditions du Seuil, 1965, livro III, cap. 2. Cf. também Michèle Bompard-Porte, *Le Sujet. Instance grammaticale selon Freud*, Paris, L'Esprit du Temps, 2006.
[619] Jacob Burckhardt, *Le Cicerone*, op. cit., p. XIX.
[620] Friedrich Meinecke, "Die Bedeutung der geschichtlichen Welt", *op. cit*. Cf. a esse respeito Alexandre Escudier, "De Chladenius à Droysen. Théorie et méthodologie de l'histoire de langue allemande (1750-1860)", *Annales*, 2003, 58, 4, p. 773-775.

uma noção relacional: não é mais questão aqui de substância ou de determinação original, mas *somente* de experiências.

Além disso, os pensadores do século XIX eram menos ingênuos do que por vezes se pensa e muitos deles estavam bastante conscientes do risco a que se expunham atribuindo à vida uma coerência ou uma coesão forçada Desejoso de ir além da superfície factual do passado – os acontecimentos políticos, militares ou de corte –, Carlyle compreende bem que a História não é uma sequência coerente de fatos, mas que ela é feita de um encavalamento de fios entrelaçados ao longo do tempo. Entretanto, ele nos indica, com outros autores, que a ilusão biográfica não é o único obstáculo. Dois outros perigos devem ser evitados.

O segundo concerne à lógica do pertencimento (religioso, social, temporal, etc.), que, de bom grado, inscreve o indivíduo em categorias sociais rígidas, ou que escande sua experiência de acordo com um calendário de acontecimentos históricos estabelecidos *a priori* (o advento da democracia, a ascensão do capitalismo, a independência nacional, etc.).[621] Sobre esse ponto, a História tem muito a aprender, parece-me, com a literatura. Sensível aos impulsos incoerentes, frágeis e fragmentados da vida social, Tolstoi escreve que os acontecimentos não têm sempre a mesma significação e que os indivíduos vivem a História segundo modalidades muito diferentes e quase incomparáveis. Como testemunham os relatos pungentes do livreiro Mendel de Stefan Zweig, ou do antiquário Utz (uma espécie de descendente do primo Pons de Balzac) de Bruce Chatwin, que vivem as guerras, os golpes de Estado e as expulsões como vagos ruídos de fundo, esse tema das discordâncias de significação que atravessam a história coletiva assombra uma boa parte da literatura do século XX.[622]

O terceiro risco é aquele de uma visão esfacelada, fragmentada da vida, como uma série de clichês instantâneos: a experiência individual seria fracionada em compartimentos estanques (a família,

---

[621] Sobre o pertencimento temporal, cf. as observações de Jacques Rancière, "Le concept d'anachronisme et la vérité de l'historien", *L'inactuel*, 1996, 6, p. 53-68.

[622] Outro bom exemplo é aquele do agente florestal Engelber (personagem de *Monstro à explosão*, do escritor tcheco Jaromir John), evocado por Milan Kundera em *Le Rideau. Essai en sept parties*, Paris, Gallimard, 2005. O acontecimento principal de sua vida não é nem o nascimento da República independente, nem alguma invenção técnica (o avião, o telefone, o aspirador, o telégrafo), mas simplesmente o barulho.

o trabalho, a escola, a religião, etc.) e o eu seria assim desprovido de toda espessura temporal. Dilthey evoca esse risco em sua crítica da psicologia de seu tempo.[623] Convencido de que o fato de ser *autor*, de se contar – mesmo que de maneira descontínua e episódica – constitui uma das condições necessárias para viver, parece-lhe decisivo aplicar-se em reconstruir o fio dos pensamentos que um indivíduo trança entre uma situação e outra.

Somente levando em consideração esses três perigos é que podemos pensar o indivíduo ao mesmo tempo como ser impregnado de história e "inteligência que considera e analisa tudo isso" – William James falaria aqui de uma "inteligência inteligente".[624]

V

Abordemos agora a relação problemática entre a biografia e a História. A vida de um indivíduo pode esclarecer o passado? Os testemunhos pessoais permitem formular hipóteses de ordem geral? E, além disso, o que é importante na vida de uma pessoa e o que não é? A partir do que apreciá-la e como dar conta dela? É preciso levar em conta a liberdade, a independência nacional, a democracia, ou o exército, a escola, a família, ou ainda a classe social, o capitalismo, ou talvez mesmo outros indícios como o barulho, a doença, a poluição?...

É com base nessas questões, no coração mesmo dessas interrogações, que se desenvolveu a micro-história. Essa experiência historiográfica contribuiu, assim como a história das mulheres e os trabalhos que versam sobre a cultura popular, para restituir aos vencidos da

---

[623] É igualmente o sentimento que se pode depreender do artigo de Strawson e de certas análises do interacionismo simbólico, da etnometodologia e da *network analysis*, que concebem o eu como um produto *hic et nunc* determinado pelo contexto relacional contingente, pelo "outro situacional". Cf. Sabina Loriga, *Soldats. Un laboratoire interdisciplinaire: l'armée piémontaise au XVIIIe siècle* (1991), Paris, Les Belles Lettres, 2007, introdução.

[624] William James (*The Principles of Psychology* (1890), Cambridge (Mass.), Harvard University Press, 1983, cap. 1) constata que, contrariamente à limalha de ferro, que, em presença de um obstáculo, não consegue atingir o imã, Romeu imagina toda sorte de meios para encontrar Julieta: "Eles não ficariam tolamente cada um de seu lado, o rosto pressionado contra a parede". Esse ponto de vista é também o de Siegfried Kracauer, *Jacques Offenbach ou Le Secret du Second Empire* (1937), traduzido do alemão por Lucienne Astruc, Paris, Le Promeneur, 1994: Offenbach é apresentado a um só tempo como uma sorte de ferramenta de precisão, reveladora das menores transformações sociais, e como um protagonista capaz de exercer influência modificadora sobre o regime.

história uma dignidade pessoal.[625] Em 1976, Carlo Ginzburg se valia da célebre questão do leitor operário de Bertolt Brecht (Quem construiu Tebas, a cidade das sete portas?) para dar a palavra a um moleiro friulano do século XVI. Alguns anos mais tarde, Giovanni Levi não hesitou em ir mais adiante: se o moleiro Menocchio trazia ainda algumas marcas de heroísmo, Giambattista Chiesa, o cura da aldeia piemontesa de Santena, é verdadeiramente um homem qualquer.[626] É dessa aliança entre convicção política e reflexão metodológica que nasceu a ideia de utilizar os materiais biográficos de maneira agressiva, a fim de questionar certas homogeneidades fictícias (tais como a instituição, a comunidade ou a classe social) e de se debruçar, assim, sobre as capacidades de iniciativa pessoal dos atores históricos.[627] Ao examinar atentamente os interstícios dos sistemas normativos, a micro-história demonstra que o contexto histórico corresponde bem mais a um tecido conjuntivo atravessado de campos elétricos de intensidade variável do que a um conjunto compacto e coerente; e que o indivíduo, todo e qualquer indivíduo, representa uma figura bastarda, situando-se no cruzamento de experiências sociais diversas.[628] Trata-se de uma passagem crucial para a história e para a *polis*. Ela é acompanhada, no entanto, reconheçamo-lo, de uma sensação de vertigem. Pois, se consideramos o contexto como uma série de círculos superpostos dos quais o centro de um se situaria na circunferência do outro e assim por diante, o trabalho de compreensão histórica se torna inesgotável, cada espaço e cada tempo remetendo a outro espaço e outro tempo.

Eu não saberia dizer se, ao longo desses últimos anos, soubemos resistir a essa sensação de vertigem. Pergunto-me por vezes se não tentamos antes temperá-la ou mesmo negá-la. A ponto de remediá-la abraçando duas utopias – Paul Ricoeur diria duas formas de *hybris*.

---

[625] Cf. Carlo Ginzburg e Carlo Poni, "Il nome e il come. Mercato storiografico e scambio diseguale", *Quaderni storici,* 1979, 40, p. 181-190.

[626] Cf. Carlo Ginzburg, *Le Fromage et les vers. L'univers d'un meunier du XVIe siècle* (1976), traduzido do italiano por Monique Aymard, Paris, Flammarion, 1980; Giovanni Levi, *Le Pouvoir au village* (1985), traduzido do italiano por Monique Aymard, Paris, Gallimard, 1989.

[627] Cf. Jacques Revel, "Micro-analyse et construction du social", in *Jeux d'échelles. La Micro-analyse à l'expérience*, Paris, Gallimard-Éditions du Seuil, 1996, p. 15-36.

[628] Cf. Edoardo-Grendi, "Microanalisi e storia sociale", *Quaderni storici,* 1977, 35, p. 506-520, que, a esse propósito, formulou o oximoro "excepcional normal".

A primeira dessas utopias concerne à representatividade biográfica: ela se vangloria de poder descobrir um ponto que concentraria todas as qualidades do conjunto. O historiador deveria, então, cindir seu trabalho em dois tempos: determinar inicialmente o indivíduo representativo (o camponês normal, a mulher comum, etc.), depois, por indução, estender suas qualidades a toda uma categoria (o campesinato, o gênero feminino, e assim por diante). Assim, Michel Vovelle declara que Joseph Sec "testemunha por um grupo" (a burguesia francesa da província no século XVIII), enquanto Joël Cornette procura em Benoît Lacombe "não mais o Único, mas um espelho que refrate todo um mundo".[629] Colocando a pesquisa biográfica na perspectiva de uma generalização, tal abordagem desemboca na busca obsessiva de experiências *médias*: os aspectos mais comuns (ou antes: aqueles que têm a reputação de o serem) são exaltados em detrimento daqueles que seriam mais pessoais e particulares.[630] Qualquer um que se tenha interessado por fontes biográficas (diários íntimos, correspondências, memórias, etc.) sabe que, se aderirmos a essa utopia, terminamos inevitavelmente por embotar a especificidade dos destinos pessoais e por arruinar a variedade da experiência passada: de maneira aparentemente inofensiva, negligenciamos e mesmo corrigimos os elementos egotistas da biografia (uma operação que não deixa de lembrar os conselhos dos positivistas sobre as idiossincrasias individuais).[631] O resultado de semelhante trabalho de censura é dos mais melancólicos: o tempo histórico se torna uma superfície desprovida de impressões digitais.[632]

---

[629] Cf. Michel Vovelle, *L'Irrésistible Ascension de Joseph Sec, bourgeois d'Aix*, Aix-en-Provence, Edisud, 1975; Joël Cornette, *Un révolutionnaire ordinaire. Benoît Lacombe, négociant, 1759-1819*, Paris, Champ Vallon, 1986. Essa perspectiva da representatividade é partilhada também por Alain Coubin, *Le Monde retrouvé de Louis-François Pinagot, op. cit.*

[630] Sobre os riscos implícitos dessa operação de estandardização, cf. Bernard Lepetit, "De l'échelle en histoire", in *Jeux d'échelles, op. cit.*, p. 78; Alain Boureau, *Histoires d'un historien. Kantarowicz*, Paris, Gallimard, 1990, p. 75-76.

[631] Italo Calvino experimentou isto: "Hoje devo me resguardar de outro erro ou de outro mau hábito próprio àqueles que escrevem lembranças autobiográficas: a tendência de apresentar sua própria experiência como a experiência 'média' de uma determinada geração e de um determinado meio, fazendo sobressair os aspectos mais comuns e deixando na sombra aqueles que são mais particulares e mais pessoais. Diferentemente do que fiz em outras ocasiões, gostaria agora de acentuar os aspectos que mais se afastam da 'média' italiana, porque estou convencido de que se pode tirar sempre mais verdade do estado de exceção do que da regra". Cf. Italo Calvino, *Ermite à Paris. Pages autobiographiques* (1996), traduzido do italiano por Jean-Paul Manganaro, Paris, Éditions du Seuil, 2001, p. 41.

[632] Cf. Giovanni Levi, "Les usages de la biographie", *Annales ESC*, 1989, 44, 6, p. 1325-1336.

A segunda utopia é naturalista. Tomado por esta, o historiador não persegue mais a identificação de um ponto miraculoso que refletiria o conjunto histórico em sua íntegra, mas visa, desta vez, "à história de cada um". A inteligente aposta lançada por Giovanni Levi de abordar o passado de maneira intensiva (através da reconstrução dos "acontecimentos biográficos de *todos* os habitantes da aldeia de Santena que deixaram algum rastro documental"[633] fez nascer muitas vezes, no seio da segunda geração de micro-historiadores, o sonho de fazer concorrência com o estado civil (para empregar uma expressão cara a Balzac). E – por que não? – de elaborar categorias interpretativas que aderissem plenamente à realidade empírica. Trata-se de uma concepção que pretende fazer do conhecimento uma cópia integral da realidade. Ela lembra os cartógrafos evocados por Jorge Luis Borges que, desejando fazer um mapa perfeito do Império, constroem um com as mesmas dimensões que esse.[634] O empreendimento é, claro está, impraticável. E, mesmo que fosse possível, de que serviria? Esse mapa contribuiria verdadeiramente para a restituição da realidade viva de uma época?

São também essas solicitações utópicas, que vivi pessoalmente por ocasião de uma pesquisa consagrada a um exército do século XVIII,[635] que me sugeriram lançar um olhar para trás, sobre a época que precede o divórcio entre a história social e a história política.

VI

O projeto que visa personalizar a história, conduzido através do século XIX, é dominado por uma tensão ética, ligada à herança kantiana, que tendia a sublinhar a capacidade de autonomia e a responsabilidade individual. A distinção entre ética e moral decorre dela: o trabalho do historiador não é moral, no sentido de que não propõe exemplos a seguir, mas é ético, pois faz aparecerem as questões inseparáveis da escolha, do erro, do fracasso. Além de fazer parte da história, a biografia oferece também um ponto de vista sobre

---

[633] Giovanni Levi, *Le pouvoir au village, op. cit.*, p. 12.
[634] Jorge Luis Borges e Adolfo Bioy Casares, *Chroniques de Bustos Domecq* (1967), traduzido do espanhol por Françoise-Marie Rosset, Paris, Denoël, 1970, p. 41-44.
[635] Sabina Loriga, *Soldats, op. cit.*

a história, uma discordância, uma descontinuidade.[636] Importa, por conseguinte, afastar toda lógica de submissão ou de dominação (da história sobre a biografia ou reciprocamente) e conservar a tensão, a ambiguidade, considerar o indivíduo, a um só tempo, como um caso particular e uma totalidade.[637]

Trata-se de uma empresa difícil. É, aliás, por isso que comecei essa reflexão com Carlyle: com ele, é como se estivéssemos lidando com um doente ultrassensível que, em certo momento, exausto, se engana de medicamento, mas que tem a coragem, antes do gesto fatal, de se colocar algumas questões fundamentais. Poderíamos dizer que o "corpo" de seu texto dá a refletir. O desejo de escrever uma história profunda, preocupada com os limiares do mundo, o atrai a um precipício. Esse abismo está fortemente aparentado com aquilo que Jean-Claude Passeron definiu como "a ilusão da pan-pertinência do descritível": "Uma vez que tudo isso faz parte do real, do direto, do singular, [...] torna-se afetivamente difícil deixar que se perca a menor parcela, já que cada uma participa do *sabor* total do relato [...]. Tudo parece pertinente porque *tudo é sentido como metonímico*".[638] No coração desse abismo, nenhuma descrição é possível: o caos do passado se reveste de traços cada vez mais angustiados, assim como o pesadelo evocado por Fernand Léger, que imaginou o horror suscitado pela tentativa de filmar vinte e quatro horas da vida de um homem e de uma mulher, sem omitir nem um gesto nem uma palavra.[639] É igualmente para escapar aos horrores do abismo que Carlyle se entrega tristemente ao culto dos heróis.

Em face da extraordinária vitalidade – e dos impulsos incoerentes, frágeis e fragmentados – do passado, o historiador experimenta

---

[636] A esse propósito, Siegfried Kracauer (*Theory of Film. The Redemption of the Physical Reality*, New York, Oxford University Press, 1960, cap. III) observa que, no cinema, o primeiro plano não é apenas um elemento da narrativa, mas também uma realidade autônoma que pode contrastar com o quadro geral (por exemplo, as mãos de Mae Marsh em *Intolerância*).

[637] Jean-Claude Passeron e Jacques Revel (*Penser par cas*, Paris, Éditions de l'EHESS, "Figures", 2005) definem o caso como algo que vai além do exemplo (um obstáculo, um enigma).

[638] Jean-Claude Passeron, "Biographies, flux, itinéraires, trajectoires", op. cit. Cf. ainda Jean-Claude Passeron e Jacques Revel (dir.) *Penser par cas, op. cit.*, a propósito do "positivismo de sempre" que visa a uma completa inteligibilidade da realidade.

[639] Cf. *À propos du cinema*, in AA.VV., *Intelligence du cinématographe*, sob a direção de Marcel L'Herbier, Paris, Corréa, 1946, p. 340, citado por Siegfried Kracauer, *L'Histoire, op. cit*, p. 87.

uma penosa sensação de vertigem. Alguns, como Carlyle (mas também, em outros termos, Herder e Droysen), não a suportam: para se subtrair ao sentimento de fragmentação e de desagregação, eles sucumbem à miragem da unidade da história. Embora isso possa parecer paradoxal, desse ponto de vista (e unicamente desse ponto de vista), a utopia naturalista e a da representatividade são a expressão do mesmo mal-estar.[640] O historiador "naturalista" também espera poder escapar à vertigem por um golpe de força: descobrindo um ponto mágico a partir do qual seria possível refletir a totalidade ou fazendo do conhecimento um duplo da realidade.

Mas outros historiadores – ou outros pensadores que se interessaram pela história – compreenderam que era preferível aceitar a sensação de vertigem e tirar partido dela mais do que tentar evacuá-la. Eles nos ensinam que, ainda que o trabalho de contextualização seja interminável, isso não é uma deficiência a evitar, mas uma possibilidade positiva de conhecimento. Em outros termos, o que está em jogo para o historiador não reside nem no geral nem no particular, mas em sua conexão. Como escrevem Humboldt e Dilthey, a história é um conhecimento hermenêutico fundado sobre a circulação, não forçosamente viciosa, entre as partes e o todo.

Bem entendido, não é possível dissertar sobre a vitalidade do passado sem se debruçar sobre sua opacidade. Como escreve Meinecke, o historiador trabalha num campo de ruínas. Refletindo sobre a distância entre o passado e a história, vários autores entre aqueles que examinamos descobrem que, para além dos fatos, há um *resto* fundamental que liga entre si os diferentes fragmentos e que dá ao todo uma forma que só pode ser apreendida pela imaginação histórica. O material histórico sendo a um só tempo infinito, lacunar e aleatório, Droysen constata que a exatidão do fato é certamente um elemento indispensável, mas não suficiente: todos os cacos de um edifício, colocados uns ao lado dos outros, não podem expressar a realidade viva do próprio edifício. Entre os historiadores, Burckhardt é sem dúvida aquele que sentiu da maneira mais aguda a evidência das perdas do passado: essa percepção lhe confere uma sensibilidade

---

[640] Poderíamos dizer que são novas formas da história perfeita: cf. George Huppert, *L'Idée de l'histoire parfaite* (1970), traduzido do inglês por Françoise e Paulette Braudel, Paris, Flammarion, 1972.

de sismógrafo.[641] Assim como Droysen, ele insiste sobre a diferença entre a exatidão e a verdade e estima que o historiador não pode se contentar com a primeira – sobretudo quando não escreve uma crônica dos acontecimentos –, mas deve se aplicar à apreensão dos pensamentos e do imaginário do passado. Nesse plano, a história pode evocar um processo de metamorfose pictórica que repousa essencialmente em duas operações: a impregnação (poderíamos dizer que o historiador deve estender seu eu para além de si mesmo) e a conexão (para imaginar e, talvez, preencher as lacunas do passado que nos é dado apreender).

A analogia com a arte tem, no entanto, limites bem evidentes. Mesmo reconhecendo que a verdade histórica não é uma simples reprodução da realidade, Burckhardt sublinha a diferença entre imaginação e invenção: o historiador não pode modelar a matéria a seu bel-prazer, sua imaginação deve permanecer ancorada na documentação e se submeter à exigência da prova. O mesmo se dá para Meyer que é favorável a uma espécie de autolimitação voluntária: o historiador não tem o direito de criar livremente, como o poeta, porque sua imaginação deve permanecer ligada aos fatos. Quanto a um segundo ponto, essencial, a história se distingue da literatura: trata-se da finalidade do relato. Contrariamente à literatura (na verdade, Burckhardt, assim como Ranke e outros, pensa sobretudo no romance histórico), a história não segue (ou antes, não deveria seguir) uma lógica da sedução: ela não domestica o passado, não o torna propositadamente familiar; bem pelo contrário, busca lançar luz sobre sua alteridade.[642] Sob certos aspectos, estamos em presença de uma espécie de definição *avant la lettre* da história como processo de *estranhamento*.[643]

---

[641] Para retomar a imagem de Aby Warburg, "Texte de clôture du séminaire sur Jacob Burckhardt", *op. cit.*

[642] Sobre a pesquisa histórica como criação de *ausentes* e, em geral, de alteridade, cf. Michel de Certeau, *L'Écriture de l'histoire*, Paris, Gallimard, 1975.

[643] A esse respeito, cf. igualmente Siegfried Kracauer, *L'Histoire, op. cit.,* cap. VII. Kracauer está convencido de que a história é estória (*Story*), ou seja, um intermediário narrativo. Para ele, a narração não tem apenas um valor ornamental (um livro de história bem escrito é mais belo), ela tampouco tem simplesmente um valor de comunicação (um livro de história bem escrito é mais agradável de ler para os não especialistas). A aposta é mais importante. O historiador precisa de narração para restituir a qualidade épica do passado. Mas, ao mesmo tempo, Kracauer sublinha a natureza particular, *sui generis*, da narração histórica, pois ela está ligada à promessa de viver num mundo de fatos reais. Como o fotógrafo, o historiador deve também respeitar certas restrições, a saber, ele deve manter um

VII

Ao longo dos últimos decênios, a confrontação com a literatura muitas vezes repousou sobre a negação da verdade histórica. A via foi traçada por Roland Barthes, que, num texto célebre de 1967, se perguntava se a narrativa histórica se distinguia verdadeiramente da epopeia, do romance ou do drama. É com base nessa questão que o discurso histórico foi, repetidamente, definido como uma elaboração ideológica: ainda que finja ser a cópia fiel do passado, ele não seria mais que "uma forma particular do imaginário, o produto do que se poderia chamar a ilusão referencial".[644] Alguns anos mais tarde, Hayden White vai mais longe reduzindo a história a um artefato literário, a um registro de escritura que escaparia a toda forma de verificação objetiva.[645] Desse ponto de vista, a história e a ficção literária derivariam da mesma estrutura cognitiva: com a diferença de que o historiador dissimularia o artefato atrás de uma série de procedimentos retóricos (citações, referências bibliográficas, etc.) que serviriam apenas para produzir um efeito de real.[646] Em alguns anos, as provocações de Barthes e de White se tornaram um *leitmotiv* obsessivo que, sob diferentes formas, retoma uma nova vulgata: a verdade histórica é o produto de uma ilusão referencial, não existe realidade histórica, ou, mais precisamente, não existe nenhuma realidade fora da linguagem que dela fala, tudo sendo não mais do que "discurso" ou "texto", uma simples combinação de palavras. A esse respeito, evoca-se toda uma série de comparações ou de contaminações entre a *narração literária* e a *narração histórica*,

---

equilíbrio estrito entre o realismo e a criatividade. Cf. Sabina Loriga, "Le mirage de l'unité historique", in *Siegfried Kracauer, penseur de l'histoire*, sob a direção de Philippe Despoix e Peter Schöttler, Paris, Éditions de la Maison des sciences de l'homme-Presses de l'Université Laval, 2006, p. 29-44.

[644] Roland Barthes, "Le discours de l'histoire" (1967), in *Le Bruissement de la langue*, Paris, Éditions du Seuil, 1984. Cf, igualmente, do mesmo autor, "L'effect du réel" (1968), in *Littérature et réalité*, Paris, Éditions du Seuil, 1982.

[645] Hayden White, "The Historical Text as Literary Artifact", *Clio*, 1974, III, 3, p. 278, reeditado em Robert A. Canary e Henry Kozicki, *The Writing of History, Literary Form and Historical Understanding*, Madison, University of Wisconsin Press, 1978.

[646] Isso significa que as obras históricas só podem ser submetidas a uma análise literária e linguística. Cf. Hayden White, *Metahistory*, Baltimore-Londres, John Hopkins University Press, 1973; Stephen Bann, *The Clothing of Clio: A Study of the Representation of History in Nineteenth-Century Britain and France*, Cambridge, Cambridge University Press, 1984; Anne Rigney, *The Rhetoric of Historical Representation: Three Narrative Histories of the French Revolution*, Cambridge, Cambridge University Press, 1990.

entre o *fato* e a *ficção*, entre o *conhecimento* e o *jogo*. Após ter repetido que os critérios de verdade e falsidade não podem ser aplicados às representações do passado, Franklin R. Ankersmit afirma que as interpretações históricas se equivalem: "Para o pós-moderno, as certezas científicas sobre as quais os modernos sempre construíram [suas interpretações] não são mais do que variações do paradoxo do mentiroso. A saber, o paradoxo do cretense que diz que todos os cretenses mentem".[647] Uma versão mais desconfiada se apoiou em Michel Foucault – e mais particularmente em sua reflexão sobre a relação entre saber e poder – para estigmatizar a noção de verdade histórica (propondo um deslizamento progressivo da história à propaganda: a história é uma teoria, a teoria é o produto da ideologia dominante, a ideologia é o fruto de interesses particulares, etc.).[648]

Desde sempre, a noção de verdade histórica é torturada pela dúvida. No entanto, desta vez tem-se a impressão de que, mais do que raiva e desespero, a notícia da morte da verdade suscita uma espécie de consolo, e mesmo de entusiasmo e euforia. Como se finalmente fosse possível proclamar: enfim livres! Livres do passado? Como se o historiador pudesse agora dizer o que bem entender: o passado não está em condições, de qualquer maneira, de opor a menor resistência a seus desejos interpretativos. Face a esse relativismo narcísico, que não deriva da grande tradição cética (seja aquela de Pirro e de Sexto Empírico, seja aquela do pirronismo histórico, seja aquela do elogio voltairiano da dúvida[649]), a tentação de afastar a

---

[647] Franklin R. Ankersmit, "Historiography and Postmodernism", *History and Theory*, 1989, 28, 2, p. 142-145. Cf. igualmente Linda Hutcheon, *A Poetics of Postmodernism: History, Theory, Fiction*, New York-Londres, Routledge, 1988; David Harlan, "Intellectual History and the Return of Literature", *American Historical Review*, 1989, 94, p. 581-609; Patrick Joyce, "History and Post-Modernism", *Past and Present*, 1992, 131; Nancy F. Partner, "History in an Age of Reality-Fictions", in Frank Ankersmit et Hans Kellner (dir.), *A New Philosophy of History*, Londres, Reaktion Press, 1995, p. 21-39.

[648] Cf. Keith Jenkins, *Rethinking History*, Londres-New York, Routledge, 1991; Beverly Southgate, *History: What and Why? Ancient, Modern, Postmodern Perspectives*, Londres-New York, Routledge, 1996; Ellen Somekawa e Elizabeth A. Smith, "Theorizing the Writing of History, or, 'I can't think why it should be so dull, for a great deal of it must be invention'", *Journal of Social History*, 1988, 22, p. 149-161; Ann Wordsworth, "Derrida and Foucault: Writing the History of Historicity", in Derek Atridge, Geoff Bennington e Robert Young (dir.), *Post-Structuralism and the Question of History*, Cambridge, Cambridge University Press, 1987, p. 116.

[649] Cf. Sabina Loriga, "Doutes sur le passé", in *La Fécondité du doute*, Paris, Quintette, no prelo.

literatura, como se se tratasse de uma presença contagiosa, se fez, por um efeito mecânico de retorno, mais insistente. Donde a tendência a colocar impropriamente no mesmo plano as reflexões daqueles que se debruçaram sobre a dimensão narrativa da história, como Paul Ricoeur ou Michel de Certeau, e aquelas de Hayden White, ou mesmo as versões mais toscas da historiografia pós-moderna.[650] Assim, em 1990, pouco tempo antes de sua morte, o historiador britânico Geoffrey Elton rogou aos historiadores que "pusessem fim às tagarelices e voltassem ao essencial": ao essencial, a saber, *ad fontes*, às fontes. Após ter acusado as ciências sociais de terem corrompido a historiografia, ele sublinhava a natureza objetiva da história, pois "o momento em que alguma coisa se passou é e permanece independente do observador".[651] O tom da intervenção de Elton é sem dúvida alguma demasiado peremptório. Mas creio que, mesmo que poucos historiadores se reconheçam nas acusações que ele profere contra as ciências sociais, suas proposições são a expressão de uma posição defensiva que não cessa de se manifestar. Uma atitude que poderíamos esquematicamente resumir nestes termos: é importante restabelecer a noção de verdade e a lógica da prova, reafirmar a existência de *um* método histórico, fundado sobre as fontes, capaz de atestar a verdade do passado. E isso custe o que custar. Mesmo sob o risco de negar a natureza interpretativa da história e de se contentar com uma imagem ingênua e sem nuances da objetividade histórica.

VIII

Aqui, ainda, as reflexões do século XIX podem nos ajudar. Elas sugerem uma abordagem diferente, que se articula conforme um duplo movimento. É preciso, em primeiro lugar, defender a ideia de que a história vive sob a férula da verdade: o historiador se compromete a fornecer informações sobre uma realidade que lhe é exterior e a submeter sua interpretação a uma verificação. Essa defesa

---

[650] Cf. Allan Megill, "Recounting the Past: 'Description', Explanation, and Narrative in Historiography", *American Historical Review,* 1989, 94, p. 627-653.
[651] Cf. Geoffrey R. Elton, *Return to Essentials. Some Reflections on the Present State of Historical Study*, Cambridge, Cambridge University Press, 1991, p. 50 e 59.

vai de par com a consciência de que a verdade histórica é algo de menos unívoco e de mais ambíguo do que fazem crer tanto Elton quanto os pós-modernos. Ao historiador cabe estabelecer fatos, muitas vezes descontínuos e heterogêneos, torná-los inteligíveis, integrá-los numa totalidade significante. Isso implica que a verdade dos fatos não coincide sempre com sua significação. Ora, como escreve Goethe, a história precisa de uma e da outra. É importante, por outro lado, reconhecer que a história, enquanto discurso sobre a realidade, é igualmente um relato que necessariamente recorre a alguns dos instrumentos da ficção: ela cria uma continuidade entre os rastros descontínuos do passado, desenha uma trama, coloca em cena personagens, utiliza-se da analogia e da metáfora.[652]

Manter juntas essas duas perspectivas requer ao mesmo tempo paciência e prudência. Não se trata aqui de recolocar a história sob a alçada da literatura, tanto mais que, como dizia Virginia Woolf, as tentativas de apagar as diferenças que existem entre a narração histórica e a ficção quase sempre deram resultados deploráveis, inclusive no plano estético. O desígnio é, mais simplesmente, o de cultivar uma política de confrontação com a literatura, a fim de conferir mais profundidade e variedade ao discurso histórico. Nesta óptica, parece-me possível, e talvez mesmo urgente, meditar sobre as estratégias narrativas a utilizar para dar relevo às incertezas, às dissonâncias e aos conflitos do passado – em suma, à história tal como ela acontece. Tolstoi pode assim nos ajudar a evocar o caso pessoal como um meio de romper o excesso de coerência do discurso histórico, para meditar não apenas sobre o que foi, sobre o que adveio, mas também sobre as incertezas do passado, sobre o que teria podido se produzir e que se perdeu. As sugestões que ele oferece sobre as maneiras de multiplicar os pontos de vista a respeito da História também podem ser preciosas para o historiador que se compromete a permanecer num mundo em que os fatos realmente se produziram.

---

[652] Esse ponto de vista foi defendido por Michel de Certeau, *L'Écriture de l'histoire, op. cit.*; Paul Ricoeur, *Temps et récit*, Paris, Éditions du Seuil, 1983. Cf. igualmente Roger Chartier, *Au bord de la falaise. L'histoire entre certitudes et inquietude*, Paris, Albin Michel, 1998; Krzysztof Pomian, *Sur l'histoire*, Paris, Gallimard, 1999.

Este livro foi composto com tipografia Bembo e impresso em papel Chamois Fine 80 g na Gráfica e Editora Del Rey.